合伙人制度顶层设计
3S绩效考核

张诗信　王学敏◎著

TOP LEVEL DESIGN FOR PARTNERSHIP
3S PERFORMANCE APPRAISAL

企业管理出版社
ENTERPRISE MANAGEMENT PUBLISHING HOUSE

图书在版编目（CIP）数据

合伙人制度顶层设计：3S 绩效考核 / 张诗信，王学敏著 . —北京：企业管理出版社，2019.5

ISBN 978-7-5164-1958-8

Ⅰ. ①合… Ⅱ . ①张… ②王… Ⅲ . ①企业制度—研究—中国 Ⅳ . ① F279.21

中国版本图书馆 CIP 数据核字（2019）第 088504 号

书　　名：合伙人制度顶层设计：3S绩效考核

作　　者：张诗信　王学敏

责任编辑：尚元经　李　坚

书　　号：ISBN 978-7-5164-1958-8

出版发行：企业管理出版社

地　　址：北京市海淀区紫竹院南路17号　　　邮编：100048

网　　址：http：//www.emph.cn

电　　话：总编室（010）68701719　发行部（010）68701816

编辑部（010）68414643

电子信箱：qiguan1961@163.com

印　　刷：北京市密东印刷有限公司

经　　销：新华书店

规　　格：170毫米 × 240毫米　16开本　20印张　275千字

版　　次：2019年6月第1版　2019年6月第1次印刷

定　　价：68.00元

讲绩效的老板，更良善、更可信！

前 言

“历史车轮滚滚向前，时代潮流浩浩荡荡。”合伙人制度已经成为一种新的管理思潮，并已经和必然成为企业的基本性制度选择——现实中，大量的企业已经和正在推行合伙人制；未来，合伙人制度将成为众多超过5人以上规模公司的必由之路。

作为“弄潮儿”，我们两位作者在过去六年间，一直站在合伙人制度理论研究和咨询服务实践的前沿阵地，因此在这一领域积累了颇为丰富的研究成果和实战经验。为分享我们的研究成果和实战经验，我们已经于2018年连续出版了两本著作：《合伙人制度顶层设计》《合伙人的自我修养》。在第一本书中，我们提出和详解了企业在设计合伙人制度时应采取的“1+4模型”，目的是指引企业在推行合伙人制度时“谋定而后动”，避免误入歧途，作茧自缚。在第二本书中，我们就人才们成为合伙人之后应如何转变思维、心态和行为，给出了系统的观点和方法，目的是让已经或即将成为合伙人的人才们，建立起作为公司合伙人应具备的能力和素质。

本书是“合伙人系列”著作的第三本。本书的中心命题是：**企业应如何管理合伙人的绩效。我们的理论研究和咨询服务实践显示，如果企业不能有效地管理合伙人的绩效，并基于绩效考核结果来决定合**

伙人的股权相关利益，其合伙人制度一定不能实现设计初衷，甚至极有可能使企业未来的管理持久地陷入被动境地。本书首次公开的“3S绩效管理体系”，就是用来解决这一问题的。该体系是由我们所在公司专家团队集体探索出来的，并已经过大量实践反复检验被证明切实有效。

我们十分自信而又坚定地告诉大家，“3S绩效管理”的思想与方法体系，不仅可以用来“牵一发而动全身”地管理所有企业的合伙人的绩效，而且可以用以取代所有传统的绩效管理思想与方法。毫不谦虚地讲，这套体系具有划时代意义，且对任何企业都将行之有效。

本书共分七章：前四章是理论铺陈，后三章系统地介绍了“3S绩效管理体系”的来源、内容、设计步骤与方法以及落地执行要点。全书的观点和主张可以概括为以下六个方面。

首先，无论企业是否已经意识到，员工或合伙人的绩效管理已经成为一个正在困扰几乎所有企业的日趋严峻的管理难题。因为现在和未来的人才们，其心理和行为特点已经与以往大不相同，为此企业的用人成本在快速攀升，企业的内部组织环境变得日趋复杂，加上外部竞争环境的快速变化，绩效管理已经由此前的技术性问题，上升成为决定企业兴衰成败的战略性难题。换言之，只有重视和加强绩效管理，企业才能更好地生存与发展。本书第1章系统地阐述了相关观点，并由此奠定了全书的理论基调。

其次，企业在选择员工绩效管理方法体系时，有必要因应当下所处的“利他时代”，依次解决三个深层次的绩效管理问题：由谁考核谁？考核的目的是什么？具体考核什么？本书第2章围绕这一系列问题，提供了一套完整的用以分析企业绩效管理问题的结构化的认知方法，同时引申出了我们的相关观点和主张。这部分的内容虽然理论性较强，但却是企业获取有效的绩效管理方法所依赖的前提条件——缺少此器，难容彼物。

第三，通过若干典型的企业绩效管理案例点评，并对时下流行的绩效管理理论和方法的优缺点进行剖析，可以促使读者对本企业现行的绩效管理体系进行系统反思，并启示大家思考应如何才能保留其中有用的内容，以及摈弃其中无用的部分。本书第3章和第4章分上下两部分对此展开了讨论。

第四，在前述理论铺陈的基础上，本书第5章系统介绍并阐述了“3S绩效管理体系”的基础理论、应用背景、评估方向、主要功能、内容框架与方法以及适用范围。本章是全书的核心所在。

第五，企业导入“3S绩效管理体系”应具备四个条件，并需要遵循五大步骤。四个条件分别是：企业要有梦想和逻辑；企业要有相应的激励制度；老板要有坚定的意愿、意志和有效的行为导向；在具体设计时最好要有真正的专家参与项目指导。五大步骤包括：高层达成共识；培训宣导；输出文化守则；逐一制定标准；审议定稿。本书第6章对这两部分内容进行了详细介绍和说明。

最后，“3S绩效管理体系”在落地执行过程中，会涉及到诸多要点，包括对老板的要求、选对主体责任人、评估周期和会前工作、会议议程及典型问题处置、必要的奖罚措施、结果应用与相关工作跟进以及价值挖掘与利用等等。本书第7章——为大家解读了相关内容。

在此，有两点需要额外说明。其一，书中收罗了若干真实的企业绩效管理案例，并以我们所主张的绩效案例评价视角，对其进行了适当解读。我们试图通过呈现诸多企业的绩效管理实践模式，启示读者结合自身企业的具体情况进行场景化思考，以期去劣存优。其二，我们反复强调，绩效管理方法应是其背后绩效管理思想的显性呈现：任何企业在对若干绩效管理理论与方法体系进行甄别与选择时，务必首先要厘清它们各自所承载的管理思想，以及与之相匹配的基本主张，进而应从企业自身希望达成的管理目的出发，去探索有效的绩效管理方法。对此，建议读者认真阅读本书第2章，其所提供的绩效管理问题认知模型代表了我们在此方面的核心观点与建议。

此外还有必要指出，无论企业采取怎样的绩效管理思想与方法（包括“3S绩效管理体系”），一定要首先确保与之相配套的人才激励机制行之有效。只有这样，企业所采取的绩效管理体系才有可能对员工产生“威慑”或引领效力；否则，绩效管理必将是无源之水、无本之木。也正因如此，我们在《合伙人制度顶层设计》一书中曾反复强调，“究竟应采取什么激励政策来调动特定人才的工作积极性、创造性并提升他们对组织的忠诚度”，是合伙人制度体系的核心内容。“无激励，不绩效”，这一主张是顺应人性且符合商业发展规律的普遍法则。

同写作“合伙人系列”的前两本书一样，本书的出版，一如既往得到了我们的同事和家人的大力支持。同时，我们的观点和建议得以成书，还得益于合伙人制度及3S体系公开课大量学员的课堂分享，以及广大读者朋友们与我们的真诚互动，更得益于诸多企业家与我们的交流互鉴。尤其是，在辅导客户企业设计并落地合伙人制度（包括3S绩效管理体系）的过程中，我们积累了非常有价值的第一手咨询案例及实战经验，也因此促成了我们持续优化和迭代相关思想与方法论。特别是，我们服务过的每一家企业创始人的创业经历、经营管理心得及其所面临的时代性人才管理困惑，给予了我们强烈的写作冲动和丰富的创作灵感……在此，一并表示深切敬意与衷心感谢！

张诗信　王学敏

2019年4月于上海

目 录

第7章 | 3S绩效管理体系执行要点

第1章

难题：合伙人的绩效管理

- ▲ 认识两个趋势
- ▲ 一个严峻的管理难题
- ▲ “无需考核”与“应该对赌”
- ▲ 如何让合伙人满足期望
- ▲ 更进一步的观点
- ▲ 讲绩效的老板更良善

从某种意义上讲，所有的企业都是务实的。比如，在投入产出问题上，每花一笔钱，经营者和高管们都会认真掂量：这笔钱该不该花？或者这笔钱花出去以后能否获得相应的回报？然而，这并不意味着所有的企业在所有的投入产出问题上都是理性和务实的。比如，合伙人或员工的绩效管理就是一个投入产出的大问题，而且这个问题正在困扰着越来越多的企业，但大多数企业在解决这一问题时并无良策可寻。

通过阅读本章，读者将意识到：合伙人的绩效管理是一个时代性的管理难题，能否解决这一难题，事关本企业合伙人制度的成败；同时要相信，办法总比困难多，关键要看企业是否认为有必要解决，以及是否相信这一难题能够解决。

1. 认识两个趋势

在企业经营管理过程中，已经出现了两个越来越明确的趋势。

一个趋势是，企业的用人成本正在逐年快速攀升，它对企业经营和管理造成的压力，已经上升到了战略层面，并正在超越企业可掌控的边界；不正视和解决这一问题，将势必影响企业现实的管理自信和未来的经营发展。

另一个趋势是，实行员工股权激励计划或合伙人制，已经成为越来越多的企业解决人才管理问题的不二选择。完全可以断言，在不久的未来，无论一家企业是否真心愿意推行合伙人制，它都将会被滚滚前行的历史浪潮所裹挟，而不得不与特定的人才建立以员工持有企业股份为中心内容的合伙人关系。

上述两个趋势对企业经营管理的影响将是巨大而又深远的。只有正视它们的存在，并战略性地思考和解决由此带来的一系列重大问题，企业的经营管理才不至于因之而陷入被动，或者说才可确保企业持续而稳健的发展。

趋势1：用人成本不断攀升

近些年来，人工智能（AI）技术的发展方兴未艾，以至于人们相信随着技术的进一步发展，大量的工作者会被机器所替代。事实上，也的确有大量的企业在大力使用机器替代工人，这方面动作最大的公司莫过于京东和富士康。与此同时，不断有媒体爆出，由于经济不景气，有大量的公司在裁减员工，裁员人数动辄成千上万。还有一个事实是，每年都有700万以上的大学毕业生需要寻找就业机会，为此我国政府把“保就业”作为政府工作的“数一数二”的要务。

上述三个方面的资讯使人们产生了一种错觉：企业面临的人才来源和管理问题似乎可以因之而得到有效解决，至少是能够得到缓解。然而，一个不争的事实是，越来越多的企业经营者和高管们都有一个强烈的感受：企业越来越难于招聘到理想的优秀员工，企业的用人成本依然在快速逐年攀升，且无法自主控制。

“招聘难”是普遍的事实。现实中除了那些特别优秀的著名大企业以外，几乎每家公司都面临着巨大的人才招聘压力。因为没有合适的人才，企业里很多重要岗位的工作无人来做。在招聘难的情况下，企业不得不退而求其次地将大量的胜任能力不足的人才“提拔”到重要岗位上，以至于企业的工作质量和效率不能尽如人意。

“逐年攀升”是指，任何一家企业，都深切地感受到了来自用人成本逐年攀升的压力。现实中不会有任何一家企业去年的用人成本比前年低，今年的用人成本比去年低，而是正好反过来。无论用人成本的上升是否合理，是否是历史发展的必然，企业的经营管理压力都会因此而增大，这是毫无疑问的。

“无法自主控制”是指，在相当程度上，用人成本上涨是不得已而为之的事情。很少有企业会纯粹出于“爱心”而给员工持续地上涨薪酬和福利待遇。企业提高薪酬和福利待遇的简单逻辑是：不提高薪酬和福利待遇，优秀的人才就不愿意加盟；不提高薪酬和福利待遇，就留不住优秀的人才，甚至留不住并不优秀的员工；不提高薪酬和福利待遇，就不足以激发员工工作的积极性；甚至可想而知，尽管用人成本上涨给承担企业经营管理责任的高管们带来了压力，但涉及到他们的个人利益时，他们中的大多数人也是希望自己的薪酬和福利待遇持续上涨的。

“无法自主控制”的另一层解释是，在大约2010年以前，每一家企业虽然每年都面临了用人成本上涨的压力，但其敏感度远没有现在这么高。这有两点原因。其一，员工薪资上涨幅度相对较小，上涨之后的稳定周期相对较长，企业一般可以通过行业性产品价格上涨来对冲掉员工薪资上涨给企业造成的压力。其二，企业盈利的可预期程度较高，因而员工薪资上涨对企业经营造成的压力较小。因为那时，大多数成熟企业都能够大致预知本企业当年的甚至未来2～3年的销售额和利润率，员工薪资上涨在相当程度上只影响到企业赚钱的多少，而不会涉及到企业的亏损与否，更不会涉及到企业的成败与生死。相比之下，现在用人成本上涨的周期短、频率高、幅度大，企业很难在短期内通过产品销售价格上涨来对冲用人成本上涨的压力。同时，由于竞争越来越激烈，市场机会在快速出现也在快速消失，几乎所有的市场都在快速碎片化……，这使得企业的盈利预期越来越不确定，通常不到一个会计年度结束，企业很难预知当年将会盈利还是亏损。在这个意义上，如果说早期的用人成本上涨只是一个管理问题，但到了今天，这一问题已经上升成为企业经营管理的战略性问题——企业只有从顶层设计的高度来应对，才有可能有效地解决这一问题。

大致说来，以下原因的相互作用，共同推动了企业用人成本的持续上涨——

国家法律和政策对劳动者的保护；

物价上涨（尤其是房地产价格上涨）使雇员阶层生活压力增大；

居民家庭经济环境不断向好，使得相当一部分人可以选择不工作或不努力工作；

人们职业价值观的日益多样化，以及企业发展前景的不确定性，使得人才们对组织的忠诚度每况愈下；

自由泛滥的社会舆论（特别是自媒体）对劳动者的“同情”和“支持”，以及对员工薪资上涨所起的煽风点火和推波助澜作用；

企业业务结构的不断变化、生产技术的日益复杂化和人员规模的不断增加，使得企业对高素质人才的需求和倚重度不断增加；

企业间持续上演的人才争夺战与保卫战；

高素质人才的社会总需求大于社会总供给；

各企业内部为解决分配公平性问题而推高的用人成本。

没有任何迹象表明，企业的用人成本会在一个相当长的时期内保持不变，更没有迹象表明企业的用人成本会趋于降低，而是恰恰相反。这便是趋势。可以这么说，它已经成为所有的企业在未来经营管理过程中必将持续面临的压力。

趋势2：合伙人制度方兴未艾

另一种趋势性的现象也是有目共睹的：越来越多的企业在实行员工股权激励计划或合伙人制。

大约十年前，只有极少数有先见之明的企业在这样干，比如华为、阿里巴巴、温氏农业以及一部分跨国公司和国内知名公司；大约五年前，开始有大量的企业模仿知名公司的这种管理行为，包括各行各业行动果敢、发展迅速的公司和大多数互联网、新技术领域的创业公司；而到了今天，几乎每一家企业都在考虑对员工实行股权激励的问题，因为至少在他们的想象中，不实行股权激励将无以获得和保留优秀人才；可以预见，在未来，任何一家拥有5名以上员工的公司，如果不实行股权激励计划或合伙人制，却又能获得良好发展，那是完全不可想象的。

不同的企业对员工实行股权激励计划或合伙人制的初衷并不一致：有的企业是因为老板从内心深处认识到，只有与人才们分享企业发展的红利，才能确保自己保有并继续获得更大的利益；有的企业是因为老板发现，无法以金钱满足人才们越来越大的胃口，因而不得不东施效颦般地以股权来弥补现实的现金支付能力不足；有的企业纯粹是因为由职业经理人控制的公司向大股东施压，而大股东不得不有条件地妥协；有的企业是因为老板深刻地意识到，只有把企业大股东和关键岗位人才的利益深度地进行捆绑，才能解决企业的可持续发展问题；有的企业纯粹是被时代浪潮所裹挟，即老板并不希望员工与自己分享利益与权力，但如果不这样做便留不住人才，更招不进优秀人才，所以才不得已而为之；有的企业仅仅是为了与员工“对赌”，即以此刺激和促使员工在当期创造更大的业绩……

无论一家企业实行员工股权激励计划或合伙人制是出于上述哪一种情况，都绕不开一个根本的原因，那就是企业对员工实行现金激励的能力不足，也即是前文陈述过的不断增加的企业用人成本压力。试想，如果企业有足够的能力或条件通过当期现金激励来解决其所面临的人才管理问题，又何必要让特定的员工持有公司的股份呢？毕竟，现金激励操作简单直接，而股权激励操作起来则会面临一系列直接和潜在问题。

出于不断增加的用人成本压力，并在以下五种力量的共同作用下，越来越多的企业试图通过股权激励的方式来解决本企业的招聘、任用、培育和保留人才的问题——

外部标杆企业推行员工股权激励计划或合伙人制的示范效应；

管理学界、咨询和培训界人士出于自身利益对员工股权激励计划或合伙人制的效用的大肆颂扬和鼓吹；

被社会舆论持续影响的内部人才们对股权激励计划或合伙人制的期待；

被社会思潮持续影响的外部人才们对股权激励计划或合伙人制的要求；

急需获得高素质人才的加盟，而企业支付高薪酬的能力有限。

众所周知，近几年来，员工股权激励计划或合伙人制，已经成为各行各业大大小小的企业普遍的选择。股权激励计划或合伙人制之所以成为燎原之势，除了以上原因之外，还因为从理论上讲，员工持股对企业和人才双方来说都具有非同寻常的巨大诱惑力。

股权激励计划或合伙人制对企业的巨大诱惑力表现在四个方面。

其一，企业无需在当期支付巨额的现金就能很好地激励人才，这大大地缓解了企业面临的用人成本压力。

其二，股份是否能够给人才们带来价值或带来多大价值，将极大程度上取决于员工能否努力工作来让企业的股份得以不断增值；换言之，员工所持股份的增值是与员工的绩效表现高度正相关的。因此，员工为了获得更多的个人利益（让其所持股份增值），便必然有好的绩效表现，进而企业便会有更好的盈利与发展。

其三，由于员工所持股份具有巨大的获利想象空间，且已有大量职场人士通过持有企业股份而获得了巨额财富，企业有理由相信，股权激励计划或合伙人制可以增强员工的归属感和忠诚度、使命感和责任心、投入度和创造性、合作意识和学习意愿。换言之，股权激励计划或合伙人制可以全方位地激励人才与企业同心奋斗。

其四，实行员工股权激励计划或合伙人制，还具备吸引优秀人才加盟、促进供应链整合和促使投资商投资的功能，同时又可以确保或加强创始人及其管理团队对于企业的控制权。

股权激励计划或合伙人制对人才们的巨大诱惑力表现在：现实中

有大量公司的中高级合伙人个人，动辄身价几个亿、十几亿甚至几十亿、上百亿。他们个人财富中的绝大部分，并不是来源于其从公司获得的工资性收益（含基本薪酬、福利待遇和绩效奖金），而是来自于他们所持有的公司股份在资本市场上的持续增值。

的确，从理论上讲，人才们持有企业股份以后，一般说来，不仅工资性收入不会减少，还会增加具有无限想象空间的股份收益——

员工的工资性收入，通常包括基本薪酬、福利待遇和绩效奖金。这些收益一般不会因为持股而减少，甚至还极有可能增加。因为，如果实行了合伙人制以后，所有合伙人都如企业所期待的那样，能够更具责任心和忠诚度，能够竭尽全力地工作，那么企业便一定会发展得更好，而企业发展得更好，一定意味着全体员工的基本薪酬、福利待遇和绩效奖金水涨船高。

员工们持有企业股份以后，其可能带来的股份增值性收益是可以想见的。股份收益大致有三大来源：经营性股份增值收益、管理性股份增值收益、融资性股份增值收益。

经营性股份增值收益：是指由于合伙人持有公司股份，公司因经营而导致的资产增值，必然也就会导致合伙人所持公司股份的增值。导致公司经营性股份增值的因素包括：正常的经营利润，有效的投资行为，有效开展新业务，有效开拓新市场，推出新的畅销产品，等等。还有一个常常被忽视的情况是，即便一位合伙人所在的部门或岗位并没有或并不能为公司的经营直接带来资产增值效应，公司其他任何部门和个人（比如在美国的业务部门、在欧洲的某些员工）对公司的经营发展有贡献，都有可能导致公司所有合伙人个人所持股份增值。

管理性股份增值收益：是指由于合伙人持有公司股份，公司在任何方面的管理效能提升，都将导致合伙人个人股份收益的增加。比如，公司引进了优秀的人才，采取了某项降低成本的举措，引进了某种可以提升效率或产品质量的技术/管理方法等等，都有可能导致公司的成本降低、效率提升或质量改进，而任何有效的管理举措，只要对公司的盈利和发展有贡献（盈利是当下的利润增加，发展是未来的盈利趋好），都将意味着个人所持公司股份价值的增加。

融资性股份增值收益：通常包括两种情况，即一级资本市场融资和二级资本市场融资导致的资本增值收益。一级资本市场融资导致的资本增值收益是指，发展势头向好的公司（特别是优秀的创业公司），在发展过程中需要对外进行股权融资时，出售给投资人的股份价格，通常会远高于其每股股份的净资产价值。这意味着，在企业进行股权融资的过程中，每一位合伙人都将从中受益，而这种受益有可能直接以现金的方式回报给每一位合伙人（比如公司出于某种考虑，愿意在有投资人购买公司股份的情况下，让合伙人以较高的价格将其所持股份中的一部分直接转让给外部投资人），更有可能只是反映在公司股份的账面溢价方面，也即是每一位合伙人个人所持股份的价值增加。二级资本市场融资导致的资本增值收益是指，公司一旦成功IPO（首次公开募股），通常意味着合伙人所持股份的价值将大幅度增值，其增值幅度最少在10倍以上，多的可高达100倍以上。

2. 一个严峻的管理难题

如果给员工加薪可以带来企业经济效益的同步增长，那么加薪便不是什么问题。问题在于，多数企业给员工加薪只是给员工们带来了短期内的兴高采烈，而并没有带来企业经济效益的同步增长。这意味着，加薪极有可能只是在增加企业的成本支出压力。

在这种情况下，大多数企业不是去研究在加薪的同时，应如何通过采取“对等”的措施使员工抑或是企业的业绩发生改变，而是寄希望于通过实行股权激励计划或合伙人制来解决这一问题。然而，授予员工股份以后，企业的业绩会自动增长吗？其实并不能。换言之，授予股份面临的挑战，跟加薪并无二致。

一个案例

恒达利公司（化名）是一家位于浙江的OEM服装制造企业。受大环境的影响，2010年以来，不得不连年给员工一定幅度的加薪，以此来解决优秀员工“进不来”和“留不住”的问题。持续地加薪的确缓解了该公司在人才管理上的压力，但却并没有带来经济效益的同步增长。好在那些年间，公司每年虽然因为加薪而影响了利润，但毕竟公司还是有利润的；重要的是，该公司的老板们相信，只要市场大环境好转，公司就会迎来利润回归。

然而，直到2015年，该公司期盼了多年的市场回归景气的局面并未出现。到了该年年终，公司被迫决定“转型升级”：在继续从事OEM出口业务的同时，成立了一个专门的事业部，来面向国内市场推出全新系列的女性品牌服装，并通过线上和线下专卖店来实现产品销售。

开展新业务，需要招聘一批能人，于是该公司开始高薪招聘人才。2016年一共招进了近20位设计、市场和销售方面的专才。高薪招聘人才的一个阶段性结果是，该公司原有的薪酬结构被打破——新进人才的薪水远高于原有的同级别人才，这导致了内部的分配不公。为了解决老员工的薪酬远低于新进人才的问题，公司不得不给一部分优秀的老员工适当涨薪。然而，给部分优秀老员工涨薪的结果是，造成了更大面积的不满，因而导致一部分骨干技术和管理人才流失。在这种情况下，该公司不得不再次给员工普遍调高薪酬。然而，这还不是最大的问题。最大的问题是，不仅原先OEM业务的盈利并没有因为员工薪酬上涨而好转，而且新业务的进展远远低于预期——只有成本投入，没有利润产出。以至于2016年，该公司亏损了近2000万元。

在上述背景下，2017年该公司决定将成立一年多时间的事业部独立为子公司，并在子公司推行合伙人制——将子公司股份的20%以极低的价格授予公司里的30多位中高管和技术精英。老板本指望通过推行合伙人制，给子公司的发展带来新的希望，并使公司具备对外融资能力。然而，推行合伙人制以后，该公司并没有出现生机，也没有吸引到投资商的关注与投资。在“烧”完了近1000万元的投资以后，老板痛定思痛，下决心关掉了这家子公司。

上述案例具有一定的代表性：由于企业无法解决用人成本上涨并不能带来经营业绩增长的问题，进而才寻求通过实行股权激励计划或合伙人制来实现“超越”。但不幸的是，当一家企业不能有效地解决员工薪酬上涨、业绩却不能同步增长的问题，它也将极有可能无法通过推行股权激励计划或合伙人制来解决企业的业绩增长问题。

道理很简单：面对一群不能下更多蛋的鸡，你盲目地给它们喂更多的饲料，它们也未必会下更多的蛋；面对喂了更多的饲料也不会多下蛋的鸡，你对它们说“你们都是我的姑奶奶”，它们也是无法下出更多的蛋来的。

为什么这是个难题

激励和绩效好似一架天平的两端：增加激励，一定要确保绩效有增长，如果不能在增加激励的同时采取举措来提高绩效，则受损的必然是企业；通常，增加激励是“分分钟”可以做到的，绩效增长则是很不容易实现的。许多企业在通过加薪来提高绩效无望的情况下，又试图通过股权激励计划或合伙人制来解决问题，因为这些企业想当然地认为，股权激励可以改变特定人才的身份，进而可以改变企业的绩效。这其实是十分天真的。

从理论上讲，实行股权激励计划或合伙人制以后，员工的思维、心态、行为和行为结果将会发生积极正面的改变，随之而来的必然是企业绩效的提升。然而，大量实践显示，企业实行股权激励计划或合伙人制以后，人才们的思维、心态、行为和行为结果并没有发生明显的积极变化，企业的业绩也并没有发生变化，反而人才管理问题因之而更加严重。这是因为，相对于传统雇佣制下的绩效管理，股权激励计划或合伙人制下的人才绩效管理涉及的问题更为复杂，难度也会更高。

在传统的雇佣制下，企业给员工承诺高薪酬的同时，会要求员工的工作行为和结果发生改变。如果员工的工作行为和结果表现差劲，他们的利益就会立即受到影响，即他们的工资或奖金因此而减少，并有可能失去升职加薪机会。对于工作和业绩表现特别差劲的员工，企业可以“分分钟”将其“扫地出门”，并且不会遗留任何隐患。

然而，在股权激励计划或合伙人制下，员工持有企业的股份，如果企业缺少严密且合法的制度安排，持股员工的工作行为和结果尽管并不能满足企业对他们的要求，但他们很可能依然会获取到企业发展的红利；更重要的问题还在于，如果缺乏严密合法的制度安排和管理体系设计，持有股份却不能为公司创造价值的员工，将会对公司经营管理的所有可以想象到的方面都构成深远的负面影响。

至此，可能有人会想当然地认为，既然如此，那么在授予员工股权的同时，将与之配套的制度安排和管理体系设计出来，问题不就顺理成章地得到了解决吗？一点没错。如果企业在推行员工股权激励计划或合伙人制的同时，能够推出与之配套的制度和管理体系，的确有可能解决问题。但是，以下两个问题值得引起高度注意——

其一，在传统的企业治理结构中，企业制度和管理体系的完成是循序渐进的，而且绝大多数的企业制度和管理体系都是在不断试错的过程中逐步发展起来的。在此过程中，企业推出一种政策或制度，如果在实践中证明有问题，那么推翻重来即可，甚至可以永久搁置，朝令夕改成为家常便饭也并不奇怪。然而，由于在股权激励计划或合伙人制下，员工持有企业股份，而与股份相关的任何问题都是十分敏感的，任何缺乏充分考虑的变化都将可能导致不信任，而任何不信任都将对企业的管理与发展构成不利。

其二，在传统上，人才管理的方法是可以借鉴的，优秀的大中型企业往往是其他中小企业的学习标杆，即便模仿错了，也可以随时改正。而合伙人制度是近几年才出现的新生事物，尚没有形成一致公认有效的管理标准。这意味着，每一家企业都只是在“摸着石头过河”。“摸着石头过河”在传统的雇佣制下不是问题，因为发现错误可以即刻改正。但在股权激励计划或合伙人制下，任何改变都充满了风险。

说到这里，我们不得不指出：在这一点上，发展稳定而又迅速的大企业可以让发展本身来消除试错导致的问题，比如发现前期股权激励制度存在严重缺陷时，企业可以通过付出巨大的成本代价来解决问题，并避免因变化而导致员工利益损失，比如像华为曾经所做的那样，以高价回购员工所持股份（参见《合伙人制度顶层设计》一书），之后调整或重新设计激励政策。显然，绝大多数中小企业并无此思想准备，也没有相应的能力条件。

3. “无需考核”与“应该对赌”

企业实行股权激励计划或合伙人制以后，要不要对合伙人进行绩效考核？对于这一问题，历来有两种观点：一种观点是“无需考核”，另一种观点是“应该对赌”。

持“无需考核”观点的经营者们，大致都是因为不了解股权激励计划或合伙人制，或是出于某种良善的意愿，或仅仅是为了“偷懒”。等到他们的企业真正地实行了股权激励计划或合伙人制以后，他们一般还是会对其合伙人进行一定程度的绩效考核，只不过由于他们最初所持的是“无需考核”的观点，所以实际上对合伙人的业绩实施考核时，其所采取的方法，与针对普通员工的绩效考核并无差别，大致也不会将考核结果与合伙人的股份相关利益高度挂钩。

持“应该对赌”观点的经营者们，大多是一些自以为善于洞察和利用人性的老板。他们认为只有对合伙人的绩效结果进行严格的规定，并将考核结果与合伙人的利益高度挂钩，才更加符合企业利益，也更加符合人之本性。不过，大多数持有这种观点的经营者，其所在的企业通常规模较大，管理不至于很落后，其在与员工的博弈中实际上处于较强势的地位。故而，当企业实行股权激励计划或合伙人制以后，他们一般采取的所谓绩效考核，实际上只是跟员工“对赌”的游戏。

接下来，我们专门谈谈这两种观点和做法。

关于“无需考核”

2016年至2017年，我们所在的奇榕咨询公司同北京大学汇丰商学院和华创互动教育研究院合作，先后在上海、西安、北京和深圳开办了20多期“合伙人制度建设”相关主题的公开课。

我们清楚地记得一期西安开办的公开课上，当我们提到有必要用“3S绩效管理体系”来管理合伙人的贡献时，有一位前来听课的民企老板站起身来大声地提问：“既然都合伙了，大家都是老板了，还需要考核吗？如果还需要考核，那实行合伙人制又有什么意义呢？”

记得我们大致是这样回答这位民企老板的：即便合伙了，也需要对合伙人进行考核，因为人性是自私的、短视的并且是有惰性的，而合伙人也是人，只有通过相应的绩效考核，才有望将合伙人诱善到共识、共创、共担、共享的“四共”方向上来，这样才对企业、对所有合伙人和对所有员工都有好处……然而，令在场所有人都没有想到的是，还没有等我们把话说完，这位民企老板就愤然地离开了授课现场。

事后，我们通过课程组织方打听到，这位民企老板的确是带着美好的愿望和想象来参加这期公开课的。当他知道即便实行了合伙人制，老板还是要花心思和精力去考核合伙人的绩效时，就冲动地认为，所谓合伙人制不过又是一场骗人的把戏。他为什么会这样武断呢？因为，此前他曾花了一大笔钱购买了一个“积分制管理”名义下的课程及软件，事后发现根本就没有什么用，故而他感到自己这回又上当了……

上述行为的民企老板我们这些年仅碰到这一例。但我们知道，持有相似观点的民企老板在现实中大有人在。我们曾基于相关教学和咨询服务实践经验做过分析，持有这一观点的人，之所以会认为实行合伙人制以后不需要对合伙人进行考核，通常是出于这样的原因：他们的企业规模小，过往的管理基础差，员工管理曾令他们伤透了脑筋。在这种背景下，当他们听说股权激励计划或合伙人制可以解决员工的积极性、责任心和忠诚度问题时，便想当然地以为，实行股权激励计划或合伙人制以后，就可以使自己在员工管理方面脱离苦海、高枕无忧或做甩手掌柜。毫不客气地讲，这一观点背后的心理，其实是试图在人才管理方面“偷懒”。

2018年11月份，上海市科技创业服务中心在上海市钦州路100号开办了一个名为“科技小巨人总裁训练营”的培训项目，我（张诗信）被邀请前往讲授《合伙人的绩效管理》这一课程。培训主办方的工作人员在开课前两天就在微信中告诉我：“由于张老师您讲得特别好，所以已有70多人报名这个课程，我们正在设法将人数压缩到50人以内。”然而，到了开课当天，实际上还是有多达70人前来听课，他们都是年营业额在1个亿到10个亿不等的科技创业型公司的创始人，是上海市政府重点培育的对象。其实，我心里十分明白：参训者的听课热情之所以很高，根本不是因为我的课讲得有多好（他们中的大多数人其实并不了解我，此前也没有听过我讲课），而分明是这一课程主题吸引了他们。说白了，分明是他们的企业在合伙人的绩效管理方面遇到了问题。

事实证明我的判断没有错。在课程开场15分钟左右，我请现场的学员们分享他们公司在实行股权激励计划以后，持股员工在以下三个方面的变化或尚存在的问题：①归属感和忠诚度；②使命感和责任心；③投入度和业绩表现。

在接下来的约20分钟时间里，共有4名学习者分享了他们的经验。他们的经验有一个共同之处：实行股权激励计划或合伙人制以后，除了合伙人的归属感和忠诚度有所提高以外，其他两个方面并没有出现预期的明显变化。从他们的分享中我还了解到，他们无一例外地只是在采用全员通行的绩效考核方式来管理合伙人的绩效，而且无一例外地都没有把合伙人绩效考核结果与其个人所持股份的行权、分红和合伙人身份升降等有任何挂钩。在课间休息中，我还特意找到这几位分享的学员，试图了解他们当初在实行股权激励计划或合伙人制时对合伙人绩效管理方面的考虑，以及现在的想法。我得到的答案高度一致：当初他们并不认为必须对合伙人实行绩效考核；现在感到有必要考核，所以才来听我的课。

我们研究发现，持有“无需考核”观点的经营者们，之所以“不愿意”考核合伙人的绩效并将考核结果与其股权相关利益高度挂钩，除了前述原因以外，还有一个至关重要的原因，就是这类企业的现金支付能力弱，发展态势对优秀人才不具有强烈的吸引力，因而招聘和保留优秀人才的能力较差。在这种背景下，他们担心采取强势的绩效考核方式，有可能导致合伙人“不予配合”。或者恰恰就是因为这一原因，一些小企业或创业公司在实行股权激励计划或合伙人制时，通常会大比例地将公司股份以极低的象征性价格授予合伙人或直接赠予股份，通常也不设行权期，而是立即兑现，从速完成工商登记变更。

关于“应该对赌”

与上述“无需考核”观点形成鲜明对比的是，也有很多企业的经营者认为，必须对合伙人的绩效进行严格考核，而且大多采取的是“对赌”性质的所谓绩效考核。这些企业的通常做法是，在决定授予特定人才以公司股份时，会设置严苛的行权条件：只有企业实现一定的利润目标，合伙人才可以行权，否则便不能行权。一些上市公司还会把公司在二级资本市场的股价上涨目标也列为合伙人的行权条件。

我们研究发现，这类企业通常有三个方面的特征：一是企业规模较大，且发展势头较好，是优秀人才竞相前往的工作去处；二是企业人才济济，且管理比较成熟，因而企业在与人才的博弈中居于相对强势的地位；三是企业经营者自以为对人性的理解和把控程度较高，相信遵循“付出和收获”成正比的价值规律，是处理企业和人才关系的基本法则。因此，他们有条件、有能力和有信心与特定的人才“对赌”。以至于他们在授予特定的人才们以股份时，通常采取的是市场化的定价模式，并且设置的行权期限普遍较长（3～5年，甚至有的长达10年）。

现实中这类例子很多，几乎所有的主板上市公司在授予特定的人才以股份时，无一例外采取的是这一方式；尚没有上市的国内大多数大型企业，在授予特定的人才以股份时，也大致采取的是这一方式；一部分发展态势良好的中小或创业公司，其老板大多处于自信心高度爆棚阶段，因而在授予特定的人才们以股份时，也会效尤大公司的做法，采取这一方式。

从某种意义上讲，在决定授予特定的人才以股份的同时，向人才们提出一定的绩效目标要求，人才们达成绩效目标就有资格行权，反之就无法行权，这不失为一种管理合伙人绩效的有效方式，但这是否是最佳的管理合伙人绩效的方式，是值得商榷的。对此，我们提出以下三个方面的问题启示读者思考。

其一，是对赌的业绩条件设置问题。一些企业在针对合伙人设置对赌的业绩目标时，往往会自觉不自觉地倾向于设置“进取性较强的目标”，特别是一些上市公司，往往把公司的股价上涨目标也列为对赌的条件，这是否恰当将是一个很大的问题。因为，过高的业绩目标和不完全受当事人掌控的股价目标，极有可能不但不会激发合伙人的工作斗志，反而有可能会挫伤合伙人的信心。这应不是企业实行股权激励计划或合伙人制的初衷。理想的做法是，既要让合伙人努力实现高目标，又能确保合伙人努力奋斗之后能够实现行权。

其二，是对赌引发的短期行为导向问题。大多数企业，只是在股份行权这一问题上采取业绩对赌方式。这种方式的最大缺陷早已被享誉全球的投资大师沃伦·巴菲特（Warren Buffet）先生所揭露。2005年，他就曾对美国上市公司实行的固定价格下的股份期权激励计划提出过严厉批评："假设停滞公司（Stagnant）授予CEO无用先生（Fred Futile）一定数量的股票期权，比如相当于公司总股本1%，那么他的个人利益就会非常清楚地决定他的行为：他肯定不会向股东分配任何红利，而是用公司所有利润来回购股票，从而推高股价，让他自己的股票期权收益最大化……"。事实上，企业在合伙人股份行权的问题上对赌，其负面效应远不止于此。还包括：合伙人有可能放弃行权，因而不付出应有的努力；合伙人也有可能通过牺牲企业的长远利益而获取行权资格；合伙人还有可能在千方百计行权以后不再努力奋斗；等等。

其三，对赌未必不是"偷懒"行为。相比于采取更为科学严谨的方式来精益化地管理合伙人的绩效，对赌显然是一种直接而又省事的管理合伙人绩效的方式。因为，前者显然需要花费许多心思，比如需要系统地规划企业所有影响业绩的关键要素，又比如需要持续地全面优化企业的管理体系，再比如需要同企业各层级的人才们耐心沟通企业的经营与管理方式，等等。而且，即便做到这些，也未必能够确保企业必然产生理想的经营业绩。相比之下，采取对赌的方式显然要简单省事得多，只要精心地、抑或是大而化之地、甚或是粗暴地设置一个可以让合伙人勉强接受的绩效目标即可。然而，这在相当程度上或许只是经营者的一种偷懒性管理思维、心态和行为，因为这样做是那么的简单和省事——只要参赌双方愿意下赌注即可。我们不得不说，这样做既有可能是对合伙人不负责的一种思维、心态和行为表现，同时也有可能是对企业的长期管理发展不利的一种管理思维、心态和行为表现。

4. 如何让合伙人满足期望

老板们之所以愿意拿出一定比例或数量的股份让公司里特定的人才们分享，无一例外地是基于这样的朴素想法：让人才们持有公司的股份，可以促使他们对公司充满信任和信心，进而大家心往一处想、劲往一处使；这样，公司的“蛋糕”才能做大；公司的蛋糕做到足够大以后，尽管老板的股份比例减少了，但实际得到的“蛋糕”不减反增。老板的这一朴素想法和愿望是令人敬佩的，因为并不是所有的老板都能有如此胸襟和胆识，现实中大量的老板在这个问题上连账都算不过来，更别说有与员工共享公司发展红利的行为了。

大多数现代型公司的股份由四类人群所持有：公司的创始人团队、外部投资人、内部人才团队、供应链伙伴或其他利益相关者。一个简单的数学常识是：公司的总股份为100%，参与分配（持股）的人越多，每一个人所持股份的比例会相应越少。而且，随着公司不断发展，出于更好更快发展的需要，公司一般还会不断引进新的股东、投资人、人才和其他利益相关者。这意味着，每一位原先持有公司股份的人所持有的股份比例必然会不断减少。对于任何一位老板而言，减少自己的持股比例，在某种意义上意味着自己对公司控制权的相对减弱，而老板们之所以又愿意这么做，是有其内在逻辑的。

这个逻辑便是，老板（包括企业其他股东）拿出一定比例或数量的股份，授予公司里的特定人才们，被授予股份的人才们就有望在以下四个方面表现更佳：一是归属感和忠诚度，二是使命感和责任心，三是投入度和创造性，四是合作意识和学习意愿。老板们的想法是，如果被纳入合伙人序列的人才们在这四个方面的确能如己所愿，那么便必然意味着企业经营绩效的不断提升，最终企业会发展得越来越好；因为企业发展得更好，尽管股东们为激励人才而出让了一部分股份，但股东们的长期收益则会因此而更大。

然而问题是，被授予股份的人才们真的能够自动地满足老板的期望吗？我们的回答是否定的，理由是人性使然。

对合伙人的期望

老板们对合伙人的上述期望看似是符合逻辑的。因为，如果企业实行股权激励计划或合伙人制以后，人才们的确能够如老板所期望的这样，那么企业管理中的许多管理体系、标准、制度和行为将会大大简化。

（1）归属感和忠诚度

实行了股权激励计划或合伙人制的企业老板们无不期望，人才们能够充分认识到他们不再是打工者，而是在做自己事业的主人。老板们相信，一旦人才们有了这种认知，便意味着他们更有归属感，以及对企业会更加忠诚（从而不再在本企业之外寻找其他职业发展机会）。

当人才们有了归属感和更加忠诚于企业时，不仅对企业的发展有好处，对人才们的个人职业发展也有好处。老板们进而会想当然地认为，当合伙人群体有了这种认知和表现以后，势必会正面影响公司内部其他员工、外部人才和其他利益相关者对公司的看法。

（2）使命感和责任心

实行了股权激励计划或合伙人制的企业老板们无不期望并相信，人才们一旦有了归属感和更加忠诚于企业，他们为了自身的利益抑或是共同的利益，便会更加认同和自觉践行公司既定的使命、愿景、价值观，进而必然会更加尽心尽力、尽职尽责。

（3）投入度和创造性

实行了股权激励计划或合伙人制的企业老板们无不期望并相信，人才们在有了上述归属感和忠诚度、使命感和责任心以后，他们便会在工作上尽心竭力，并且不再计较个人眼前的利益得失，因为他们明白，只有这样公司才会发展得更好，个人最终才会获得更大的回报。

在这种情况下，人才们便必然会穷尽所能地在各自的岗位上努力创造最佳的工作业绩，因为创造更佳的工作业绩不仅对公司有好处，最终对自己也有好处（同时，合伙人们将会明白，为创造更佳业绩而付出努力的过程，将会极大地开发出自己的潜在能力；有了更强的工作能力，他们未来的工作舞台会更大，个人的职业收获也会更丰厚）。

（4）合作意识和学习意愿

实行了股权激励计划或合伙人制的企业老板们无不期望并相信，当每一位或大多数合伙人有了上述归属感和忠诚度、使命感和责任心、投入度和创造性以后，他们的团队合作意识和个人学习意愿也会因之而提升。因为他们很快会明白：更有效的团队合作不仅符合公司利益，也符合自身利益；积极、主动和有效地学习新的知识和技能，并将其应用于工作实践，不仅对公司的发展有益，而且还可以维持甚至提升自己的收益、尊严和荣誉。

老板们同时期望并相信，合伙人的上述表现将会正面影响内部其他员工、外部人才和其他利益相关者（投资人、供应商和客户）对公司的看法。

然而，一个普遍的事实是，企业或老板们之所以对其合伙人有上述期望和要求，在相当程度上是因为，合伙人的上述意识和行为不会因为企业实行了股权激励计划或合伙人制而自动、轻易地发生。如果能够自动、轻易地发生，便无所谓期望和要求了；换言之，因为难得，所以才抱以期望和要求。

必须直面的三个问题

为什么说企业实行了股权激励计划或合伙人制以后，其合伙人的意识和行为不会自动、轻易地满足企业的期望呢？这是因为：人性是自私和短视的，习惯的势力是强大的，新的能力素质无法快速建立起来。下面逐一说明。

（1）人性是自私和短视的

我们的大量观察和研究显示，企业实行股权激励计划或合伙人制所面临的最大威胁，将来自于人性的两大弱点：自私和短视。自私，是指每一个人都会本能地从自身利益出发来考虑问题，特别是在自身利益与团队（企业）利益发生矛盾时，大家都会本能地维护自身的利益。短视，是指每一个人都更加关注自身的短期利益得失，特别是在短期利益与长期利益发生矛盾时，大家都会倾向于获得或保护自身的短期利益。

本质上讲，来自人性的自私和短视是股权激励计划或合伙人制的“公敌”，因为股权激励计划或合伙人制要求每一位合伙人具有共同和长远利益意识，只有大家一致追求共同利益和长远利益，最终每一个人才能得到更大的个人利益。

在这个意义上讲，如果企业不能有效地应对这两个来自人性的弱点，而是任其自由蔓延，则很可能致使股权激励计划或合伙人制事倍功半，甚至于效果全无。企业防范人性的这两个弱点对股权激励计划或合伙人制可能造成的破坏或阻碍，其必要性还在于，人性的弱点看似无影无形，但却具有极大的潜在破坏力，正如蚂蚁虽小，却可能对“千里之堤”构成致命威胁。

（2）习惯的势力十分强大

我们都有这样的生活经验：一旦一个人养成了某种习惯，他在未来的时间里便很难改变。比如，当一个人爱占小便宜，并且屡屡如愿以偿时，他便会养成占小便宜的心理和行为习惯。一旦养成了这种不好的心理和行为习惯，那么在随后的时间里，一旦碰到可以占小便宜的机会，他便可能会“故伎重演”。虽然他也有可能在未来的某个时间，出于某些原因，意识到占小便宜的心理和行为不好，会有意识地管控自己，但由于他已经养成了爱占小便宜的思维、心理和行为习惯，他则极有可能最终又会回到爱占小便宜的老路子上去。

又比如，当一位员工通过多次跳槽而获得了加薪升职机会时，他就可能会养成跳槽的心理和行业习惯。一旦这种习惯被养成，他便很难全身心地投入到当下工作中。当在工作中碰到较大的问题，或者碰到来自外界的机会诱惑时，他的习惯就会指引他继续选择跳槽。即便他偶尔也可能意识到频繁跳槽将对自己长期的职业发展不利，因而会在某一个时间段里具有某种“自控力”，但当工作压力或外部诱惑力足够大时，他便极有可能还是会继续选择跳槽。

我们不得不承认一个事实，绝大多数合伙人在成为合伙人之前，都是雇佣制下的员工（或经理人）。他们中的很多人已经养成了与雇佣制相匹配的职业思维、心态和行为习惯，指望公司一实行股权激励计划或合伙人制，他们就能脱胎换骨，立即具有合伙人应有的思维、心态和行为，这是不现实的。即便他们意识到股权激励计划或合伙人制对自身的价值和意义，并且在企业的要求下愿意改变自身既有的思维、心态和行为，但由于习惯势力强大，他们往往很难做到。换言之，如果他们在雇佣制下已经养成的职业思维、心态和行为习惯不能真正地改变，则企业实行股权激励计划或合伙人制的效果必然相应打折扣。

（3）建立新的能力素质不会一蹴而就

理论上讲，当一个人具有了新的突破性的能力素质以后，他旧有的“坏习惯”就有可能得以改变。比如，一个习惯占小便宜的人，如果他发展出了某种独特的专业技能，能够给他带来大量的金钱收入，他很有可能会改掉爱占小便宜的这个坏习惯。又比如，一个习惯性跳槽的人，如果能够在其所在的专业领域发展出独一无二的技能，以至于他所在的组织高度倚重于他，在这种情况下，为了避免他跳槽，组织极有可能给他加薪升职，他也就有可能从此忠诚于当前工作的企业，不再随意跳槽了。

然而，我们不得不说，一个人要想建立起足以改变其既有的习惯性思维、心态和行为的能力素质，其实并不容易。有两点原因：其一，当一个人已经有了某种习惯性的思维、心态和行为时，指望他自觉自愿地建立起足以消除既有习惯的某种新的能力素质，其实是很难做到的；其二，即便一个人有可能在自觉自愿的情况下，通过建立新的能力素质来改变旧有的坏习惯，也绝非一日之功，不可能一蹴而就。

绩效管理的必要性

我们的基本观点是，实行了股权激励计划或合伙人制的企业，只有采取有效的绩效管理手段，才能有效地应对上述来自人性的、习惯的和能力建设方向的三大问题，最终实现实行股权激励计划或合伙人制的初衷。

换言之，这里所说的“有效的绩效管理手段”，系指这样一种理想的情形：它能够有效地应对来自合伙人人性的自私和短视问题，它能够有效地应对来自合伙人习惯方面的问题，它能够有效地促使合伙人建立起适应新要求所需要的能力。因为它具有这三点功能，它也就能够真正地使合伙人具有归属感和忠诚度、使命感和责任心、投入度和创造性、合作意识和学习意愿。

然而，问题来了。世界上有这样一种绩效管理方法系统吗？如果没有，那么上述观点便纯粹是废话；如果有，它究竟是什么？在哪里可以得到？对于这一问题，在此我们只能这样说：不用着急，先请耐心地读完本书，因为本书就是用来回答这一问题的。

5. 进一步的观点

我们不仅认为，一些企业实行股权激励计划或合伙人制以后，之所以并没有达到这一制度设计的初衷，在极大程度上是因为这些企业没有意识到绩效管理在合伙人管理中的作用和地位，以及并不知道有效的合伙人绩效管理应该怎么做。而且我们认为，许多企业之所以存在一系列的人才管理问题，也是因为这些企业没有意识到绩效管理在人才管理中的作用与地位，以及并不知道有效的员工绩效管理应该怎么做。

本章前面的所有论述，可以认为都是为引申出上述第一个观点所作的铺垫，而下面我们即将分享的案例，则是针对上述第二个观点来启示大家思考的。

一个案例

中信出版社于2019年1月出版了一本名叫《创业突围》的图书。该书的作者郑旭先生是华创互动教育研究院院长。华创研究院在中国科创企业界享有极高的声誉。华创研究院与我们所在的奇榕咨询公司迄今已有长达7年的战略合作关系。该书由12个案例所组成，这些案例都是创业公司在创业过程中很容易掉进的“陷阱”。这12个案例，不仅可以启发创业者思考如何避免掉进类似的“坑”，而且即便是非创业人士阅读这些案例，也可以从中获得许多有益的启发。在此我们引用的是其中的一个案例。引用这个案例的目的，是试图引导读者思考，企业人才管理中的许多问题，看似跟绩效管理无关，但如果从绩效管理的角度来思考与分析，则更容易看到问题产生的根源，进而找到解决类似问题的策略。

案例的讲述人名叫宋大明，是一家物流公司的创始人。宋先生早年从事国际贸易业务。他当年将温州品类繁多的小商品通过国际分销网络销往全世界，积累了丰厚的原始资本，后转型做仓储物流，帮助外资公司进口及运输原材料。2017年，他开始涉足区块链技术。以下原文引用他讲述的故事。

我是温州人。20世纪80年代开始，家里不少亲戚陆续去国外讨生活，他们现在都还在国外做生意，混得都还不错。随着中国工业化能力日益增强，温州生产的很多商品无论从品质上还是从外观上，都与国外同类产品相差无几。我就专门从事国际贸易，把温州生产的品类繁多的小商品销往海外，10多年下来，积累了丰厚的财富。

后来环保政策日趋严格、劳动力价格飞涨，导致温州产的小商品不再具有明显的价格优势，来自越南、马来西亚等东南亚国家的竞争，逐渐侵蚀我原有的国际市场，于是最终我决定全面退出国际贸易，转型做仓储物流。

由于熟悉国际贸易，我的业务定位是帮外资公司进口原材料，并根据客户需要分批运输到工厂。这个领域属于“傻大笨粗”的行业，很难挣到钱，不过我有独特的经营手段。

通常客户最敏感的部分是仓储价格，这个市场很透明，因为仓库的房租是根据地段来定的，好的地段贵一些，偏远地段便宜一些。我的策略是平进平出，比如我从房东手里拿下来是10元每平方米每月，我给客户的报价也是10元每平方米每月，客户与我们合作很满意，认为我们价格公道，竞争对手由于无利可图，也不会费力气跟我竞争。但我真正的盈利点是货物的零散运输。比如客户进口一批10吨的原材料，每天根据订单需要100～200公斤不等，需要我们把整批原材料拆散了，重新包装运输到生产车间，我们会收取客户的包装及搬运服务费。这部分费用比较零碎，每天算下来只有200～300元，每个月总费用不到1万元，客户并不敏感。但我积累了100多家客户，每个月的收入汇总起来可以高达100多万元。

做仓储运输虽然很挣钱，但我还是不满意，觉得太辛苦了。看着身边的年轻一代创业者，凭着商业计划书，两手空空就可以获得上千万元的投资，我想凭借自己丰富的商业经验，应该可以有一番更大的作为。

经过一年多的密集考察，通过参加各类国际展会、研讨会，我发现当前仓储运输业务可以与移动互联网结合起来。我的核心优势是高品质的运输服务，我们公司艾迅物流是国内少有的给搬运工以正式员工待遇的物流公司。我们给搬运工固定薪资，提供完备的四险一金和社保，搬运工人的稳定性高。经过我的悉心培养，他们对于货物非常细心，包装和搬运都非常有保障，很多客户把搬运贵重机器设备的任务交给我们，后来发展到外资公司总经理自己家里的钢琴、进口家具，都指定我们公司搬运。于是，我决心发展更有技术含量的高端家庭运输服务，类似高端的“货拉拉”模式，以O2O（线上线下电子商务）技术专门为高收入家庭搬运贵重物品，比如钢琴、字画、古董收藏品等。为此，我还精心设计了一个响当当的名字：“尊享快运”App。客户仅需提前一天预约，就可以享受我们的无忧搬运服务。物品如有损伤，艾迅物流便承诺赔偿，这样即使我们的物流费收得高一点，客户也愿意。

找到技术合伙人

战略规划非常完备，商业逻辑很清晰，而且我对我们的搬运服务有绝对的信心，唯一不足的是，我不懂技术。如果要做“尊享快运”App，必须要开发移动版App，而且要有云端中央调度及客户服务系统，因此我必须找一位技术合伙人。

我四处物色，突然想起来曾经在某研讨会上遇到的一位IT专家W。他供职于国内一家知名企业，担任信息中心主任，负责IT系统管理。我想大公司里的信息中心主任，一定视野广阔，接触的人层次都比较高，各种技术也都熟悉，做我的技术合伙人再合适不过了。于是我找到了W，把我的想法告诉了他。

W40岁出头，在原有单位工作了20年，一直在信息部门工作，在管理岗位上升空间不大。他也希望有更广阔的平台发挥自己的才能，因此对我的邀约表示有兴趣，但毕竟对我本人和艾迅物流不熟悉，他当场并没有表态，但也没有拒绝。于是我邀请W来我们公司看看。

过了一个星期，W来公司参观。我带着他看了我们的仓库和工作人员，向W详细介绍了我们的盈利方式，并且把艾迅物流的发展历史详细做了介绍。可以看出，W对于艾迅物流的盈利状况是满意的，对于我们希望建设“尊享快运”App的想法也高度认同，认为这是一个有前景的商业项目。他当即表示愿意担任公司的CTO，全面负责App网络平台的建设。我为这么顺利地找到一位高端技术人才加盟感到非常高兴，承诺给W年薪40万元，另加15%的股份。

完美的开始

W很快办完了离职手续，加入艾迅物流。刚开始上班的时候，W

是非常积极的。我们正常9：00上班，W住得较远，却常常8：30就到了公司，而且很热心地帮助艾迅物流提升信息化管理水平。比如，W看到我们没有考勤系统，工人管理还是手工记录，于是他用了半个月帮我们开发了一个劳动人事管理系统，虽然比较简单，但对我们这个60人左右的公司也够用了。他看到我们的仓库记账还在用Excel表格，便又帮公司引进了一套物流管理系统（网络免费版），并手把手地教我们的仓库人员使用，使我们的仓库账目变得非常清晰。W的加入，使我们这个传统的企业开始有了一些现代化的气息。

时间是检验人品的标准

"时间是检验真理的唯一标准"，我觉得这句话用在全面评价W上，是最合适不过了。随着时间的推移，W对于工作的新鲜感和初始激情过去之后，各种问题便逐步表现出来了。

W刚来公司的时候，热情地帮助多个部门提升信息化水平，这是可喜的一面，但他的核心任务是完成"尊享快运"App的网络平台搭建，这其中包括客户端的App开发，手机端便捷下单，上传货品信息、地理位置定位、个人联系方式输入等，还包括运输车辆及搬运人员的调度系统，需要获得地理位置信息、网络派单、构建支付系统等。W在完成其本职工作方面，进展缓慢，表现在研发团队的组建上，迟迟招不来开发人员。

两个月后，看到招聘进度非常缓慢，我有些着急，便找W谈话。他说我们公司位置比较偏僻，软件开发人员地图上一查地址，都不愿意来了，即便薪水比其他公司高，也招不来人。我想想有道理，于是在本市高新科技园区租下了300平方米的办公室，专门用于组建研发团队。

办公室的租用、建设又花去了三个月时间。这三个月中，"尊享快运"App网络平台几乎没有进展，因为没有开发人员，W一直在等待团队成员的到位。

研发部的市区办公室启用后，人员好招了，W一下子招聘了30多人。我去现场看的时候，办公室里坐满了人，每人对着一台电脑在干活。他们在干什么，是不是有效率，因为我不太懂技术，所以没有办法判断，只是感觉一下子招这么多人，管理起来是有难度的。我跟W说了自己的担心后，W说没问题，开发人员都是工程师思维，比较好管理。

又过了三个月，我找W了解工作进度，W说还在开发之中，还要过两个月才能测试。我感觉有些地方不太对劲，研发部门的整体氛围明显松散。我觉得软件开发进度缓慢不仅仅是因为开发的工作量大，也可能与工作人员的工作效率有关系。比如，别的公司软件开发团队都是工作到晚上十点以后，我们公司下班后人就陆续回家，晚上七点半肯定全部关灯。这与W的作息习惯是有关系的。W每天上班比较早，基本上八点半以前就能到办公室，后来我了解到W因为年龄的原因，每天早上六点准时起床，想睡也睡不着。但W每天下午六点要准时下班，因为他要回去给孩子做晚饭，还要辅导孩子做功课。

我认为W这样的工作状态肯定是不行的，如果研发部门的老大都不愿意为工作付出时间和精力，又怎么能够带领下属去做高效开发呢？W是公司合伙人，拥有公司股份，应该把心思全部用在工作上，调动一切资源去尽快完成任务。比如，公司招不到人的时候，W完全可以利用个人资源吸引一些技术骨干尽快加入，或者至少可以兼职的身份先把工作开展起来。退一万步讲，即便真的一个技术人员都招不到，W可以自己开始把代码敲起来，而不是单纯地等待。而且团队组建完成后，W应该像一个真正的领导者一样，去激发技术人员的工作热情，快速高效地推进开发进度。但种种迹象表明，W更把自己看成了一个拿工资的经理人，压根儿就没有主人翁心态。这样的领导者，带领出一批拿工资熬时间的技术人员，也就不足为奇了。

在没有办法的情况下，我想从W的薪资上做一些负激励，如果完成不了工作进度，就降低业绩工资。但当时由于我急于邀请W加盟，所以无论薪资还是股份，都没有约束性条款。股份已经一次性给出去了，没办法收回，薪资也必须按月支付，不可能调整。我有些后悔当初的草率。

无奈之下，我只能更深入地参与研发部工作，试图加快研发进度。我跟各研发小组的负责人分别沟通，了解工作中遇到的问题，没想到，反馈回来的问题令我大吃一惊。

首先在技术能力上，W并不是想象中的技术大牛，他设计的网络平台架构，在研发小组负责人看起来，比较简单，而且是有缺陷的，在安全性和应对大流量方面都很脆弱。但W态度简单粗暴，强行行政指令，要求各小组必须按照他设计的网络架构开发。

其次，W的协调能力也有问题。开发App的小组与中央调度系统小组在测试的时候，发现数据对不上，总是有这样那样的问题，但App小组认为是调度系统的问题，调度系统小组认为是App小组的问题，双方争执不下。W作为CTO，始终拿不出有效的解决方案，只是强调让双方各自回去查问题，结果查来查去，拖了一个多月问题还是没有解决。

更让我吃惊的是，有几个岗位人员是W自己招聘进来的关系户，能力根本不能满足工作要求，而且经常上班聊天、打游戏，但是照样拿工资。其他技术人员看了心里很不爽，但是也无能为力。

我了解到这些后，怒火中烧，想马上去质问W。但冷静下来后，发现局面很被动。W是我们公司的显名股东，在工商部门注册的，如果要处理W，撤销他的CTO职务，W有可能从股东会层面给公司带来麻烦，届时情况会更加难以收拾。我只能压下怒火，微笑着以轻松口气跟W聊，希望他改进工作，但基本没有效果。

战略方向的动摇

八个月后，“尊享快运”App终于上线运行了。我们首先动员原有的公司客户，改电话口头下订单为手机端下货运订单，然后招聘了地推团队，进入社区做营销，推广我们的App。

两个多月下来，市场发展情况不尽如人意。首先是企业客户，他们已经习惯了电话下单，现在要登录App，还要填写具体货物型号、地址、联系人等，他们根本没有这个耐心，如果强推下去，可能会把客户都赶跑了。家庭市场方面，在赠送礼品的诱惑下，增加了5000多个用户，但这批用户都是死粉，没有订单。

我安慰自己，C端用户都是要培养习惯的，支付宝与微信也是做了大量的、长时间的补贴才建立起用户习惯，所以我们要有耐心。但很明显我需要压缩成本，于是把研发人员削减了一半多，虽然W极力反对，说App需要持续升级，还有很大的工作量，但我没有采纳他的意见。

又过了三个月，市场情况还是没有明显改变，无奈之下，我把销售团队几乎都裁掉了。整个公司弥漫着悲观失望的情绪。

这时，W来找我了，他认为高端“货拉拉”模式已经被证明行不通，我们应该重新寻找战略方向。我问他有什么建议，他说，我们应该做区块链技术。

区块链技术是最近几年非常火爆的一个话题，它通过构建一个依赖于机器和算法信任的交易体系，解决在匿名交易过程中的相互信任问题。所有参与者将在无须建立信任关系的环境中，通过密码学原理确定身份，依靠共识机制实现相互间的信任。基于区块链技术的比特币，在短短几年时间内，由1美元兑换1个比特币，已经升至8000美元兑换1个比特币，即便在各国央行合力围剿下，币值也保持在5000美元以上。比特币最重要的价值，在于验证了区块链技术的可靠性和安全性。目前，区块链技术的应用已经延伸到了物联网、智能制造、供应链管理、数字资产交易等多个领域。

W的建议是构建一个区块链艺术收藏品网上交易平台。我觉得他说的有道理，本来我们通过以往的高端物流服务，手头就掌握了一批收藏品客户，而且现在收藏品市场非常混乱，鱼龙混杂，以次充好的情况屡见不鲜，甚至拍卖行里都可能买到赝品。如果通过区块链技术分布式记录藏品的所有交易记录，就可以有效防止假货，而且藏品历史价格变动都有记录，是有市场刚需的。

但区块链技术对于我们公司是一个全新的领域，虽然有市场机会，一旦成功也可能价值暴涨，但风险也非常高，不确定性太大。所以，我没有同意W的提议。

W那段时间仿佛入了魔，可能是他觉得高端“货拉拉”模式走不通，感觉公司股权价值不大了，他一定要把股权的价值弄上来，所以三番五次找我，劝我做区块链艺术收藏品网上交易平台。我被他说得心烦意乱，最后终于同意了。

陷入现金流危机

我们放弃了高端“货拉拉”模式，开始尝试区块链技术。这一次的开发，没有开发“尊享快运”App时那么复杂，有很多现成模块可以利用，只需要增加区块链加密部分。但即便这样，重新招聘区块链技术工程师，重新做区块链模块，以及修改原有功能模块，还是花了将近四个月时间。糟糕的是，等我们的App快上线的时候，我们才发现，市场上突然冒出来七八个类似的App，原来区块链藏品交易平台的概念很多人都想到了，大家蜂拥而上，一个新兴的市场还没有进入蓝海，就变成了红海。本来我们计划藏品用户要付费上架商品的，而且交易成功还要收取佣金，现在竞争这么激烈，不仅收不到上架费，连佣金都大打折扣。更要命的是，有的竞争对手一开始就拿到了上千万元的天使投资，大把花钱去买流量和搞营销，我们一个传统企业，完全靠物流费的收益来投入，完全竞争不过别人，根本就没有用户流量。

这个时候，公司彻底陷入了现金流危机。“尊享快运”App项目花掉了1500万元，区块链藏品项目又“烧掉”了500万元，公司过去几年的盈利“烧”了个精光。我们这样的传统企业又不擅长融资，更无法从银行贷款，连基础业务的物流服务都大受影响，支付租赁仓库的租金都有了困难。

此外，公司的工资发放也成了问题。W看到势头不对，果断提出了辞职。还好他没有说让我花钱赎买他的股份，他也知道我没有钱了。对他而言，公司的股份本来就不值钱，他也没花钱买，不要了也没什么损失，如果继续跟我耗下去也没什么好处。他需要每个月有固定的收入来供养家庭和孩子，于是W在外面找了个收入稳定的工作，继续做CTO。

一点反思

回过头来看，我觉得本来挣钱的公司走到今天这个地步，是我犯下的错误。首先，第一次见面我就邀请W成为公司合伙人，这个决策过于草率，当时只是看了他的履历就选择了他，对他的实际技术能力并不了解；其次，对方还没有做出任何业绩，就给出了15%的股份，使对方对股份缺乏价值感。对我来说，企业是我的全部身家，是我的一切；可对他来说，风险几乎为零。所以W在业务的推进上可以不上心，在调整商业模式的重大决策上可以很轻率，这都是因为责任心不够。我虽然给了W合伙人待遇，但实际上，他还是打工心态，开发进度迟缓，损失的是老板的钱，跟他没有关系。假如当初我让他花钱购买公司股份，哪怕出的钱少一点，可能都不会这样。这次失败的经历让我明白了：找合伙人是要找有责任心的人，要有情怀和追求，不能为了追求挣钱、地位高来当合伙人。合伙人要有绩效考核机制，不能干好干坏一个样，那样公司迟早会散伙。

再次，想轻松赚大钱的思路是错误的，这个世界上没有可以轻轻松松能够挣来的钱。想靠一种模式、一个高科技故事去拿投资人的钱，实际上根本不可能。媒体天天报道的轻松融资几千万、几个亿的故事，都是为了博取眼球。现实生活中，根本没有这么简单。

最后，我也感悟到企业应该聚焦自己擅长的领域，当你比别人更专业的时候，你提供的服务价值才更高；如果盲目跟风，做出来的东西无法超越竞争对手，是根本就没有生存机会的。

案例分析

上述案例看似是一次重大的招聘失误，但在我们看来，这一所谓的“招聘失误”，实际上源于该公司创始人宋大明先生在人才招聘与管理中缺少有效的绩效管理思维与方法，只可惜他自始至终都没有意识到这一点，而只是把用人失败的原因归结为W先生的责任心和能力不足的问题。

首先，假定确如案例所说，宋大明先生是因为“看走了眼”，而错把能力素质存在严重不足的W引进到公司来的，也说明其在招聘人才的过程中缺少绩效管理的经验和思维。

缺少绩效管理经验和思维的老板，在招聘关键人才的过程中，往往会仅仅通过候选人的学历、谈吐、专业背景、过往工作的公司的品牌光环、过往担任过的职务、开出的“价码”以及口头上所表现出来的意愿或设想，来判断其是否是自己要找的人才。殊不知，这种评判人才的方法恰恰是许多公司聘用人才失败的根源所在。

企业在招聘人才的过程中，通过上述若干表象来探索人才的“真伪”应该是必要的，但绝对不是充分的。有效的做法是，除了对上述方面进行评估外，还应重点分析一位候选人过往工作经历中的绩效表现，因为过往的绩效表现才是真正能够证明候选人能力素质的东西。通常，一位候选者如果过往有许多次跳槽经历，或者其过往工作的公司并不是特别差劲，或者其并不是特别“屈才”，那么，很有可能说明该候选人在过往工作中的业绩表现没有超过中等水平。因为，在任何一家比较不错的公司中，任何一位人才，如果其绩效达到中等以上水平，公司一般都会比较重视他，迟早都会给他加薪升职。在这种情况下，如果没有十分充分的理由，他一般不会轻易地选择另谋高就或被“挖脚”。

换言之，前述案例中的W先生，有一种可能是，过往的工作绩效并不好，而创始人宋大明先生则把他当成了“宝贝”，以40万年薪把他聘请来公司作为自己的合伙人，并且白送给了他15%的股份。

其次，如果创始人宋大明有足够的绩效管理方面的经验和思维，他在聘请W先生之前就与其达成绩效协议，则后面的故事便不会发生，或者就有可能避免出现案例中所说的“灾难”。

招聘关键人才失败的老板有一个共同的特征，就是当“发现”一位候选人不错时，便如饥似渴地匆忙承诺以高职高薪把对方请进公司里来。且不论这样做对人才“看走眼”的概率有多高，单说即便是真正碰到了高才或大才，其落地的风险也是很大的。因为，即便是一位真正优秀的人才，他到一家新的公司之后是否能够很快落地生根、开花结果，也是受到很多因素影响的。

有效的做法是，在入职之前，双方坐下来花足够的时间，在充分占有信息的前提下，理性地就对方入职之后要取得的绩效目标、实现目标的条件以及将要采取的工作计划/方案达成共识。包括：希望对方遵守的文化和制度规则，希望对方达成的绩效目标，可以提供给对方的工作条件，对方将要采取的具体工作步骤与方法，等等。

这样做至少有三点好处。

好处之一是，可以进一步检验候选人的职业价值观和岗位胜任能力。如果其价值观和胜任能力存在缺陷，在双方制定绩效方案时对方就会答非所问、语无伦次，或者就会没有系统化的思维，或者是考虑问题不周全，或者是抓不住工作的重点。

好处之二是，如果出现了前述问题，候选人就会明智地知难而退，企业也可以明智地选择放弃，这对双方都是负责任的做法。因为，如果大家最终不欢而散，无论对企业还是对人才来说，都将意味着损失。

好处之三是，既可以帮助企业厘清经营与管理思路，又可以帮助候选人厘清职业发展的思路。许多企业在决定聘请某一岗位的高才之前，往往对候选人可能带来的“好处”充满了不切实际的想象与期望，而企业并不知道，其希望候选人带给自己的成果可能无论如何都是无法实现的；有许多人才在决定跳槽之前，往往过分看重目标企业可能提供的平台、条件和工作回报，而忽视了企业对他的绩效要求，他可能并不知道，他极有可能无论如何都是无法满足企业对其期待的。在这种情况下，如果双方还希望走向合作，那么双方就有必要对自己期望的目标或愿意给予的条件做出重新评估与调整。如此一来，即便双方最终没能走向合作，也是对各自都有益处的。

显然，案例中的宋先生没有这么做。甚至可以推测，他应该也没有意识到有必要这么做，因为他并没有绩效管理方面的经验和思维。

再次，在W先生入职以后，如果宋先生能够运用有效的绩效管理手段来管理他和他的团队，则W先生的工作行为表现绝对不至于出现案例中所描述的糟糕情形，至少不会导致案例中呈现的最终“恶果”。

企业在聘用关键岗位人才时，普遍面临的问题是，不知道如何用一套有效的绩效管理手段来管理人才们的工作行为和结果。这是造成大多数企业“空降”人才以失败而告终的根本原因。

有效的绩效管理，既能规范人才们的文化行为表现，又能规范人才们的工作过程行为。当人才们在这两个方面的行为表现都呈现良好状态时，其工作结果便必然是良好的。这意味着，绩效管理本身具有塑造人才和促使人才产出良好绩效的功能。在绩效管理手段有效的情况下，也有可能并没有产生良好的工作绩效。如果这种现象发生，那只能说明公司订立的绩效结果目标存在问题或工作导向存在缺陷。如果是这样，绩效管理本身会在人才们的工作过程中不断向组织发出预警——提示企业要么重新定义绩效目标，要么分析和改善工作导向，要么及时改善战略及策略（以避免造成更大的损失）。

显然，在前述案例中，宋先生并没有采取什么有效的办法来管理W及其团队的绩效。他只是在事后认为，W之所以令他大失所望、损失惨重，原因全在于W的责任心和能力存在问题。作为老板，他的全部责任只在于自己当初心血来潮、判断错误，以至于把本不堪重用的W当成高才引进到了公司。这恰恰是这位宋老板的可悲之处——他至今都还不知道他真正的错误之所在。

6. 讲绩效的老板更良善

在本章的最后部分，我们想特别提出一个观点：讲绩效的老板，更为良善；因而，讲绩效的老板，更值得信赖。

天底下所有的老板，无不希望自己的员工能够创造尽可能好的工作绩效，因为这样一来，企业和老板的收益会更大，员工的收益也会更大。但是，对员工们如何才能创造最佳工作绩效，以及如何促使员工创造高绩效，不同老板所持的观念和所采取的方式是大不相同的，对员工的意义也是大相径庭的。大致说来，老板群体可以分为以下四种类型。

第一类老板，无论是在口头上还是在实际管理中，通常只强调工作结果，并总是希望通过员工的工作结果来决定给予员工的工作报偿。他们这样做所基于的认知是：员工是冲着利益来企业工作的，企业是冲着利益来招用员工的，企业和员工的关系是双向选择的利益交换关系，即只有员工的工作结果大于企业使用员工所要付出的代价，企业才是合算的。基于这一认知和由此而安排的管理政策，企业总是会尽可能地压低给予员工的报酬，并尽可能地要求或逼迫员工创造更大的绩效。他们在一定程度上也知道加强员工工作过程管理的重要性，因为他们知道，只有员工有良好的工作表现，才可能创造出更佳的工作绩效。但加强员工工作过程管理需要企业付出更多，且付出更多并不会立即或必然产出高绩效，所以他们在“权衡利弊得失”以后，总是会回到问题的原点：只要结果。

第二类老板善于给员工讲梦想和情怀，而他们所讲的梦想和情怀，通常是他们自己的人生理想和人生信条。这类老板希望并相信，通过给员工们讲梦想和情怀，也即是说服员工们像自己一样来追求相同的理想、遵循相同的信条，就一定能够激发员工的激情和斗志，并让员工们不计较眼前利益的得失，而心甘情愿地为着梦想和情怀而竭尽全力地工作。由于他们太过执著于自己的梦想和情怀，在实际的员工管理过程中，往往不善于或不屑于用体系化的管理方式来要求和促使员工创造高绩效，而总是一味强调员工的工作意愿。因为在他们看来，只要员工们的思想纯正、意愿强烈，就一定会创造出最佳的工作绩效来。因而，他们大多会通过责任心、积极性、忠诚度等抽象和虚泛的概念，来评判员工的好坏优劣。

第三类老板，相信加强员工的绩效管理不仅可以给企业和自身带来利益，还可以最大化地给员工带来利益，更可以确保企业和员工双方都有良好的可持续性发展，因而可以持久地为企业和员工创造更大的利益。因此，他们总是愿意在员工的绩效管理方式方法上投入足够的时间和精力，并一直在不断地研究和改善企业绩效管理的方式和方法。在这类老板看来，绩效管理不仅是考核员工工作绩效的手段，更是把绩效管理作为促使员工学习成长，进而推动企业绩效目标达成的策略、方法和工具。因为他们相信，只有员工学习成长了，员工们才可能创造出好的工作绩效，有了好的工作绩效，公司在下一阶段才能发展得更好，员工个人在下一阶段的收获也就相应更多。

第四类老板兼具上述第二类和第三类老板的特征，即他们既能够给员工们讲梦想和情怀，又十分注重绩效管理的体系化建设与执行。

我们之所以认为讲绩效的老板更良善、更可信，所基于的理由如下。

第一类老板是十分自私的。因为他们只关注自身利益在当期的最大化，并不为员工们的未来着想，也不会去努力解决员工不能创造最佳绩效所涉及的能力建设问题。

第二类老板是比较自私的。因为，他们总是会要求员工们认同他们自身的梦想和情怀，总试图把他们的梦想和情怀强加于自己的员工，而并不关心员工当下所关切的利益和其所面临的潜在职业发展问题。当他们的梦想和情怀存在逻辑错误或缺乏成功土壤，因而无论如何都不可能实现时，员工们便成为了他们的“陪葬品”，且越是忠诚的员工，其潜在利益损失越大。

第三类老板是务实的和厚道的，因而更值得信赖。因为，他们的管理理念和行为，不仅可以最大化地兼顾企业和员工利益，而且对于企业和员工的未来发展是高度负责任的。

第四类老板更为难能可贵，不可多得。因为，他们能够很好地处理理想与现实的矛盾，能够最大化地兼顾企业和人才们的利益，能够有效地协调当前与未来的关系。最为重要的是，一旦他们的梦想和情怀得以实现，则企业和人才双方都将获得超预期的物质、精神和机会回报。

据我们所知，现实中绝大多数老板都希望自己成为前述第三类和第四类人，只是苦于没有找到更为有效的员工绩效管理方法。这也是我们写作本书的原因之一。

第2章

绩效管理问题认知模型

- 问题的提出
- 结构化认知模型
- 绩效管理的三个时代
- 三个问题分析

绩效管理是企业管理概念体系中最不让人待见的一个词汇：几乎所有的员工都不喜欢它，但又不得不接受它；几乎所有的企业经营管理者都不喜欢它，但又不得不使用它。

现实中，所有的企业都面临了比以往任何时候都要伤脑筋的绩效管理压力，都希望获得能够更有效地管理本企业员工绩效的新的方法体系。于是，一个基本问题出现了：为什么各行各业的技术都在飞速发展，各个领域的新的管理思想与方法也都在不断地被创造出来，而一个看似十分普通的“绩效管理”问题，却让大家焦头烂额、翘首以盼呢？本章就来回答这方面的问题。

本章将提出的绩效问题的认知模型可能具有划时代的意义，利用这个模型可以有效识别所有企业的绩效管理问题。

1. 问题的提出

一个不争的事实是，绩效管理问题正在困扰着大多数的企业。那些尚没有感受到绩效管理问题困扰的企业，要么是由于人数极少而无需采取复杂的绩效管理方法，要么是由于阶段性地拥有良好的文化，或阶段性地经营效益良好，或组织机器比较强大，其所面临的绩效管理问题暂时还没有浮出水面或者不那么迫在眉睫。长期看来，所有的企业都将面临越来越突出的绩效管理压力，其理由我们已经在上一章中部分阐明。

为了最终从理论和方法上彻底消除绩效管理问题对大多数企业的困扰，我们现在有必要来厘清：企业面临的绩效管理问题究竟有哪些？

“绩效管理无用”的论调

大约五年前，“绩效管理无用”的论调曾一度在中国市场甚嚣尘上。这一论调当年之所以被炒得沸沸扬扬，有以下两大背景因素。

其一，进入21世纪以来，关于绩效管理是否有用的议论便一直不绝于耳。这是因为进入新世纪以后，全球范围内的许多知名公司因业绩问题而相继垮台了。这些企业当年的内部管理（包括绩效管理），都堪称全球企业学习的标杆，然而，它们却因为企业整体绩效不佳而被市场淘汰。

正当人们对此惊诧不已、迷惑不解之时，市场上又出现了两个论述绩效无用的著名观点：一是索尼公司前常务董事天外伺郎先生写的《绩效主义毁了索尼》一文，二是通用集团前副总裁鲍勃·卢茨写的《绩效致死：通用汽车的破产启示》一书。这两个声音的出现，把绩效无用的论调进一步推到了一个前所未有的新高潮。

其二，在上述国际背景下，2008年以后，受全球经济滑坡的影响，国内经济一直处于低速运行状态。在此宏观经济不景气的背景下，许多企业的经营绩效每况愈下，于是国内企业界和企业管理学界，开始相继有人站出来怀疑绩效管理是否有用。其后（2015年），小米公司的创始人雷军先生“顺应时势”地站出来，旗帜鲜明地宣称绩效管理无用。作为当年的网红人物，他发出“绩效无用”的声音以后，迅速引起了国内企业界人士、企业学界人士特别是广大雇员阶层的广泛关注和呼应。来自各方面的人士仿佛一夜之间发现，强调绩效管理不仅不能让企业有好的绩效，更是让企业的管理者们苦不堪言，同时还特别让广大员工怨声载道。

然而，正当人们几乎一边倒地确信绩效管理无用的时候，雷军又发表了其著名的“人性即天理”的观点。他的这一言论以及前述绩效无用的言论，迅速遭到了以著名财经作家吴晓波先生为代表的一批“理性派”人士的讨伐。他们认为，雷氏发表所谓“绩效无用”和“人性即天理”的观点，不过是其为了取悦于千千万万不希望企业用绩效管理标准来约束自己的员工，其根本目的不过是为了销售小米的手机产品，而不是真心地认为企业不需要绩效管理，也不是真心地认为企业可以不加限制地满足员工的全部人性需求。这些“理性派”提出的用以反驳雷氏的理由是，雷氏根本就不可能无视他的公司管理部门和各层级员工的工作绩效，也不可能会完全满足员工的全部来自人性的需求。于是，绩效管理有用还是无用的争论达到顶点，并随着小米公司在2016～2017年间的业绩大幅下滑，这一争论才归于沉寂。

以下是吴晓波先生2017年2月专门撰写的《绩效主义会毁了小米吗》一文的节选，该文批驳了雷军“去KPI”的论调。

雷军在变，是变好还是变坏，仁者见仁。

2016 年的小米年会上，雷军说，“年初，我们定了一个 8000 万台的销售预期，不知不觉我们把预期当成了任务。我们所有的工作，都不自觉地围绕这个任务来展开，每天都在想怎么完成。在这样的压力下，我们的动作变形了，每个人脸上都一点一点失去了笑容。”

于是，雷军提出，“所以我们定下了 2016 年最重要的战略：开心就好。我们决定继续坚持‘去 KPI ’的战略，放下包袱、解掉绳索，开开心心地做事。”

2016 年，眨眼即逝。

在 2017 年的年会上，过得并不太开心的雷军画风大变，他说，“天上不会掉馅饼，撸起袖子加油干。”当一个人撸起袖子的时候，一定不可能面带微笑，更不可能只是“开心就好”。

雷军为小米定了一个小目标，它被定格在一幅如天空般辽阔的大屏幕上：“小米整体收入破千亿元。”

千亿就是 KPI，KPI 就是绩效。

你在，或不在，它都在这里。

……

“绩效管理”这个概念是在 20 世纪 70 年代后期，由美国管理学家奥布里·丹尼尔斯提出的。而早在 1954 年，彼得·德鲁克就提出了“目标管理”，在他看来，“绩效管理是 20 世纪最伟大的发现之一”。

在德鲁克和丹尼尔斯的理论框架中，绩效管理是一个完整的系统，它把员工绩效和组织绩效相结合，将绩效管理提升到战略管理层面。KPI 衡量重点经营活动，不反映所有操作过程，有利于公司战略目标实现。

也就是说，绩效管理是一个只重结果，而开放执行过程的目标治理模式。

整个 20 世纪的下半叶，是绩效主义的繁荣时期，所有企业英雄都是绩效达人。曾被公认为“世界第一经理人”的通用电气前 CEO 杰克·韦尔奇，在自传中就清晰地写道：“如果说，在我奉行的价值观里，要找出一个真正对企业经营成功有推动力的，那就是有鉴别力的考评，也就是绩效考核”。

对绩效主义的反动，是从一个绩效的失败者开始的。

2006 年，索尼前常务董事天外伺郎发表了一篇文章《绩效主义毁了索尼》，在他看来，索尼引入美国式的绩效主义，扼杀了企业的创新精神，最终导致索尼在数字时代的失败。

在上世纪 80～90 年代，索尼因半导体收音机和录音机的普及，实现了奇迹般的发展。但是到了 2006 年，索尼已经连续 4 年亏损，2005 年更亏损 63 亿美元。

天外伺郎将失败的根源归结于绩效主义。

——绩效改革，使索尼子公司总经理要“对投资承担责任”，这就使得他们不愿意投资风险大但是对未来很重要的技术和产品，而更愿意做那些能够立竿见影又没有多大风险的事情。

——绩效制度的引进让每个业务单元都变成独立核算经营公司，当需要为其他业务单元提供协助而对自己短期又没有好处的时候，大家都没有积极性提供协作。为了业绩，员工逐渐失去工作热情，在真正的工作上敷衍了事，出现了本末倒置的倾向，索尼就慢慢退化了。

天外伺郎的观点，如同在全球管理界投放了一枚震撼弹，它几乎摧毁了制造业者的价值观基石。

……

任何名词一旦被缀之以“主义”，便镶嵌上了意识形态的意味，从而具备了强烈的排他性。

20世纪的一百年，无疑是管理学的一百年，从福特工作法到美国式公司治理制度，从德国车间到丰田生产线，种种管理理念及模式上的变革，推动了工业文明的繁荣。

然而，进入本世纪之后，随着互联网经济和新的风险投资模式的兴起，韦尔奇所谓的“企业经营的成功推动力”发生了变化，相比于内部管理，商业模式的创新、新技术应用以及资本经营，显然起到了更为显赫的作用。

在中国企业界，对绩效管理的扬弃便是由互联网人发动的，进而蔓延到整个实体经济领域，而这个过程又呼应于数字化转型的大潮流。如同人在遭遇挫折时会怀疑自我价值一样，一家企业在面对重大的生态型变化时，会否定既有的制度安排，在极端状态下，会否定存在的一切。

在十年后的今天，重新回望天外伺郎的观点，有三个角度可以进行认真的商榷：

其一，索尼的衰落，是绩效管理导致的结果，还是决策层战略安排的失误。

过去十年，韩国三星的崛起与索尼恰成反例，它同样执行的是美国式的绩效薪酬制度。李健熙将经营权和责任全部分配给具有专业资质的各子公司社长，只对各子公司经营层实行的是“明确经营的完全责任、赋予履职的足够权限、按照绩效奖励团队”的管理模式。在三星经验中，绩效薪酬有力地扭转了原有的僵化体制、激活分子公司经营团队，助推三星新经营转型的目的。

在亚洲地区，台湾的富士康和大陆的华为，无一不是绩效主义的忠实执行者，甚至，他们引入了更为严格的军事化管理模式，将绩效目标的实现推向极致。

其二，互联网公司的成功，是去 KPI 的胜利，还是新的绩效目标管理的结果。

无论是 Facebook 、亚马逊还是中国的 BAT ，无一不是强绩效型企业，所不同的是，它们的绩效目标并不仅仅是利润，而更是用户，用户的数量、留存率、活跃度、获客成本及客单价。

也就是说，互联网公司的绩效模型是以用户为核心而展开，而索尼、GE 等制造企业的绩效模型是以商品为核心的。

关键不是没有 KPI ，而是 KPI 的指向体发生了微妙的改变。而无论如何变化，绩效以及与绩效相关的数目字管理，仍然是企业治理的基础性工作。

其三，索尼的总经理们“不愿意投资风险大但是对未来很重要的技术和产品”，是绩效目标造成的，还是组织模式落后造成的。

互联网改变了信息流动的方式，进而改变了企业运营的模式和对效率的定义，这个变化对企业的组织架构提出了严峻的挑战，越是大型的企业遭遇的困难越大。

企业内部创新能力的激发，并不以放弃管理，特别是放弃绩效管理为代价，而是应该在组织模式上进行自我革命，形成目标高度一致、功能耗散协同、管理空前扁平、自我驱动的特种兵机制。

组织架构的变革意味着权力的放弃和重组，在进化的意义上，这是最为致命的，甚至，失败是大概率事件。这也是为什么包括诺基亚、GE 、西门子等优秀公司陷入困境的原因。

……

当雷军在 2017 年的年会上，为小米定下千亿“小目标”的时候，我们似乎看到了一位反叛者的皈依。

绩效主义的回归以及对绩效的重新解读，意味着互联网思维与新工业革命的融合，前者成为后者的基础设施。

雷军式的皈依不是回到从前，而是可能带来新的绩效管理的尝试。在管理学创新停滞了十多年之后，新的范式变革已经悄然发生，有意义的是，这一次，中国企业有可能成为最激进的实验者。

来自国际和国内关于绩效管理有没有用的争论，最终因人们达成一个无奈的共识而暂告结束：尽管绩效管理的效用并不高，但所有的企业不可能抛弃绩效管理，因为企业是追求绩效的，更因为如果企业不管理员工绩效，企业对员工的管理便会失去方向或坐标。

然而，人们不再怀疑绩效管理的重要性和必要性，并不意味着各企业已经获得了实际上有效的绩效管理方法。不仅如此，现实中所有的企业，事实上都在苦恼于没有更有效的绩效管理方法。

一个著名的案例

下面是一个全球知名的绩效管理案例。许多企业管理专业的专家学者在论及绩效管理的重要性和有效性时，往往会引用这个案例。但是，这个案例本身也将引申出一系列绩效管理的问题。

18世纪末期，英国政府决定把在本土犯了罪的英国人统统发配到澳洲去。在英国政府的号召下，一些私人船主开始积极地承包从英国本土运送犯人去澳洲的业务。当时，英国政府实行的办法是，以上船的犯人人数为基准向私人船主支付费用。

当时，那些运送犯人的船只大多是一些很破旧的货船改装的，船上的设备十分简陋，不仅没有药品，更没有医生和医疗设施，船上的生活条件也极差。在这种情况下，船主们为了牟取更高的利润，便尽可能地多装人，这使得船上的生存条件极为恶劣。一旦船只离开了海岸，船主按人数拿到了政府的钱，就会对那些犯人不管不问。不仅如此，船主们为了降低费用，甚至还故意断水断食。

3年以后，英国政府发现，运往澳洲的犯人在船上的死亡率高达12%，其中最为严重的一艘船上424名犯人死了158个，死亡率高达37%。这意味着，英国政府花费了大笔资金，却没能达到大批移民的目的。

针对上述情况，英国政府尝试了很多办法来解决问题。比如，在每艘船上派一名政府官员监管，再派一名医生负责犯人的医疗卫生，同时对犯人在船上的生活标准做了硬性规定。但是，犯人的死亡率不仅没有被降下来，有的船上的监督官员和医生竟然也不明不白地死去了。原来是因为，一些船主为了贪图暴利而贿赂官员，如果官员不同流合污，就会被扔到大海喂鱼。这意味着，政府支付了监管费用，却照常死人。

于是英国政府又采取了新的办法，如把船主召集起来进行教育培训，教育他们要珍视人的生命，要理解送犯人去澳洲是为了大英帝国的长远大计，不能把金钱看得比生命更重要。但是，如此这般一来，犯人死亡率还是居高不下。

针对上述情况，一位英国议会议员认为，这是那些私人船主钻了制度的空子，而制度的缺陷就在于，政府给予船主的报酬是以上船的犯人人数来计算的。于是，他提出改变制度：政府以到岸人数为基准来计算报酬，不论船主在英国本土载了多少犯人，到了澳洲上岸的时候再统计犯人人数，并支付相应报酬。

问题由此迎刃而解。于是，船主们主动请医生跟船，在船上准备足够的药品，改善船上的生活条件，尽可能地把每一位上船的犯人都能健康地送达澳洲，因为他们知道，只要少死一个犯人，自己就能多得一份收入。自此以后，船上的犯人死亡率降到了1%以下，甚至有些运载了几百名犯人的船只，经过几个月的航行，竟然没有一个犯人死亡。

理论家们常常拿这个案例来说明绩效导向在绩效管理中的作用：绩效管理中的导向作用很重要，企业的绩效管理导向决定了员工的行为方式；如果企业认为绩效管理是惩罚员工的工具，那么员工的行为就是避免犯错、忽视创造性，而员工忽视了创造性，就不能给企业带来利益，尤其是战略性利益；如果企业的绩效管理导向是为了达成组织的目标，那么员工的行为就会趋于与组织的目标保持一致，就会有效分解组织目标、理解上级意图，并制定出切实可行的行动计划，也就会与上级达成绩效合作伙伴，不断改善工作行为，最终支持组织目标的达成。

然而，不为许多人所知的是，这个案例本身却暴露出了一系列绩效管理的问题。比如，在这个案例中，英国政府最终考核的是犯人到岸人数，并基于到岸人数决定支付船主以多少报酬。就这个相对单纯的目的而言，这种考核似乎没有问题。但是，假如案例中使用的船只的所有权归英国政府，船长只是自带船员租用英国政府的船只运送英国政府的犯人到澳洲，而英国政府既希望少死亡犯人，又希望多收入船租，还希望在出租船只期间船只的损耗程度最低，那么英国政府又将如何出台政策呢？这将不是一个小问题，因为在企业经营管理过程中，目的从来就不是单纯的。

即便案例中的船只属于私人船主，英国政府可以通过清点到岸人数给船主支付运送犯人的费用，但这只是英国政府考核船主的方式，即考核的主体是英国政府。假定在这一框架下，船主需要考核船员，并基于船员的业绩表现决定给予他们的报酬，那么船主又将如何考核每一位船员呢？可以想见，在一艘船上，除了船长，还有大副、二副、水手以及其他各岗位的船员，他们的工作任务各不相同，究竟应该如何对他们进行论功行赏，并尽可能地确保公平呢？这也将不是一个小问题。

在现实的企业经营管理中，公司股东在考核公司总经理时，可以用单纯的经营目标来衡量其在特定周期内的业绩成果，但由于企业内部的各层级、各部门和各岗位人员的职能各不相同，总经理则无法用简单的经营指标来考核全体员工。

表象问题和深层问题

我们在长期的咨询服务和理论研究中发现，当一位经营者或中高管在诉说本企业存在绩效管理问题或压力时，几乎可以肯定，他所说的问题是指，其所在的企业没有找到更为有效的绩效考核方法。他的思维一般不会涉及为什么他所在的企业没能找到有效的绩效考核方法，问题究竟出在哪里？

对于这一问题，不同的人有不同的见解。以下见解是一位名叫heightagreet的网友就此问题给出的回答。

目前，国内每一家企业都在实施绩效管理。但令人遗憾的是，被西方国家奉为“管理圣经”的绩效管理在我国企业中的执行效果却并不理想，甚至在不少企业中出现执行无效更或是执行负效的情形。是绩效管理错了？还是企业执行错了？抑或是两者都错了？

仔细分析，导致绩效管理出现这种结果的原因有很多。但是，最根本的原因是，制定者制定绩效管理制度时植入的理念与执行者执行绩效管理制度时所奉行的理念不一致，出现理念和制度“两张皮”或不匹配现象。具体而言，导致绩效管理无效甚至负效的原因有如下四个。

其一，绩效管理制度制定时，未植入正确的理念。任何一个制度，无论管理者是否有意识，都被植入了一个或一组理念。这个或这组理念植入得正确与否，将直接影响到制度的执行效果。开展绩效管理工作，首先要回答“为什么要开展绩效管理”的问题，这个问题不加以明确，势必导致整个绩效管理陷于盲目状态。如果在制定绩效管理制度时，制定者自身对“绩效管理制度应该植入什么理念”就缺乏清醒的认识，这必将导致员工在接受和执行绩效管理制度的过程中的指导思想模糊，方向感缺失。

调查发现，在被问及“绩效管理制度中植入的理念应该是什么”时，多数人回答的是“奖勤罚懒”。其实，“奖勤罚懒”只是实现绩效管理目的的一种手段。管理者要明确：绩效管理最重要的目的应该是“提升绩效”，进而使企业的战略目标得以顺利实现。不可否认，在实现企业战略目标的过程中，人是最关键的生产要素。那么，如何调动员工的积极性和创造性，使其发挥最大效能，进而使企业目标顺利实现等问题，就成为企业开展绩效管理工作所要解决的最本质的问题。因此，制度的制定者在绩效管理制度中植入的理念一定是“提升绩效”。显然，以“奖勤罚懒”为理念制定出来的绩效管理制度与以提升绩效为理念制定出来的绩效管理制度，在导向与效果上是截然不同的。

其二，绩效管理制度执行之前，缺乏充分的宣贯。管理制度制定之后，在开始执行之前，对制度的内容和执行方法等缺乏充分的宣贯，是导致绩效执行无效甚至负效的重要原因之一。一般来讲，管理者必须让所有员工对制度及制度本身所包含的理念知晓、理解并接受。在这个过程当中，管理者需要注意三个方面的问题。

一是要注意宣贯的形式是宣传和培训。现实中，很多绩效管理制度都是以红头文件的通知代替宣传和培训。在不少企业，即便有宣传和培训，也存在过分渲染绩效管理制度的奖罚条文的现象，对该制度所包含的理念缺乏必要的说明。其结果轻则造成员工因不理解绩效管理制度而导致的无意背离，重则造成员工对绩效管理制度的曲解甚至误解，为绩效管理制度的有效执行埋下隐患。

二是要特别注重绩效管理理念的宣贯。在绩效管理制度执行之前，仅仅注重绩效管理制度的宣传和绩效考核手段及技术的培训还不够，还必须深入宣传和培训绩效管理制度自身所蕴含的理念，即绩效管理的真正用意，这将是影响绩效管理能否达到预期目标的关键因素。

三是要保证将绩效管理的理念渗透到全员。如果绩效管理的理念只被公司少数中高层管理人员所掌握，而没有将之扩展到基层员工，并让全体员工都接受这一理念，那么在绩效管理制度执行的过程中，必然还会出现这样那样的问题。因此，企业在实施绩效管理制度之前，对该制度及其包含的理念进行充分的宣传和培训，是必需的。

其三，绩效管理制度执行中，忽视思想理念导引。在绩效管理制度执行过程中，只注重奖罚，而忽视奖罚后员工的思想理念引导，也会导致绩效管理制度执行无效甚至负效。绩效管理制度中植入的理念是“提升绩效”。要使这一理念得以实现，绩效管理制度应该这样执行：绩效考核时，一旦发现被考核者的某一考核指标没有完成，则首先应进行绩效分析与辅导，帮助员工分析考核指标没有完成的原因，找出具体的影响因素，并就如何解决这些问题与被考核者进行研究协商，辅导员工找出克服这些问题的方法与措施，帮助员工制定今后的业绩改进计划。然后，再根据绩效管理制度的规定扣罚相应的奖金等待遇。因为有了前面的绩效分析与辅导，员工的思想疏通了之后，对执行绩效管理制度的处罚规定的负面评价就会小得多。更重要的是，员工能从中切实感受到绩效管理对自己绩效提升的作用，从而拥护绩效管理和绩效考核。

但是，目前绩效管理制度在执行中存在的问题就在于，在大多数企业，面对绩效差距，考核者并不帮助员工进行分析，对如何解决影响绩效的因素更谈不上辅导。考核者所做的工作仅仅是根据考核标准扣钱，以至于很多员工把“考核”与“扣钱”画上了等号。没有哪个员工愿意被“扣钱”，于是员工就对绩效考核产生了反感和抗拒心理，这就成为影响绩效管理效果发挥的巨大障碍。

其四，绩效管理制度执行后，相关的思想教育缺失。在绩效管理制度执行之后，管理者没能抓住有效时机对更多员工进行相关教育，是导致执行无效甚至负效的另一重要原因。对于那些没能完成绩效指标、违背绩效管理制度的员工，管理者应该做以下两项工作：一是通过惩罚和教育，使当事人明确原因，为日后提升绩效打下基础。二要充分利用这个机会来教育更多员工，让更多员工看到违背制度一定会得到惩罚的实例，再通过思想教育使其他员工接受为什么受罚的道理。但是，现实中，管理者通常是只进行惩罚，既没有对违背制度者本人进行思想教育，也没有对其他员工进行思想教育，更谈不上采用系统的方法设计和运行绩效管理机制。

所有上述问题，最终造成绩效管理制度越定越多，越定越严，但执行效果却始终不理想，甚至有些制度条款被员工曲解或误解，导致绩效管理陷入相反效果的尴尬。

正确的做法是，在绩效管理制度执行之后，管理者应以制度执行为契机，将制度中植入的“提升绩效”的理念向更多员工进行宣传教育，同时制定更加完善的绩效管理制度，使“提升绩效”的理念在绩效管理体系和员工思想中得到进一步固化。实际上，绩效管理无效甚至负效并非绩效管理本身的问题，而是企业在执行绩效管理制度上的缺陷所致。只要企业掌握了绩效管理制度执行的有效法则，绩效管理就能发挥出其应有的功能，绩效管理制度所倡导的“提升绩效”的理念也会被绝大多数员工所接受，进而成为大部分员工的自觉行为甚至习惯性行为。这样一来，绩效管理的目的的实现也就水到渠成了。

当一位老板或企业高管向我们提出前述问题时，我们一般都会引导他们思考：导致他们不能获得有效的绩效管理方法的深层原因是什么？我们之所以要这样引导提问者，是因为我们知道，导致企业不能获得有效的绩效管理方法的原因或障碍，并不是绩效管理方法本身，而是被大家一致忽视掉的图2-1所指明的三个层面的问题。

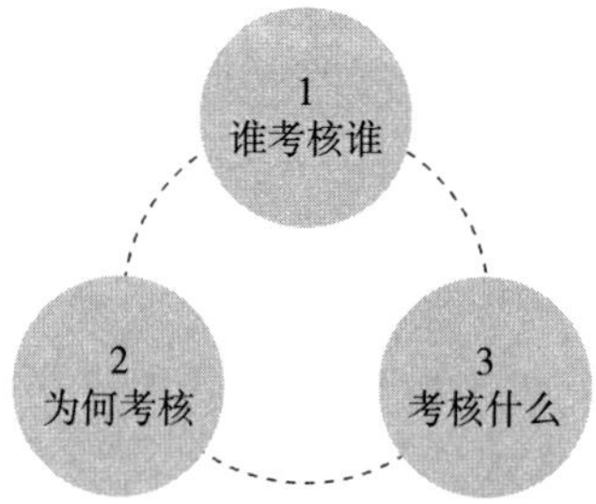

图2-1 绩效考核的三个前提性问题

（1）谁考核谁

人们会想当然地认为，在绩效管理问题上，当然是老板考核员工、上级考核下级、职能部门考核直线部门。然而，我们所面临的绩效管理问题之所以存在并层出不穷，这一约定俗成的或想当然的定位，恰恰就是罪魁祸首。换言之，要想找到真正有效的绩效管理方法，任何一家企业都应该首先从这个层面来反思和重新定位。

（2）为何考核

在这一问题上，人们通常也会不假思索地认为，绩效考核的目的有两个。其一，为了促使员工们去争取更好的绩效。因为，企业把绩效考核结果同员工的个人利益进行挂钩以后，员工为了获取更大的个人利益或避免个人利益受损，就会努力争取获得更好的绩效，当员工们都愿意并能够获得更好绩效的时候，企业的业绩也就会更好。其二，为了确保奖罚分明。因为，通过绩效考核可以分辨出不同员工的绩效差别，有了绩效差别的依据，就可以奖励绩优者、惩罚绩差者（决定奖金的多少、工资的涨跌、职务的升降乃至人员的去留）；而这种奖励和处罚，最终又可以刺激员工们去努力争取获得更好的绩效。然而，如果绩效考核的目的仅限于此，绩效管理最终不能达到理想效果，也就毫不为怪了。

（3）考核什么

在这一问题上，企业界和管理理论界的认知同样是混乱的，或者说远没有达成共识。迄今为止，所有的绩效考核的内容无非涉及四个方面：工作意愿、工作能力、工作过程、工作结果。显然，工作结果是所有的企业都会去考核的，问题在于，其他三项考不考、是否应该考，大家的意见并不一致。问题还在于，当人们不清楚什么应该考、什么不应该考时，便一定不可能设计出有效的绩效考核标准来；不能有效地设计出绩效考核标准来，就别指望绩效考核结果正确而又有效。

以上三个层面的问题，是任何一家企业设计和执行绩效管理体系时均不应逾越的基础理论性问题。企业的绩效管理体系有如一座大厦。大厦的基础如果不牢固，那么大厦就建不高，建高了会摇摇晃晃，甚至是楼垮人亡。

要进一步理解上述三个深层次的绩效管理问题，请继续了解下一部分介绍的专门用于分析绩效管理问题的认知模型。

2. 结构化认知模型

现在我们要给大家简要地介绍一个可以专门用于分析企业所面临的绩效管理问题的思维工具图：绩效管理问题认知模型（见图2-2）。这一模型是我们在咨询服务实践中，为研究不同客户企业所面临的绩效管理问题，并引导企业经营者和高管们深入思考相关问题而特别设计出来的。

	强权时代	交易时代	利他时代
谁考核谁			
为何考核			
考核什么			

图2-2 绩效管理问题认知模型

图中的纵轴显示的是我们刚刚在上文提到过的绩效管理涉及的三个深层次问题：谁考核谁？为何考核？考核什么？图中的横轴显示的是人类商业史上劳资关系所经历的三次大的演变：强权时代→交易时代→利他时代。

用这一模型来分析企业所面临的绩效管理问题，我们将看到，在不同的劳资关系时代或情境中，企业管理员工绩效的方法背后的思想（谁考核谁？为何考核？考核什么？）不能有太大的错位，否则便不会有好的管理效果。换言之，读者在分析本企业面临的绩效管理问题时，有必要因应所处的时代或者针对特定的员工关系类型来思考问题，只有这样，最终才能找到更为有效的绩效管理方法。再换言之，我们现在正处于“利他时代”，你的企业所选择的员工绩效管理思想有必要与之相符。

由于要阐明这个认知模型并非易事，为便于大家的理解，下面我们分两个部分来介绍和分析：先谈绩效管理的三个时代，再议三个层次的绩效管理问题。

3. 绩效管理的三个时代

在达尔文的《生物进化论》诞生之前，受神学思想的长期影响，欧洲人普遍认为，人是神创造出来的，世间的万物也都是神创造出来的；人在这个世界上的所有苦难、爱情、喜悦和悲伤等等，都与神的旨意有关。于是，顺理成章的逻辑便是，人们要追求自身的幸福或人生的价值，就只有选择膜拜于神，顺应神的意志。

直到生物进化学说问世以后，人们才忽然明白，人不过是一种生物，且是由其他生物经历漫长的岁月逐步演化而来的。而在漫长的演化过程中，人类的祖先经历了无以数计的生存斗争，才使得人这种生物的祖先的生物体，发生持续不断的渐变和突变，最终才演变成为人这种生物。而且可以预见，人这种生物还将继续经历不断地适应外部环境变化的过程，因而人的进化将是永无终点的。

这里，我们想借此生物进化论的发现，说明一个观点：如果我们只是关注于当下企业界普遍面临的绩效管理问题，来探索解决绩效管理问题的新方法，我们很有可能会像18世纪以前的欧洲人一样，将自身命运托付于万能的神，而实际上却无助于解决自身所面临的问题。

2018年3月，“合伙人系列”的第一部著作《合伙人制度顶层设计》正式出版。在这部书中我们首次提出，人类商业史上的劳资关系经历了三次大的变迁。现在，在撰写本书时，我们强烈地注意到，与此三次变迁相适应，企业的绩效管理也经历了三个时代。当我们这样站在历史的高度来俯瞰员工绩效管理的演化过程时，我们将更能看到并抓住改善员工绩效管理思想和方法的脉搏。

劳资关系的三个时代

我们曾在《合伙人制度顶层设计》一书中论及合伙人制兴起的历史背景：合伙人制的兴起，与人类商业活动过程中劳资关系发展到今天的状态，有某种必然性的关系；而推动劳资关系发展变化的，既有政治因素和法制因素，也有资本因素和技术因素，还有竞争因素和组织因素，另有人才供求因素和不同社会环境下大众思维观念的变化因素。对此建立必要的认识和理解，将有助于企业设计出更加有效的与时共进的和面向未来的人才管理制度。

我们的研究表明，在人类商业史上，劳资关系先后发生过三次大的变化（见下图）。最初，劳资关系是由资本方强势主导的，劳工作为关系中的另一方，其地位十分低下。他们的命运完全由资本方的仁慈程度所决定。而在那个特定的时代，资本家普遍并不仁慈，而且不仁慈被认为是天经地义的。

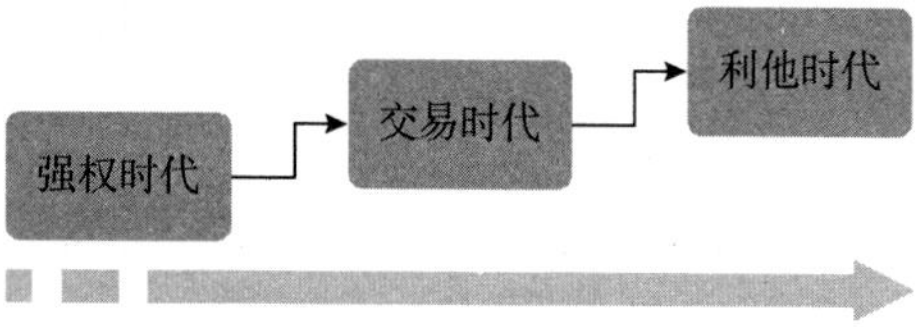

后来，情况发生了质的变化。在种种力量的共同作用下，劳工一方在相互关系中的地位不断提升，权力不断增加，他们迫使资本方不得不放弃强权，而采取交易的方式与劳工方建立关系。

但到了今天的这个时代，在种种因素的共同作用下，双方关系中劳工一方的权力和地位进一步提高，它迫使资本方不得不采取利他的方式来对待新生代员工（利他是为了更好地利己）。

我们把这三个时代分别叫作强权时代、交易时代和利他时代。以下对这三个时代劳资关系的主要特征进行简要描述。

（1）强权时代

第二次世界大战之前的欧美等西方发达国家，大约均处于这一历史阶段。中国社会在20世纪20～40年代（资本主义萌芽期）以及实行“改革开放”政策后的大约前十年间（20世纪80年代）也处于这一历史时期。

这一时代的主要特征是：资本家们为赚取尽可能多的利润，通常采取了现在看来十分不人道的手段榨取工人的“剩余价值”。表现为尽可能地压低工人的工资，尽可能地延长工人的劳动时间，为工人提供的劳动和生活条件极差，甚至运用打手、流氓等暴力手段强迫工人满足资方的要求。

在20世纪80年代的中国社会，新出现的资本家群体（包括来自港台的企业老板）中一度流行过这样一句话：“在这个世界上，三条腿的蛤蟆找不到，两条腿的人到处都是。”这句话恰好反映了那个时代资本家的思维，也折射出了那个时代劳资关系的现实。

（2）交易时代

第二次世界大战结束以后至1990年前后的西方发达国家，大约均属于这一时代。20世纪90年代的中国社会（改革开放后的第二个十年）也处于这一时代。

这一时代的主要特征是：企业普遍开始不得不重视快速崛起的精英阶层（如中高级经理人员、技术和专业人员）的作用，不得不努力提高他们在企业内部的“政治地位”，不得不改善他们的经济待遇和工作及生活条件。与此同时，一线岗位员工的工资待遇、工作环境和生活条件也得到相应改善。但这一时期有一个共同的特征就是，企业给予员工的基本条件都是有限的，员工能否得到升职、加薪的机会，取决于员工是否能够创造出让企业满意的价值。明显的例证是：企业普遍采取的是低基本工资、高提成/奖金制，并且视贡献大小给予员工升职/加薪机会。

（3）利他时代

西方发达国家大约从20世纪90年代开始，中国社会大约在2000年以后，普遍地进入了利他时代。

利他时代的主要特征是：几乎所有的企业不得不首先用较高的薪酬、职务头衔和福利条件来吸引人才加盟，否则企业便不能获得其生存与发展所必需的各类人才。然而，用更好的条件吸引和使用人才的一个后果是，企业的用人成本不断增加。在这种情况下，每一家企业便不得不通过利益机制、教育训练和导入更有效的管理方法，来促使或确保员工为企业创造价值……

我们的研究显示，人类商业史上劳资关系由强权时代向交易时代的发展，再由交易时代发展到今天的利他时代，是由许多因素共同推动的。下表揭示了导致这种变化的七大关键因素。

导致劳资关系变化的关键因素

	强权时代	交易时代	利他时代
政法因素	政治和法律漠视劳动者权益	公民的政治和法律意识增强	政治和法律以保护劳动者权益为基本宗旨
资本因素	老板是企业资本的来源	以老板的资本为主体，股权、债权和商业融资并举	市场融资已经成为企业发展的主要资金来源
技术因素	产品技术及生产方式简单	产品及生产方式日趋复杂	产品和生产技术迅猛发展
竞争因素	竞争围绕4P（产品、价格、渠道、促销）展开，边界清晰、变化缓慢	竞争围绕决策、营销和运营能力而展开，变化不断加速	跨界竞争无处不在，竞争力来源于团队爆发力和应变力

续表

	强权时代	交易时代	利他时代
组织因素	人员较少，组织结构简单	人员规模不断扩大，组织结构日益复杂	组织结构复杂多样，权力重心持续下移
人才供求	社会劳工的总供给远大于总需求	有效的人才供求开始出现不对称趋势	高效能人才的总供给明显小于总需求
社会经济	社会经济落后，民众以求生存为主	社会经济快速发展，民众的价值观呈多样化趋势	社会经济比较发达，个人主义和享乐主义盛行

（1）政法因素

在强权时代，国家权力机关普遍为新兴的资产阶级所“控制”，城市工人阶级的权利不为政府所保护。值得一提的是，社会主义运动之所以在第二次世界大战前风起云涌，并在20世纪的中国“翻天覆地”，其肥沃的社会土壤就是普遍的新兴资产阶级对广大工人阶级的残酷剥削和压榨，以及代表资产阶级利益的政党和政府无法代表广大无产阶级的根本利益。

第二次世界大战前后，随着以苏联为首的社会主义国家集团在全球范围内影响力的增强，以及随之而来的全球范围内风起云涌的社会主义运动（也包括民族独立运动）的不断兴起，迫使西方资本主义国家不得不采取两大举措来解决资产阶级对工人阶级的无情剥削：一是各行各业的工会组织（产业工人为维护自身利益而自发成立的组织）迅速崛起，二是各个国家相继出台了大量的旨在保护工人阶级利益的法律法规。这两项举措，在一定程度上宣告了西方国家资本家强权时代的结束、交易时代的到来。

随着国家政法体系中公民意识的进一步增强，加上全球化浪潮的兴起、媒体越来越多地为广大民众摇旗呐喊、旨在保护劳动者权益的法律法规不断建立和健全，以及其他因素的共同作用，劳资关系也就逐步进入了一个全新的时代——利他时代。

（2）资本因素

在强权时代，企业生产经营所需要的资本来源于资本家；到了交易时代，企业生产经营所需要的资本不仅来源于资本家的投资，还来源于债务融资、商业融资和股权融资；而到了利他时代，越来越多的企业生产经营所需要的资本并不来源于企业创始股东，而是来源于多元的市场化融资途径。

企业生产经营所需资本来源的变化，在相当程度上是企业所有权和经营权的微妙变化，也是企业中的权力不断发生再分配的过程。在这个过程中，企业员工（以精英人才为主体）的权力在持续增加，而企业股东的权力在持续削弱。

（3）技术因素

强权时代的企业产品技术及生产方式均比较简单，企业多是在自给自足的状态下完成产品生产的，只需要有限的原料供应。到了交易时代，企业的产品技术及生产方式日益复杂，而且越来越多地需要外部协作才能实现。到了利他时代，产品种类、技术和生产方式日益复杂化，特别是互联网的兴起和相关技术的发展，使得适应变化和外部协作成为广泛的企业有效生存与发展的关键。

产品和生产技术的发展对劳资关系变化的影响机理在于，产品与生产技术越复杂，越是需要高素质的人才积极主动地工作，而企业对高素质人才的依赖，在相当程度上则意味着，企业的所有者不得不向高素质的人才一而再、再而三地出让原本属于自己的权力和利益。

（4）竞争因素

在强权时代，绝大多数企业所在行业市场都有清晰的边界，同业间均围绕4P（产品/Product、价格/Price、渠道/Place、促销/Promotion）展开竞争，不同的行业间也彼此泾渭分明，同一行业内部不同层级市场之间同样是井水不犯河水，因而竞争环境变化十分缓慢。到了交易时代，竞争环境迅速发生变化，不仅同一行业内部竞争日趋激烈，行业之间也可以相互渗透，而所有的竞争都围绕着资本、决策、技术、生产、营销、人才的能力而展开。到了利他时代，各行各业的竞争更趋激烈，不仅几乎每一个行业都出现了产品、渠道和市场的碎片化趋势，而且跨界竞争无处不在——不经意间，就可能有此前从未见过的强大对手向自己杀将过来，而小打小闹的跨行业渗透与竞争更是无时无处不在。

竞争环境的变化，意味着企业生存与发展对人才的依赖度不断提高——只有各个层级和专业的高能力与高素质人才，才能保证企业在越来越全方位的竞争中保持领先或不至于败北。

（5）组织因素

在强权时代，除了极少数的托拉斯（托拉斯，英文trust的音译，垄断组织的高级形式之一。由许多生产同类商品的企业或产品有密切关系的企业合并组成，旨在垄断销售市场、争夺原料产地和投资范围、加强竞争力量，以获取高额垄断利润）外，绝大多数企业的人员较少，组织结构简单。在那时的企业组织中，所有者（老板或股东）只要采取个人化和经验化管理就能维持组织的正常效能。到了交易时代，各类工商企业的产销规模越来越大，人员规模也因此不断扩大，组织结构因而日益复杂，组织内部的运营、协调、沟通和管理难度随之不断增加。到了利他时代，随着产品结构、生产结构和市场结构的日益复杂化，企业组织结构也变得日益多元化和复杂化。

组织因素的变化，导致了三重效应的出现：一是使得组织对高效能人才的需求增加，二是导致了组织的权力不断由“金字塔”的上部向下部转移，三是上述两个因素又使得组织的管理与协调难度进一步增加。

（6）人才供求因素

在强权时代，企业生产经营活动主要依赖的是资本家的聪明才智，工人只是资本家实现自己目的与意志的工具，且那时的企业相对较少，而需要找工作的劳动者又普遍地供过于求。到了交易时代，企业生存与发展对人才的依赖度不断提高，而这时社会供给人才的能力也在提升，因而供求基本持平。到了利他时代，由于企业生存与发展对人才的倚重度更高，企业数量和规模不断增长，加上其他多种直接因素的驱动，企业对人才能力素质的要求不断提高，而社会“生产”人才的速度不能满足企业界的普遍需求，于是便在总体上出现了人才供不应求的局面。

人才的供求关系对劳资关系的影响机理是：当企业需要的人才/劳工供过于求时，企业对待人才便可以为所欲为；反之，在人才/劳工供不应求的形势下，企业便只能一再地向人才/劳工妥协，即不得不更多地向人才/劳工出让更大的权力和利益。

（7）社会经济因素

在强权时代，工人家庭普遍生活贫困（“资产阶级”和“无产阶级”由此而分野），社会民众受教育的程度普遍较低。到了交易时代，“中产阶级”开始普遍崛起，社会的文明程度不断提高，民众受教育的程度也普遍提高。到了利他时代，社会民众的财富不断增加，加上社会安定，国家给予居民的生活保障越来越好，民众受教育的程度和机会越来越多。

社会经济因素对劳资关系发展的影响机理是：居民的财富越少，受教育的程度就会越低；受教育的程度越低，生存能力也就越低；生存能力越低，家庭财富越少，工作的可选择机会也就越小，被人任意“宰割”或“摆布”的可能性也就越大，获得自由和自主的可能性便会越小。反之，居民的财富越多，受教育的程度越高，生存压力越小，面对工作的可选择性就越大。

绩效管理的三个时代

我们现在想要说的是，前文提及的“绩效管理的三个时代”，正好与上述“劳资关系的三个时代”相一致。也即是说，在总体上讲，“强权时代”的绩效管理是“自利性绩效管理”，“交易时代”的绩效管理是“互利性绩效管理”，“利他时代”的绩效管理（应该）是“共利性绩效管理”（见图2-3所示）。下面我们逐一分别论述。

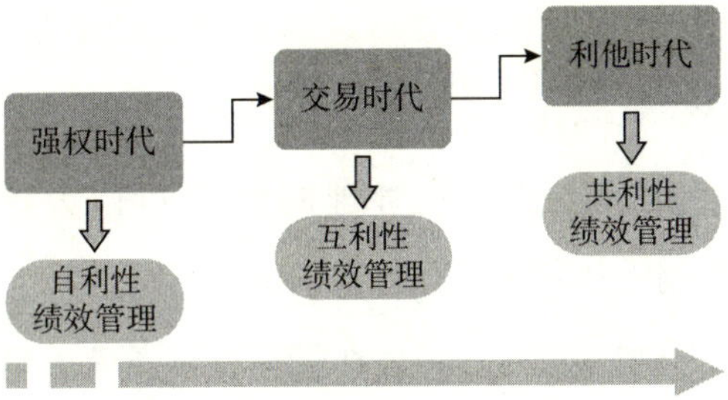

图2-3　绩效管理的三个时代

（1）自利性绩效管理

“自利性绩效管理”的基本特征是：经营者是极端自私的，他们在管理员工的绩效时，奉行的完全是“单边主义”的绩效管理思想和行为，即制定极其冷酷和严苛的标准，要求员工产出更多的绩效，却又尽可能地压低支付给员工的工资；员工没有选择和讨价还价的余地，愿意“就范”就留下来工作，不满于这样的管理，可以自己选择“走人”。

这一时代的绩效管理思想和行为，对应的是上述劳资关系的强权时代。事实上，也只有在那一时代，这一绩效管理思想和行为才有“市场”，也才行得通。因为，那时的劳动力资源丰富，需要找工作来谋生计的人“遍地都是”，企业内在的组织形式和生产运营模式决定了组织对人才的倚重度普遍较低，而且政府、法律和社会舆论也缺乏对劳动者的保护和支持。所以，在那一时代，企业通行的绩效管理方式是计件工资制或类计件工资制，员工一般不能得到除此之外的其他报偿。

尽管人类社会发展到了今天，我们在某些国家、某些行业、某些区域、某些企业和企业内部某些工种的人群中，还能看到一定程度的自利性绩效管理的“影子”，但总体而言，这种绩效管理的思想和行为已经没有了“市场”。如果现实中有哪家企业的经营者，还在用这种绩效管理思想和行为（哪怕是类似的绩效管理思想和行为）来管理他的中高层级的员工，那一定是极其不可思议的另类（黑社会类型的组织则另当别论）。

即便到了今天，这一绩效管理的思想和行为还有极小的“市场”，但完全可以断定，这种绩效管理思想和行为的“市场”必将越来越小，最终必将彻底消失，而且在任何情况下都永不可逆。

然而，我们又必须警告性地指出，虽然自利性绩效管理总体上的“市场”极小，但对一部分企业经营者来说依然具有极大的诱惑力，因为这一思想和行为操作起来十分简单。所以我们会看到，仍有一些“守旧”的雇主们，总是试图在管理员工的绩效时更多地体现这一思想和行为，以至于他们企业的绩效管理效果极差，而他们却并不知道原因何在；或者他们“擅长于”抱怨员工们“人心不古”，却不知道反思自己内心深处的想法是否不合时宜。

（2）互利性绩效管理

“互利性绩效管理”的基本特征是：企业经营者和高管们将市场化公平交易的思维引入到了员工绩效管理之中，即在管理员工绩效时愿意承诺支付员工较高的工资，但同时要求员工产出与其工资对等的业绩（否则员工便拿不到较高的工资），或者只愿意支付法律要求的或最多不高出行业平均水平的员工工资。

相比于自利性绩效管理思想和行为，这种绩效管理思想和行为显然有了很大的进步。因为，经营者的自私心理与行为趋于理性，员工的利益和自尊有所保障。

然而，我们不能高估了雇主们在这一方向上其思想和行为趋于良善的程度，也不能把雇主们的绩效管理思想和行为上的变化，归功于雇主们在道义上的自觉。他们在管理员工绩效上，之所以较前一时代（强权时代）有了一定程度的进步或向善，主要是迫于环境压力，因为这种绩效管理思想和行为来源于劳资关系发展到了“交易时代”。

在交易时代，企业经营管理的外部条件和内部环境迫使雇主们不得不这样做。如果不这样做，他们便不能获得自身的利益；或者说，虽然他们想要更多地保护自身的利益，但他们的利益会因为他们不这样做而受到损害。

但无论如何，这种管理员工绩效的思想和行为还是值得赞赏的。有两点理由。其一，这一思想和行为，较之“自利性绩效管理”的思想和行为有了实质性进步；其二，这一思想和行为，是符合法制社会条件下的市场经济规律的。

在我们现在看来，互利性绩效管理的思想和行为并非迄今为止最为先进，但它当前依然占主导地位。因为，在几乎所有的企业中，我们都能看到这种绩效管理的思想和行为，甚至在一些传统的制造型企业中，这一绩效管理的思想和行为已经形成了十分强大的不可撼动的管理习惯。然而我们想说，这一根深蒂固的时代性的企业绩效管理思想和行为，正在阻碍着新的更为有效的绩效管理思想和行为（共利性绩效管理）的快速到来。

（3）共利性绩效管理

“共利性绩效管理”（应有）的基本特征是：绩效管理的基调

是，企业经营者和各层级的合伙人就企业的经营管理原则与方向达成高度共识，并在此基础上，大家立足于各自的岗位，来共同承担企业经营管理的责任，努力创造物质、精神财富和未来机会，最终大家按照事前确定的原则，来分享企业发展的红利或成果（体现共识、共担、共创和共享的“四共”原则与精神）。

这种绩效管理思想，显然较之互利性绩效管理思想和行为有了极大的进步。其进步性表现在，互利性绩效管理思想和行为虽然较之自利性绩效管理思想和行为有了很大进步，但还不是绩效管理的最高境界。因为，互利性绩效管理思想和行为中充满了企业与员工、上级与下级之间的博弈，而且由于充满了博弈思维，双方或多方的行为，在许多时候会对彼此利益或共同利益构成相应程度的损害。所以我们见到，虽然许多企业采取的是互利性绩效管理的思想和行为，但是并不能产生良好的真正可以体现双方利益持续最大化的效果。相比之下，共利性绩效管理思想则把大家的利益深度捆绑在一起，从而真正地实现责任共担、荣辱与共、利益共享，即企业成为经营者与员工的利益共同体、事业共同体和命运共同体。

企业的绩效管理思想和行为之所以会从互利性绩效管理向共利性绩效管理发展，不是因为经营者的良心发现，而是企业适应环境变化的必然选择。因为，在利他时代，企业必须带给员工以更大的利益，才能获得和保留住优秀员工；而企业能够支付给员工的利益是有限的，在这种情况下，企业不得不动用股权来激励员工（即实行股权激励计划或合伙人制）。而实行股权激励计划或合伙人制以后，企业和特定人才之间的利益关系，就不再是相互博弈的关系，而是责任共担、荣辱与共、利益共享的利益/事业/命运共同体关系。

然而，当前看来，这种共利性绩效管理，还只是在少数已经实行了股权激励计划或合伙人制的企业初显端倪，远没有形成时代性的共识和共同追求。不仅如此，由于传统的自利性和互利性绩效管理的思想十分顽固，行为具有强大的惯性，再加上迄今为止，尚无正确的理论指引企业界做出新的更符合时代精神的选择，因而我们看到，即便在已经实行了股权激励计划或合伙人制的企业中，所采取的大多还是互利性的绩效管理思想和行为。这是令人遗憾的，但也是可以理解的。遗憾的是，运用共利性绩效管理思想将更有利于企业达成自身的目的，然而企业并不知道有这样一种管理思想；可以理解的是，任何一种新的更先进的思想从其诞生，到首先为少数人所接纳和实践，再到流行开来，以至于形成人们的普遍思维和行为，都必然会经历相应的时间的过程，甚至是痛苦的过程。

不过，我们必须说，如果你相信本书第一章所揭示的两个趋势（人力成本必然持续上涨、股权激励计划或合伙人制必然成为所有企业的选择），那么你便不得不相信，共利性绩效管理思想终将被所有的企业所接纳，因为它对所有企业里的所有人都将更为有利。

4. 三个问题分析

经过前面对绩效管理的三个时代的描述，我们现在回过头来分析绩效管理涉及的三个深层次问题（谁考核谁、为何考核、考核什么），就不再是一件特别困难的事情了。通过本节的分析，读者不仅可以深化对上一节所论述的三个时代的理解，而且对绩效管理问题的思考也会更为清晰。

谁考核谁

可以肯定，迄今为止所有的绩效管理理论都未曾真正触及到这一问题。因为，一提及绩效管理，人们便一定会基于自己的经验想当然地认为，应该是老板来考核员工、上级来考核下级或人力部门的人员来考核其他部门的人员。这显然是一种约定俗成、根深蒂固的绩效管理观念。然而，面对利他时代的全面到来，我们不得不说，这种来自强大传统的想当然的绩效管理观念正在受到挑战。

（1）自利性绩效考核中的主体

在自利性绩效管理思想和行为下，通常是由老板来考核员工的绩效的，这不无其合理性。因为，在劳资关系的强权时代，老板们在组织中拥有绝对的权威，当时的企业内外部环境决定了他们可以完全根据自己的“感觉”来考核员工的绩效，并决定如何将考核结果与员工的利益挂钩。过程中，虽然老板们可能会安排管理层或职能部门来对员工进行绩效考核，但管理层和职能部门不过是在被动地遵从于老板的想法和意志而已。

我们可以通过举例来理解这一点。一家制鞋工厂的老板决定只给工厂的员工发放最低限额的基本工资，员工薪酬的绝大部分来自于绩效考核：对于生产工厂，采取的绩效考核方式是计件工资制，即工厂规定每生产一双合格的鞋子，当事工人将拿到多少钱，工厂的管理人员将拿到多少钱；对于销售部门，采取的是销售提成制，即工厂规定销售人员每销售一双鞋子，当事销售人员将拿到多少钱，销售部门的管理人员将拿到多少钱；对行政后勤部门人员，采取的是根据工厂的总体绩效发放奖金的办法，即工厂规定全工厂达到一定的业绩水平后，工厂每增加销售或利润多少，行政后勤人员将按照一定分配原则各自分多少奖金……在此过程中，老板可能需要工厂的某一职能部门或岗位来帮他进行员工绩效考核，工厂的老板也有可能会就绩效工资/提成/奖金的发放标准，像模像样地征询职能部门或岗位人员的意见，但职能部门或岗位人员所能做的，只能是附和老板的想法和遵从老板的意志。因为，如果与老板唱反调，其后果于自己不利。

这种由老板来决定考核谁、怎样考核以及如何将考核结果与员工个人利益挂钩的做法或定位之所以在那一时代基本有效，与以下因素有关。

老板是企业中最懂经营和管理的人，因为企业的业绩和运营模式通常不会超过老板的能力边界；

企业对人才的倚重度不高，而企业生产经营所需要的员工可以轻易地从人力资源市场上获取；

企业的产销规模和人员规模相对较小，企业的经营与管理在老板的精力可以覆盖的范围之内；

法律和政策缺少保护普通劳动者利益的精神，社会舆论也缺乏保护劳动者利益的责任意识和氛围；

员工的文化层次相对较低、家庭经济条件不足，工作是为了求生存，缺乏自我保护意识和条件。

在上述原因下，老板们在管理或考核员工的绩效时，只能靠个人的能力自觉、道德自律和人性自控，而老板们的能力自觉、道德自律和人性自控水平，是无法超越一个时代的企业经营者共同的能力自觉、道德自律和人性自控水平的。

不幸的是，即便社会发展到了今天，在一些一股独大且规模中等以下的传统制造业和服务业企业中，我们看到，许多老板依然还是员工绩效管理的独裁者。这也是他们的企业招聘不到和留不住优秀人才的原因之一，同时，也是他们的企业员工效率低下的深刻原因之一。更为不幸的是，这类企业中的不少老板也试图在本企业推行股权激励计划或合伙人制，然而他们却并不知道，如果他们不改变习以为常的自利性绩效管理思想和行为，股权激励计划或合伙人制就绝对不可能带给他们想要的结果。

（2）互利性绩效考核中的主体

相比于自利性绩效管理中老板的独裁特征，在典型的互利性绩效管理思想和行为中，老板的独裁性大为降低，而员工的"参与性"则大大增加。

到了这一时代，员工在绩效考核中的参与性，一般是通过管理层和职能部门的"代表"来完成的。可以想见，企业中的各级管理者和有关职能部门的人员也是员工，他们在参与制定员工绩效考核标准和实施绩效考核时，会自觉不自觉地一定程度地体现员工的利益。但是，我们必须指出，员工们在绩效管理或考核中的这种参与性，通常并不一定是来自于老板们的主动授权，而是主要源自以下因素。

随着企业的发展，老板经营管理企业的精力和能力逐渐捉襟见肘，于是不得不逐步让管理层和作为内部"专家"的职能部门参与到员工绩效管理中来；

企业对人才的倚重度日益提高，而企业获取和保留优秀员工的难度却持续增加，这使得老板们会担心，过于严苛的考核标准可能会降低员工的工作责任心、主动性、创造性和对组织的忠诚度；

法律和政策开始更多地保护普通劳动者利益，社会舆论也倾向于同情劳动者；

员工的文化层次逐渐提高，家庭经济条件不断向好，择业的自主性持续增强；

企业采取的“交易性”绩效和薪酬政策迫使员工们不得不与企业持续博弈，反映到绩效考核上就是，员工要求分配“公平”，否则他们就会选择“拍屁股走人”，因而老板们不得不采取新的举措予以应对。

在上述条件下，企业所制定的员工绩效考核标准，以及将绩效考核结果与员工薪酬挂钩的方式，实际上是老板与员工群体相互博弈的阶段性结果。由于在互利性绩效管理思想和行为中充满了大量的博弈色彩，所以这种绩效考核在大多数情况下，并不能使企业和员工双方的利益最大化。可以想见——

在员工已经“崛起”的背景下，制鞋工厂的老板不得不向员工们承诺较高的基本工资、绩效工资和年终奖金，因为只有这样，才能获取到和保留住优秀员工，也才能增加员工们的工作责任心、主动性、创造性和对公司的忠诚度。然而，企业向员工承诺了较高的基本工资、绩效工资和年终资金，就一定希望员工们能产出更好的工作绩效，即老板们出于相应的支付压力，就一定会在绩效考核上趋于对员工们 “高标准，严要求”。而从员工的立场上来说，由于自身在与企业博弈中的主动性增强（员工们最大的主动性便是他们可以在不满意时随时选择辞职），所以他们总是期望获得更高的工作回报，却同时又会尽可能地在面对企业/老板/上级的要求时“讨价还价”。当这种博弈的情况发生时，如果制鞋工厂找不到更好的解决双方矛盾的办法，那么这种博弈就会成为企业资源内耗的根源。

因此我们看到，在大量企业现行的绩效管理体系中，表面上各方面的人员都在充分参与标准的制定和考核的实施，但绩效管理的结果其实并不能达到预期。最明显的表征是，企业不敢拿更高比例的薪酬与绩效考核结果挂钩，因为绩效考核的结果从来就不能完全反映员工的实际工作表现或贡献；企业总是有理由要求员工们的业绩不断增长，而员工们的业绩达不到企业的要求则十分常见，而且完不成绩效的员工们总是会找出一大堆理由。

不幸的是，有许多已经实行了股权激励计划或合伙人制的企业，它们所使用的依然是相互博弈性的绩效考核方式，因而它们在实行了股权激励计划或合伙人制以后，企业的绩效并没有发生实质性的改变。

（3）共利性绩效考核中的主体

在共利性绩效考核中，参与合伙的人才们应该是绩效考核中的主体。道理很简单：人才们持有企业的股份，企业的利益便是人才们自身的利益，只有大家努力工作，创造出更好的业绩，才会对大家更为有利。在这个意义上讲，合伙人应该自己来管理自己的绩效。

尽管在我们指导或辅导下建立起了合伙人制的企业基本上做到了这一点，但我们知道，大量的已经实行了股权激励计划或合伙人制的企业，并没有意识到由合伙人自己来管理自己的绩效的重要性和必要性，或者虽然它们也有可能意识到合伙人应该担负起企业绩效管理的责任，但由于并没有找到合适的方法，故而依然采取的是互利性的绩效管理思想和行为。

读者朋友们可能没有意识到一个问题：在实行了股权激励计划或合伙人制的企业，如果依然采取相互博弈式的绩效管理模式，将会产生什么后果？这个后果便是，本来参与事业合伙的人才们应该一道来为公司的业绩增长负责，但由于企业依然采取相互博弈的方式来考核他们的绩效，这就妨碍了他们建立起对自身应承担的责任的意识，使得他们自然而然地固守与企业博弈的传统思维和行为。不难想象这样的情形——

制鞋工厂的老板在工厂推行了股权激励计划或合伙人制以后，

由于参与配股或被吸纳为合伙人的人才们都持有不同比例或数量的股份，所以制鞋工厂未来的兴衰与每一位合伙人的利益是高度正相关的。在这个意义上说，每一位合伙人出于维护自身利益的考虑，也需要主动承担起企业业绩发展的责任，这意味着，每一位合伙人在本质上都希望其他合伙人努力和有效地工作，而每一位合伙人要想其他合伙人努力和有效地工作，也意味着其他合伙人同样会要求他努力和有效地工作。基于此理论和现实，所有持有股份的合伙人都有必要和有动力管理好自己的绩效。然而，在这样的情况下，制鞋厂的老板却没有意识到让合伙人管理自己的绩效的重要性和必要性，而是依然采取相互博弈性的绩效管理模式。他这样做，无异于向合伙人们传递了这样的信息：老板还是要来管理他们的，既然老板依然要管理他们，那么他们与老板直接或间接地在绩效管理问题上讨价还价也就顺理成章了。

综上所述，在绩效管理问题上，“谁考核谁”将不是一个可以忽略不计的小问题。

为何考核

毫无疑问，每一家企业的经营者每年都在考核员工的绩效，甚至大多数中小企业的经营者每月都在考核员工的工作绩效，上规模的企业的人力资源部门更是认为有必要每周乃至每天都记录员工的工作绩效。然而，当我们在培训和咨询服务过程中，向企业的老板和人力部门的人员提及企业考核绩效的目的何在时，却很少有人一下子能够回答上来，而且有的人想了很久以后所给出的答案也不在点子上。这不足为怪，因为这一问题看似稀松平常，但的确难于回答。因为，在同一时代的企业中，绩效考核的目的不尽相同。

（1）自利性绩效考核的目的

在自利性绩效管理中，老板是绩效管理的独裁者。这一时代或这样的企业，考核员工绩效的目标其实很简单，就是希望向员工更少地支付工资，同时要求员工产出更多的业绩。

当一家企业秉持的是自利性绩效管理思想和行为时，它得到的有可能是业绩，也有可能是用人成本的相对较低，但除此之外，它不大可能得到更多的东西。

（2）互利性绩效考核的目的

在互利性绩效管理中，企业考核员工绩效的普遍目的有两个：一是希望员工产出更佳的业绩，以便企业不至于在“交易”中吃亏；二是公平分配，即基于考核结果决定对哪些员工实施正面激励，又对哪些员工实施负面激励。

除了上述普遍的目的之外，不同的企业考核员工绩效的目的也会有很大的不同。比如，有的企业在其绩效考核的标准中植入了遵守公司文化和规章制度的内容，有的企业在绩效考核中植入了大量的过程管理的内容，而有的企业在绩效考核中植入了诸如团队管理、沟通协作、影响力等方面的内容。我们姑且认为，这样的绩效考核标准具有一定的促进员工学习与成长的目的。

然而，相比于我们即将介绍的共利性绩效考核的目的，互利性绩效考核的目的是不够明确的，或者是不无牵强的。因为互利性绩效管理的劳资双方相互博弈的本质，决定了这种绩效考核的目的并不纯正，因而是不容易实现的。

（3）共利性绩效考核的目的

在共利性绩效管理中，企业考核合伙人的绩效，其目的应该与自利性绩效管理和互利性绩效管理的目的有本质的不同。具体表现在：在自利性和互利性绩效管理中，员工创造的剩余价值纯粹由雇主享有；而在共利性绩效管理中，合伙人创造的剩余价值则是由合伙人参与分享。

这里所说的“剩余价值”，是指企业的利润和企业在资本市场获得的股份增值收益。无论是在自利性绩效管理所对应的强权时代，还是在互利性绩效管理所对应的交易时代，企业赚取的利润和企业在资本市场上获得的股份收益，全部归雇主所有，员工只是有可能从中获得间接的收益（表现为在下一阶段工资的增长和工作机会的可持续，或者职务的升迁等等；但也有可能并不能获得间接的收益，因为当雇主们在下一阶段关停公司时，或将所取得的利润用于其他方向和投资时，或将公司转让给他人时，员工很可能并不能得到工资性收入之外的其他收益，甚至还有可能失去工作机会）。而在共利性绩效管理所对应的利他时代，人才们持有一定比例的公司股份，企业的利润和企业在资本市场上的股份增值收益，人才们可以依据国家法律和企业内部政策，享有相应的利润分红权和股份增值收益。

基于以上认知，共利性绩效管理的目的也就逐渐清晰起来：为了使股东和合伙人获取到更大的经营利润收益和股份增值收益。在这一总的前提性条件（合伙人持有公司股份）和目的（利润增值和股份收益增加）下，企业针对合伙人所采取的绩效管理措施的目的，便应该与自利性和互利性绩效管理的目的有根本的不同。至少从理论上讲，共利性绩效管理的具体目的应该包括五个方面：①促进企业各部门、层级和岗位间的沟通与协作；②促进合伙人和员工的学习与成长；③促使更好地达成企业/部门/岗位的业绩目标；④推动或促进企业管理的持续优化或改善；⑤确保合伙人和员工获得更大的可持续的职业回报。我们将在本书第5章对此五个具体的目的进行专门论述。

考核什么

迄今为止，所有的绩效考核标准，究其考核内容而言，无非涉及图2-4所示的四个方面。

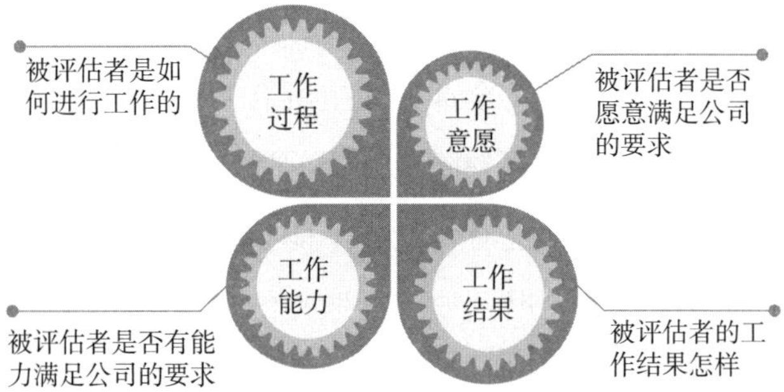

图2-4 传统绩效考核涉及的四项内容

我们曾就此图向无以数计的企业经营者和高管们提出问题：应该考核什么？不应该考核什么？如果只有两种选择，应该是哪两种？

每当提出此问题时，我们得到的答案可谓五花八门、莫衷一是。所有人都会认为工作结果一定是要考核的；有许多人认为，工作意愿是必须考核的，理由是没有良好的工作意愿，便不可能产生良好的工作结果；有许多人认为，工作能力也是必须考核的，理由是没有相应的工作能力，就不会产生良好的工作结果；有许多人认为工作过程也有必要考核，理由是没有正确的工作过程，同样不可能产生良好的工作结果。如果一定要选择两项，大家通常会选择这样的组合：工作意愿+工作结果；工作能力+工作结果；工作过程+工作结果。

最终我们会给出这样的观点：工作意愿不易观察和测量，而且有良好的工作意愿并不意味着会产生良好的工作行为和结果；工作能力不易观察和测量，而且有良好的工作能力不一定会产生良好的工作行为和结果；工作行为是易于观察和测量的，可以反映工作意愿和能力，是工作结果产生的直接原因；工作结果是易于观察和测量的，可以证明工作意愿、能力和行为，是组织的最终关切。

我们基于上述观点得出的结论是：应该考核员工的工作过程和结果，而没有必要考核员工的工作意愿和能力；对员工的工作意愿和能力的观察，可以用于决定应该如何培育员工，而不必作为考核员工绩效的依据。

显然，在自利性绩效管理思想和行为中，更多地体现了企业或老板对员工工作结果的关注；在互利性绩效管理思想和行为中，看起来无所不包；而我们所主张的共利性绩效管理思想，只应考核合伙人的工作行为和工作结果（我们的这一绩效考核思想将会在本书第5章中详细介绍）。

经过第1章和本章的论述，可以这样断言：新的历史时代需要新的员工绩效管理方法。

那么，新的员工绩效管理方法在哪里呢？对此问题，我们自信而又坚定地回答：就在本书当中。读者在阅读完本书随后各章的内容后，应会很自然地对我们的这种自信作出自己的评价。

第3章

绩效管理案例与理论评析（上）

- 绩效案例的评价视角
- 两个小公司的绩效管理案例
- “目标责任书”式绩效管理案例
- 一家中型公司的绩效管理案例

一家企业绩效管理水平的高低，以及是否做到了与时共进，在极大程度上需要通过对其现行的绩效管理标准来做出分析和判断。因为，一家企业的绩效管理思想和行为通常是由其现行的绩效管理制度来体现的——绩效管理制度源于特定的绩效管理思想，并指导和规定了企业的绩效管理行为（虽然有一部分企业的绩效管理行为背后的思想在一定程度上是“隐性”的）。

本章由两个方面的内容构成。一是给出观察和评价各类企业现行的绩效管理标准的视角，目的是引导大家对本企业实行的绩效管理标准进行必要的自我反思。现实中，人们之所以看不清楚一套绩效管理标准的优劣，在极大程度上就是因为缺少统一的评价标准。二是分享和评价几个有代表性的绩效管理案例，目的是进一步引导大家思考相关问题，以便进而寻找到适合自己企业的真正有效的绩效管理思想与方法。

1. 绩效案例的评价视角

面对一个比较复杂的评价对象，在没有统一的评价标准又由多人参与评价的情况下，大家的意见一定不会一致，因为每一个人都会站在自己的立场和角度上，根据自己的已有知识、经验、好恶来做出判断。被评价的对象越复杂，或者参与评价的人员越多，意见和观点的分歧必然也就越大。

比如说，关于“中国人”这个复杂的命题，自1840年以来，有无以数计的中国人和外国人从不同的目的、立场和角度出发，给出过这样或那样的评论，其中最知名的评论者有鲁迅、林语堂、胡适、柏杨等等。由于没有统一的标准，他们每一个人对“中国人”的评价都是各不相同的，并且现在看来，许多历史人物的观点是极具片面性和时代局限性的，而且是明显受到19世纪一些对中国不怀好意的人（如企图吞并中国的日本人的观点）的影响。假设有统一的评价标准，那么问题就好办了，人们的评价结论也就会趋于一致或基本一致。在“中国人”这个命题下，也有许多方面的研究结果是无可争议的。比如：中国人的身高相比于欧洲人要低，中国人的皮肤、眼睛、毛发的颜色，中国人的语言，中国人的体质，等等，在这些方面，几乎无需评价，只需要描述事实即可，因为在这些方面已经有了某种标准可供参考。

我们想要说的是，现实中各企业用于管理员工绩效的标准形形色色、各不相同、不一而足，如果缺乏相对统一的评价方法，就会不知道从哪里下手，也就无法得出让人信服的结论。换言之，在没有统一标准的情况下，我们就不知道哪些企业的绩效管理标准属于好的或有效的一类，哪些企业的绩效管理标准属于差的或无效的一类，以及五花八门的绩效管理标准中哪些内容是应当保留的，哪些内容是应当摈弃的；相似的道理，我们也就无法判断出哪些绩效管理的理论主张是对企业真正有用的，或者实际上是有害的。

为了解决这一问题，我们尝试运用表3-1所述的六个方面，来评价任何一家企业的适用于任何人群的绩效管理标准。我们的实践显示，从这六个方面来评价任何一种绩效考核标准，都可以对其优劣做出评判，也能够清晰地看到其中的可取和不可取之处，同时也就能够知道改善的方向所在。

表3-1　　绩效管理标准的评价视角

指标是否全面覆盖、重点突出	
指标权重设置是否合理、无漏洞	
目标值设置是否有依据、可修正	
各指标项的结果是否可衡量、无争议	
考核周期设置是否合理、执行简单	
考核结果与员工利益挂钩的范围与程度	

指标是否全面覆盖、重点突出

有效的绩效管理体系，其考核指标的设置应体现两大原则：一是全面覆盖，二是重点突出。未能同时体现这两大原则的绩效考核标准，一定是存在问题或缺陷的。

（1）全面覆盖

所谓“全面覆盖”，不是说考核指标的设置越全面越好，更不是说指标定得越细致越好，而是指指标的设置要覆盖到必然影响被评估对象工作结果的所有重要方面。

在一些公司的绩效考核标准中，往往只有结果项的考核指标，比如销售人员的考核指标仅涉及销售额、毛利率、应收款、销售费用等所谓的硬性指标，而一些公司在考核销售人员的绩效时，除了硬性指标，还涉及大量的诸如责任心、积极性、影响力、对公司文化的认同、沟通协作能力、响应及时性、客户满意度等大量的所谓软性指标。

全面覆盖的真切含义是，指标应该明确地覆盖三大方向：结果项的指标、过程项的指标、遵守公司文化的指标。其中，结果项的指标是企业最为关切的，但是，如果当事人缺乏正确有效的工作过程表现，以及遵守公司的文化和规章制度的行为表现，便不可能产出最佳的工作结果。所以，除了考核工作结果以外，还应考核影响工作结果的过程行为和文化行为表现（关于这一方面的更多观点，请参见本书第5章的论述）。

（2）重点突出

所谓“重点突出”，是指一个考核项下，不宜考核过细的内容，而是要突出特别重要的考核内容。“重点突出”的标准是：这项指标必须考，不考不足以反映工作结果；如果一项考核指标可考可不考，就不要考核了。比如，在设置销售岗位的结果项考核指标时，将销售目标、新产品销售目标、毛利率、应收款、销售费用控制等纳入考核可能是必要的，但如果将市场占有率、客户保有率、客户忠诚度、客户订单质量等等也纳入考核体系，就未必是理性的选择。又比如，在考核销售岗位的工作过程时，将销售过程中涉及的里程碑事件纳入考核，可能是必要的，但若将工作计划的质量、满足工作流程的要求、问题的及时汇报、开发和维护客户关系的意识和能力等也纳入考核体系，就是大可不必的。再比如，在考核销售岗位人员遵守公司的文化和规章制度的行为表现时，将是否存在优良或恶劣的行为表现纳入考核可能是必须的，但若将工作的积极性、主动性、忠诚度、团队精神、协作性、传递正能量、赋能等也纳入考核体系，就是大可不必的了。

评价绩效考核标准的指标设置是否重点突出，有三个观察要点：一是看一个考核方向上的多项指标之间是否存在相互包容的关系，如果有，就应当剔除；二是看一个考核方向上每一项指标是否体现了组织的不可或缺的意志，如果存在可考可不考的指标，就应当剔除；三是看一个考核方向上的多项指标的权重设置是否分散了被考核对象对核心考核指标的关注，如果存在这种可能，就应当尽可能地减少指标。

指标权重设置是否合理、无漏洞

有效的绩效管理体系，其考核指标的权重设置应该是合理的，而且应该是没有漏洞的。

（1）合理

所谓“合理”，是指不同的考核指标项的总体权重分布，既要符合管理要求，又具有导向性，还要据实取舍。比如，若是绩效考核的考核项分为文化、过程、结果三个方面的考核指标，那么这三个考核方向各自的权重应当怎样分配，这里面大有学问。通常，文化项考核所占的权重比例，极大地取决于企业对被考核对象遵守公司文化和规章制度要求的强度；一般来说，依据岗位的层级不同，文化项分配的权重在10%～30%之间。结果项考核和过程项考核，各自应分别占有多大权重，要取决于部门、岗位和工作性质。通常，职位层级越高，结果项考核的权重越大，反之越小；结果越好衡量，或预测的精准度越高，其考核权重越大，反之则越小。同时，一个考核项内部各细分指标的考核权重分布也要合理。一般而言，同一考核项中最为重要的细分指标权重分配大，反之权重分配小。这一点大家都懂，故不赘言。

（2）无漏洞

所谓“无漏洞”，是指在设计指标的考核权重时，要慎重考虑可能不会引起被考核对象重视的考核指标。比如，在销售人员工作结果项的考核指标中，如果考核项的总权重占70%，而结果项的细分考核指标包括销售目标达成率、毛利目标达成率、新产品销售目标达成率、应收款目标达成率，那么，应该怎样设置各细分指标的权重是非常有学问的。如果将销售目标达成率的权重设为55%，其他三个细分指标各占5%。那么销售人员在执行过程中，可能并不会关注权重低的三个细分指标，因为即便在这三个细分指标项上都得0分，对其整体得分的影响也不会很大。问题还在于，销售人员即便根本不关注这三个细分指标，他在这三个细分指标项上的得分一般也不会是“0”。

目标值设置是否有依据、可修正

一般而言，无论考核什么细分指标，都需要为每一个细分指标设置目标值，因为只有设置了明确的要求达到的目标值，组织或上级才能对当事人在这一指标上的工作表现进行评价。目标值的设置会涉及两个方面的敏感问题：一是设置目标值的依据；二是在执行过程中发现问题时，是否可修正。

（1）有依据

所谓“有依据”，就是在设置每一细分指标的目标值时，一定要有依据。目标值设置，既可以是依据历史数据、内部条件和外部环境的变化，推算出来的被考核对象可以努力达成的；也可以是老板或高管们拍脑袋拍出来的，明知被考核对象十有八九完不成，但还是要求被考核对象“必须完成”；还有可能是被考核对象自己放出的“卫星”，他们明知道自己完不成目标，但由于吃准了老板或上司的心理，还是报了一个高目标。

所有人都明白一个道理：被考核对象轻而易举能够完成的目标，并不能激发被考核对象的潜能；而设置过高的目标，则又可能会挫伤被考核对象的积极性。但是，大多数企业在设置目标值时，却依然倾向于选择较高的目标。

（2）可修正

设置合理的目标值固然非常重要，但是有许多企业却无法做到精准地预测各部门和岗位的工作结果，故而设置的目标在实际执行过程中要么低了、要么高了。比如，创业公司和一些处于动荡市场环境中的小公司，它们往往无法相对准确地预测公司、各部门和各岗位的工作结果，故而这类公司设置的相关目标，既有可能轻而易举地实现，也有可能无论如何努力都实现不了。对于这种不无极端的情况，在考核标准中应该有解决的办法。

在这种情况下，我们通常建议的方法有三种：一是加大过程考核的权重，因为长周期的目标虽然难于预测，但短周期的事项工作则能够做到精准判断，这样便可以通过短周期的工作事项设计，来修正长周期目标设置可能出现的偏差；二是将制定目标的周期缩短，比如将以年为周期来设置的目标，改为以半年、季度甚至月度为周期来设置目标；三是努力争取的目标可以设置得高一些，但用于考核的目标则可以设置得低一些，这样做意味着绩效考核是以正面激励为主、负面激励为辅。

各指标项的结果是否可衡量、无争议

绩效考核标准中的所有细分考核指标的设置，在实施考核时，其结果必须是可衡量、无争议的。否则，就会出现三种对绩效考核体系产生破坏性影响的情况：一是评分者评分时的弹性很大，即打印象分、人情分；二是被考核对象可能不认同上级给出的评分结果，从而导致相互之间的博弈；三是当前述两种情况经常发生时，无论考核者还是被考核者，最终都会越来越漠视绩效考核标准，从而使绩效考核流于形式。

考核周期设置是否合理、执行简单

绩效考核的周期和执行的难易程度也是有必要高度关注的。

（1）考核周期

考核周期过长，将会面临一系列的挑战：员工在考核周期的前半期不努力工作，因为“时间还早着呢”，结果到了后期，便怎么努力也完不成目标；有的员工可能会利用长考核周期做私事或寻找更好的工作机会；上级领导者难以发现和解决工作中的问题，也无法及时掌握和抓住工作中可能出现的机会；长周期的考核目标设置难于做到精准有效；企业的内外部环境变化越来越快，过长的考核周期，不仅会使工作目标可能不切实际，而且有可能使过程管理抓不住重点；不能及时奖励先进工作者和处罚后进工作者，而无论是奖励还是处罚，通常说来，越是及时越好……总之，过长的考核周期会面临大量的问题。所以，像华为这样的公司，针对许多部门里的人员，已经不考核年度目标了，而是把考核周期缩短到了以季度或以月为单位。

但是，过短的考核周期也会存在一些问题，主要有三个方面：一是工作策略或行为的效果还没有显现，不方便考核，尤其是不利于考核结果在奖励与处罚中的应用；二是考核的组织成本较高，特别是要求召开绩效考核会议和进行绩效面谈的情况下；三是频繁的考核会给考核者和被考核者的工作及心理造成负担，使大家产生抱怨、疲于应付，最终可能使考核流于形式。

一般说来，规模不同的企业，对高管、中层和基层员工的考核周期应是不同的，比较有效的做法分别是季度、月度和每周。

（2）执行难度

这一问题其实主要是一个成本概念。有些企业的绩效考核，仅仅是由上级主管或人力资源部门坐在自己的办公桌前，按照特定的方式方法给被考核对象评分，然后通过一定的方式公布和应用评分结果，这显然是十分原始和粗放的绩效管理方式。它的成本毫无疑问最低，但对绩效管理的效果也毫无疑问是最差的。

另一种做法比较正式：由当事人和当事人的上级以及人力资源部门和财务部门的人员共同参与，对被考核对象在考核周期内的绩效进行评分，不仅要将评分结果十分慎重地应用于员工的薪酬和奖金分配，还要召开正式的绩效会议，甚至还要逐一进行绩效面谈，等等。当企业如此高度重视绩效考核时，虽然绩效管理的效果有可能较好，但其成本也会因此而相应提高，甚至会影响到工作的正常进行。特别是，当员工们分布在全国或全球范围内的不同地域时，绩效考核、绩效会议和绩效面谈的组织成本会更高。

所以，在有效的绩效管理体系中，一定要充分考虑到绩效考核过程的执行难度，要尽可能同时确保绩效管理的高质量、高效率和低成本。

考核结果与员工利益挂钩的范围与程度

一家企业将绩效考核结果与被考核对象的什么利益挂钩，挂钩到什么程度以及怎样挂钩，这也是一个值得观察的重要角度。

当一家企业能够把绩效考核与被考核对象的奖金分配、工资上涨、职务晋升等进行挂钩，且挂钩程度较高时，不仅说明该企业对自身的绩效管理水平充满了高度自信，而且也说明该企业的绩效管理水平本身是较高的。因为，一般而言，当一家企业敢于将员工的绩效考核结果与奖金分配、工资上涨和职务晋升等员工的切身利益高度挂钩时，它一定更加重视绩效管理，其绩效管理水平也会因为它的重视而不至于太差；因为它的绩效管理水平不差，所以它也就敢于将绩效考核结果与奖金分配、工资上涨和职务晋升等员工关心的切身利益挂钩，它也就自然而然地对自身的绩效管理水平充满信心。

反过来说，当一家企业不敢将绩效考核结果与员工所在乎的奖金分配、工资上涨和职务晋升等切身利益全面高度挂钩时，意味着它对自身的绩效管理水平是不自信的。这也说明，它的绩效考核结果并不能有效地反映员工的工作意愿、工作能力、工作过程和工作结果。在这种情况下，如果强行与员工全面和多样的切身利益挂钩，势必会引起员工不满甚至于背离。然而，这样的企业往往并不知道，它越是不敢将员工的绩效考核结果与员工的核心利益挂钩，便越是做不好绩效管理。这是因为，将绩效考核结果与员工的利益挂钩越少、越浅，便意味着企业对绩效管理的重视程度越低，员工对绩效考核的无所谓程度越高。

不过，需要特别提请注意的是，并不是一家企业将绩效考核结果与员工的利益挂钩越多、程度越深，该企业的绩效管理水平便一定越高。现实中存在着大量“只要结果，不要过程”的企业（老板），它们所实行的绩效管理标准，往往只是对员工工作结果项的考核。这样的考核标准得出的考核结果，虽然在本企业内具有某种程度的“公平性”，但其对企业发展和员工职业发展所带来的负面效应往往被无视或轻视，以至于这类企业大多是那些“土包子”形象的中小型公司。也正因如此，我们倡导在评价一家企业的绩效管理水平时，不能只看一个维度，而应该关注到上面介绍的全部维度。

当然，也有很多小企业东施效颦般地采取知名公司的绩效管理模式。对于这类企业的绩效管理的评价，请参阅本章随后的内容及第4章的案例和理论评析。

2. 两个小公司的绩效管理案例

大多数小公司的绩效管理标准通常比较简单，不会像大公司那样，有十分正式和“科学”的绩效管理文件；它们的绩效管理标准通常只是一张纸头，而且可能是内容经常发生变化的纸头。当然，也有许多小公司会模仿大公司的做派，整出来的绩效管理制度有模有样、十分正式，至于有多少实际效用则很不好说。

以下是两家小公司用于考核销售人员绩效管理的标准，以及我们对类似绩效管理标准所给予的评价。

两个绩效管理案例

以下两个案例，在众多中小企业中具有相当的代表性。它们既可能是企业自创的，也可能是部分地参考了一些大企业或知名公司在绩效考核方面的做法。这两个案例均为销售岗位人员的绩效考核标准。之所以选取销售人员的绩效考核标准作为案例，是因为销售人员的绩效考核相对容易进行，而且，一家公司针对销售人员的绩效管理水平，通常可以代表该公司的最高绩效管理水准。

案例一　　某办公家具公司销售人员绩效考核表

序号	考核项目	考核评级（A.B.C.D.E） A.5分 B.4分 C.3分 D.2分 E.1分	等级	权重	得分
1	工作重点把握情况	A.很好；B.较好；C.一般；D.较差；E.很差		0.1	
2	回款目标完成率	A.100%以上；B.80%～99%；C.70%～79%；D.60%～69%；E.59%以下		0.5	
3	新增客户情况	A.团队排名居首位；B.团队排名居上；C.团队排名居中；D.团队排名居后；E.团队排名居末位		0.3	
4	差旅计划制定与执行水平	A.很好；B.较好；C.一般；D.较差；E.很差		0.1	
综合评级					

案例二　　某商用设备公司销售人员绩效考核表

序号	考核项目	目标值	数据来源	权重	得分
1	销售指标达成率（实际完成销售额/计划完成额）	≥95%	财务审计部	0.4	
2	应收账款回款率（当月实际到账额/当月应到账额）	≥98%	财务审计部	0.3	
3	退货率	退货率≤预算（销售实额1.7%）	财务审计部	0.1	
4	费用控制（按实际销售额比例计算）	≤财务部年总业务费用预算/12（每月增减额可延续到下月）	财务审计部	0.1	
5	安装/运输费用控制率（目标值按实际销售额计算）	安装/运输费用≤预算指标	财务审计部	0.1	
合计					

案例点评

上述两个针对销售人员的绩效管理案例有一个共同的特征，就是比较简单，不像大公司那样形成了十分正式的管理文件，而且考核员工的内容主要是工作结果方向的考核指标。类似的绩效管理标准，属于典型的小公司的作为。

类似的绩效管理思想和方法，其优点是能够引导员工关注企业的关切，使员工的工作行为不偏离组织所要求的结果的方向。比如，在第二个案例中，企业考核销售人员的销售指标达成率、应收账款回款率、退货率、费用控制、安装/运输费用控制率。该企业相信，考核员工的这些指标，可以促使销售人员既努力完成销售目标，又能及时把货款收回来，还能降低退货率、销售费用和安装费用。然而，这只是理想的情况，因为这种考核很有可能并不能如愿达成企业的期望。

这类绩效考核标准有以下两大致命缺陷。

缺陷一：不利于员工的学习与成长。

凡是在绩效管理上“只要结果，不要过程”的企业，其所关心的往往只是企业的短期利益，而并不关心员工的学习与成长。他们往往错误地以为，只要关注结果就能得到结果，而不懂得或不相信，如果员工不能有效地学习与成长，从而使工作过程有效，便不可能产生好的工作结果。

一个极端的例子可以说明这一点。对于一位刚入职做销售的应届大学生，你把他派到一个异地市场去做销售，你对他说：我只要结果，不管你怎么做，你只要能够达成销售目标，我就给你高工资、高奖金，给你升职。请问：他到了异地市场后，能达成好的销售业绩吗？几乎没有可能。因为，在他不懂得如何做销售的情况下，他极有可能在瞎碰乱撞一阵子之后，发现怎么努力都产生不了企业和自己想要的业绩。在这种情况下，他可能的行为是：继续瞎碰乱撞；习惯了不出业绩，松懈下来，听其自然；拿着公司给他的基本工资，花着公司的销售费用，去做自己的事情；干脆直接选择辞职；“骑驴找马”——一边工作，一边寻找新的工作机会……

上述例子虽具有极端色彩，但类似的管理思想和行为在现实中并不鲜见。毫无疑问，当一家公司这样来管理员工的工作绩效时，员工是不可能得到有效成长的；员工得不到有效成长，便不可能产生好的业绩；如果碰巧有员工在这样的管理环境中创造出了较好的业绩，那一定只是概率极低的个例。

缺陷二：不利于企业的发展。

这一观点有两层意思。其一，由于企业采取简单的只要结果不要过程的绩效管理思想和行为，员工因此得不到成长，创造不了好的业绩，对企业来说，其损失远比员工的损失要大，包括直接损失、间接损失、潜在损失，这些损失怎么计算都不过分。而且，企业产品的市场潜力越大，遭受的损失就必然越大。

其二，这样的绩效管理方式不利于企业的管理改善，而且这样的绩效管理方式越是强势，对企业管理发展的阻碍作用越大。因为，当一家企业所遵循的绩效管理思想是只要结果不要过程时，通常有两种可能：一是它不知道好的业绩结果来源于有效的工作过程，因而在管理绩效时必然忽视过程管理；二是它明明知道只有加强过程管理，才可能产生良好的业绩结果，但它同时又认为，过程管理过于麻烦，且短期内难于见效，故而有意忽视过程。任何一种情况下，这类企业如果又能够取得一定的业绩，那么它们必然会更加不重视过程管理。但这并不意味着，在这种管理方式并不能产生良好结果的情况下，企业一定会转而重视过程管理。

任何一个行业或产业在其发展的过程中，都会淘汰掉大量的综合能力低下的企业，最后胜出的必然是综合能力有优势的企业。上述这类在绩效管理上只要结果不要过程的企业，通常是被历史淘汰的对象。

3. “目标责任书”式绩效管理案例

下面是一家小型软件公司的绩效管理案例，它是以“经营目标责任书”的形式来展现的。据我们所知，这种考核员工绩效的方式，不仅在一些中小型公司比较常见，有一些大型公司也会采取这种方式来管理关键岗位人才的绩效。我们曾服务过的一家多元化经营的大型民营集团公司，迄今采取的就是类似的绩效管理方式。

案例

质量部经理：2017年度经营目标责任书

一、岗位主要责任
1. 负责部署安排质量部工作，主持并审核部门周、月计划、总结汇报；
2. 根据产品或项目计划，对产品或项目质量进行监督、检查，开展产品或项目里程碑的检查工作；
3. 负责公司研发质量管理体系建设，完成质量工作制度、流程、规范监督实施执行；
4. 研究和学习同行业最新的测试技巧和工具，保证公司产品质量的最大化覆盖；
5. 负责部门队伍建设、测试技术提高，培养骨干员工；
6. 完成公司领导安排的其他工作。
二、年度任务
1. 组织部门人员按时保质完成各阶段项目、产品测试任务以及配置和质量保证任务；

续表

<table>
<tr><td colspan="2">2. 按照ISO9001、CMM3、公司研发和测试规范，监督完成各阶段开发、测试文档归集、存档工作；</td></tr>
<tr><td colspan="2">3. 负责改进测试手段，实现基础的自动化测试、手机app测试、引用压力测试；</td></tr>
<tr><td colspan="2">4. 培训提升全员技术水平，确保部门所有人员具备自动化脚本录制和编写能力。</td></tr>
<tr><td colspan="2">三、年度工资激励考核办法</td></tr>
<tr><td colspan="2">1. 基本工资、补贴：　　元/月，每月固定发放。</td></tr>
<tr><td colspan="2">2. 考核工资：　　元/月，考核发放办法为：</td></tr>
<tr><td colspan="2">（1）考核工资的50%作为月绩效工资，与部门管理工作挂钩，每月发放；考核办法如下：A=B*（C-0.5）/0.5*（Q-0.6）/0.4（注：A=当月可发放绩效工资；B=月绩效工资标准；C=部门工作计划得分率；Q=当月出勤率，出勤率计分规则同部门绩效考核办法）。
（2）另1000元与2个季度里程碑（编码和单元测试、测试通过）完成情况挂钩，季度发放；考核办法为：按季度内里程碑数量平均分配权重；里程碑计划完成延期，应提交延期报告，同时该权重项得分下浮20分；若因研发部或组内原因未按时完成，则该里程碑权重项下浮50分，拖期超过15日不得分。</td></tr>
<tr><td colspan="2">3. 年度绩效工资：全年共计　　元，按以下办法确定的年度考核项目及全年在岗时间挂钩考核并发放。无具体考核指标项目，则由经营班子综合评议打分考核。考核应发年度绩效工资于2018年春节前发放1/2，2018年6月末前发放余额。</td></tr>
<tr><td>（1）岗位职责履行考核（10%权重）</td><td>每月部门工作计划考核平均分*10%</td></tr>
<tr><td>（2）项目、产品开发进度考核（60%权重）</td><td>a. 根据质量部年内承担项目、产品开发任务的里程碑数量（集成测试、系统测试、验收发布）分配权重，按各产品考核得分加权平均计算；
b. 里程碑完成拖期，考核分下浮20%，因质量部内部原因拖期，下浮50%，拖期超过7日，不得分；
c. 某某ERP项目（人力系统：2017-06-27完成测试，薪酬系统：2017-06-30完成测试，移动办公：2017-06-30完成测试，预算管理：2017-04-30完成测试），软件交付现场时间以立项任务书为准，每延迟1周扣5分；
d. 某某产品2017-05-27完成测试，2017-05-31完成系统内部验收，其他配合工作完成时间以立项任务书为准，每延迟1周扣5分；
e. 其他维护性项目测试工作完成时间以及现场发包时间以问题解决时间计划（由项目参与部门共同讨论给出的时间计划）为准，每延迟1天扣2分。</td></tr>
<tr><td>（3）平台产品提升考核（20%）</td><td>参与并协助部门人员完成平台产品提升后的质量测试，分析测试结果给出建议，提升产品整体的应用性。</td></tr>
</table>

续表

（4）部门培训学习（10%权重）	a. 年度内部门培训不低于10次，每次时长为2小时或以上，人均培训时间全年不低于20小时，每少1次培训扣3分，人均不足16小时，扣3分； b. 年度内部门人员参加公司集体培训4次，每少1次扣2分； c. 部门培训效果将由行政人力资源部参与考核，分为5分。
4. 产品开发周期奖金	
2017年度个人兼任研发经理或承担研发任务的项目或产品的开发周期奖金按《2017年度研发部绩效考核与激励办法》执行。	
5. 项目研发激励考核	
领导2017年项目软件产品研发管理，按具体情况在各个项目激励考核办法中明确。	
6. 公司经营目标完成奖：额度　万元	
2017年公司软件产品销售任务　万元，完成　万元以上时按比例兑现。	
四、备注条款	
1. 任期内考核成绩较差或者根据工作需要，公司可予以岗位调整或免职，同时本责任书考核部分停止执行。 2. 责任人在绩效工资、奖金发放时点前离职，则剩余部分不再发放。 3. 本责任书亦作为责任人任职本岗位的聘任文件，期满未签署新的责任书时，责任人由公司安排转任其他岗位。	

总经理签字		经营责任承担人签字	

系统集成部经理2017年度经营目标责任书

一、岗位主要责任
1. 负责部署安排集成部工作，主持并审核部门周、月计划、总结汇报；
2. 制定项目实施计划并组织实施，负责项目技术、质量、进度、成本监督与控制；
3. 组织实施集成项目售前咨询、技术方案编制、售后服务工作；
4. 负责部门技术队伍建设、培养技术骨干；
5. 完成公司领导安排的其他工作。
二、年度任务
1. 按时保质、厉行节约完成本年度公司系统集成项目实施；
2. 完成集成项目售前支持和方案设计、售后服务；
3. 建设集成团队，培训提升团队技术能力。
三、年度工资激励考核办法
1. 月基本工资、补贴：　元/月，每月固定发放。
2. 月绩效工资：　元/月，考核发放办法为：
月绩效工资与部门管理工作挂钩，每月发放；考核办法如下：A=B*（C−0.5）/0.5*（Q−0.6）/0.4（注：A=当月可发放绩效工资；B=月绩效工资标准；C=部门工作计划得分率；Q=当月出勤率，出勤率计分规则同全员绩效考核办法管理部门）。

续表

<table>
<tr><td colspan="4">3. 年度绩效工资：全年共计　元，按以下办法确定的年度考核项目及全年在岗时间挂钩考核发放，无具体考核指标项目综合评议打分考核。在年内实施项目文档已全面归档的前提下，考核应发年度绩效工资于2018年春节前发放1/2，2018年6月末前发放余额。</td></tr>
<tr><td>（1）岗位职责履行考核（10%权重）</td><td colspan="3">每月部门工作计划考核平均分*10%</td></tr>
<tr><td>（2）项目实施进度考核（50%权重）</td><td colspan="3">a. 某某公司系统集成项目（重点建设项目）：包括数据中心建设子系统、调度大屏显示子系统、矿区网络建设、矿区地面安防监控子系统，完成时间2017年6月30日；
b. 各项目以立项任务书中明确的时间为考核依据，取“安装调试完成”和“项目验收”两个节点作为考核节点、各占50%考核权重；
c. 各项目任务完成拖期时，每延迟一周扣3分，因集成部组织安排、协调内外关系不力拖期，每延迟一周扣5分，拖期超过15日为0分。</td></tr>
<tr><td>（3）集成业务目标任务考核（30%权重）</td><td colspan="3">a. 年度系统集成项目目标任务为　万元，低于60%得0分、60%～70%得5分、71%～80%得10分、81%～90%得15分、90%及以上得20分；
b. 集成项目设备采购成本控制及供应商关系维护，该项由经营领导班子根据各项目实际情况核定得分。</td></tr>
<tr><td>（4）部门培训学习（10%权重）</td><td colspan="3">a. 年度内部门培训不低于10次，每次时长为2小时或以上，人均培训时间全年不低于20小时，每少1次培训扣3分，人均不足16小时，扣3分；
b. 年度内部门人员参加公司集体培训4次，每少1次扣2分；
c. 部门培训效果将由行政人力资源部参与考核，分为5分。</td></tr>
<tr><td colspan="4">4. 项目实施奖金</td></tr>
<tr><td colspan="4">2017年度个人直接负责的集成项目实施奖金按《2017年度集成部绩效考核与激励办法》执行。</td></tr>
<tr><td colspan="4">5. 公司经营目标完成奖：额度　万元</td></tr>
<tr><td colspan="4">2017年公司集成产品销售任务　万元，完成　万元以上时按比例兑现。</td></tr>
<tr><td colspan="4">四、备注条款</td></tr>
<tr><td colspan="4">1. 任期内考核成绩较差或者根据工作需要，公司可予以岗位调整或免职，同时本责任书考核部分停止执行。
2. 责任人在绩效工资、奖金发放时点前离职，则剩余部分不再发放。
3. 本责任书亦作为责任人任职本岗位的聘任文件，期满未签署新的责任书时，责任人由公司安排转任其他岗位。</td></tr>
<tr><td>总经理签字</td><td></td><td>经营责任承担人签字</td><td></td></tr>
</table>

实施部经理2017年度经营目标责任书

<table>
<tr><td colspan="2">一、岗位主要责任</td></tr>
<tr><td colspan="2">1. 负责部署安排实施部工作，主持并审核部门周、月计划、总结汇报；</td></tr>
<tr><td colspan="2">2. 组织编制项目实施计划并督促实施，负责项目技术、质量、进度、成本监督与控制；</td></tr>
<tr><td colspan="2">3. 组织实施售前咨询、技术方案编制、售后服务工作；</td></tr>
<tr><td colspan="2">4. 负责组织需求调研和相关需求文档提供；</td></tr>
<tr><td colspan="2">5. 负责部门技术队伍建设、培养技术骨干；</td></tr>
<tr><td colspan="2">6. 完成公司领导安排的其他工作。</td></tr>
<tr><td colspan="2">二、年度任务</td></tr>
<tr><td colspan="2">1. 按时保质完成本年度公司软件项目实施；</td></tr>
<tr><td colspan="2">2. 完成个人负责项目的监督、推进、考核、验收结项工作；</td></tr>
<tr><td colspan="2">3. 完成分配项目的监督、推进、考核、验收结项工作；</td></tr>
<tr><td colspan="2">4. 建设实施团队，培训提升团队技术能力。</td></tr>
<tr><td colspan="2">三、年度工资激励考核办法</td></tr>
<tr><td colspan="2">1. 月基本工资、补贴：　　元/月，每月固定发放。</td></tr>
<tr><td colspan="2">2. 月绩效工资：　　元/月，考核发放办法为：</td></tr>
<tr><td colspan="2">工资的20%作为月绩效工资，与部门管理工作挂钩，每月发放；考核办法如下：A=B*（C–0.5）/0.5*（Q–0.6）/0.4（注：A=当月可发放绩效工资；B=月绩效工资标准；C=部门工作计划得分率；Q=当月出勤率，出勤率计分规则同部门绩效考核办法）。</td></tr>
<tr><td colspan="2">3. 年度绩效工资：全年共计　　元，按以下办法确定的年度考核项目及全年在岗时间挂钩考核发放，无具体考核指标项目综合评议打分考核。在年内实施项目文档已全面归档的前提下，考核应发年度绩效工资于2018年春节前发放1/2，2018年6月末前发放余额。</td></tr>
<tr><td>（1）岗位职责履行考核（10%权重）</td><td>每月部门工作计划考核平均分*10%</td></tr>
<tr><td>（2）项目实施进度考核（60%权重）</td><td>a. 某某项目4月底完成验收并取得验收报告；
b. 某某运销项目，5月底完成验收并取得验收报告；
c. 某某项目，4月底完成系统上线（物资），6月底完成验收并取得验收报告；
d. 某某二期项目验收，6月底完成项目验收并取得验收报告；
e. 某某ERP项目，6月底完成各系统推广使用，9月底完成验收并取得验收报告；
f. 某某MES项目，4月底完成所有系统上线使用，6月底完成验收并取得验收报告；
g. 某某项目，根据立项确定的进度考核；
h. 新项目按立项任务书确定的时间考核，考核交付和验收两个节点；
i. 各项目每延期1 周扣3分。</td></tr>
</table>

续表

（3）项目实施综合情况考核（20%）	由行政人力资源部组织经营班子及相关部门进行综合打分考核。
（4）部门培训学习（10%权重）	a. 年度内部门培训不低于10次，每次时长为2小时或以上，人均培训时间全年不低于20小时，每少1次培训扣3分，人均不足16小时，扣3分； b. 年度内部门人员参加公司集体培训4次，每少1次扣2分； c. 部门培训效果将由行政人力资源部参与考核，分为5分。
4. 项目实施奖金	
2017年度个人直接负责的项目实施奖金按部门绩效考核与激励办法及项目考核办法执行。	
5. 公司经营目标完成奖：额度　　万元	
2017年公司软件产品销售任务　　万元，完成　　万元以上时按比例兑现。	
四、备注条款	
1. 任期内考核成绩较差或者根据工作需要，公司可予以岗位调整或免职，同时本责任书考核部分停止执行。 2. 责任人在绩效工资、奖金发放时点前离职，则剩余部分不再发放。 3. 本责任书亦作为责任人任职本岗位的聘任文件，期满未签署新的责任书时，责任人由公司安排转任其他岗位。	

总经理签字		经营责任承担人签字	

财务经理：2017年度经营目标责任书

一、岗位主要责任
1. 负责财务部的日常管理工作；
2. 负责公司财务日常核算，如实反映财务状况和经营成果；
3. 依法计算缴纳国家税收，及时向有关部门报送财务报表；
4. 严格执行国家相关会计制度规定，准确及时审核各类票据的合规合理；
5. 会同有关部门定期财产清查，及时清理债权债务，保证公司资产安全、完整；
6. 稽核评价公司财务内控制度的执行情况，及时提出合理整改建议；
7. 负责项目综合成本控制指标体系建设，分析掌握项目成本执行情况，降低资金风险；
8. 负责处理公司税务事项，加强与银行、税务、工商、管委会等相关部门的沟通协调；
9. 加强与金融机构的协作（如银行贷款、政府补贴等），拓宽融资渠道；
10. 完成公司领导安排的其他工作。
二、年度任务
1. 负责财务管理规划及资金使用计划的建议文稿拟定，及时向副总经理、总经理报备；
2. 负责拓宽对外融资渠道，合理补充公司资金流；
3. 负责制定部门年度、月度工作计划并分解，督促、指导完成；
4. 负责部门培训计划的制定及绩效考核的执行；

续表

<table>
<tr><td colspan="4">5. 负责各项费用的成本核算及成本控制，严格审核各类票据。</td></tr>
<tr><td colspan="4">三、年度工资激励考核办法</td></tr>
<tr><td colspan="4">1. 月基本工资：　元/月，每月固定发放。</td></tr>
<tr><td colspan="4">2. 月绩效工资：　元/月，考核发放办法为：</td></tr>
<tr><td colspan="4">月绩效工资与部门管理工作挂钩每月发放，考核办法如下：A=B*（C-0.5）/0.5*（Q-0.6）/0.4（注：A=当月可发放绩效工资；B=月绩效工资标准；C=部门工作计划得分率；Q=当月出勤率，出勤率计分规则同全员绩效考核办法管理部门）。</td></tr>
<tr><td colspan="4">3. 年度绩效工资：全年共计　元，按以下办法确定的年度考核项目及全年在岗时间挂钩考核发放，考核应发年度绩效工资于2018年春节前发放1/2，2018年6月末前发放余额。</td></tr>
<tr><td>（1）岗位职责履行考核（10%权重）</td><td colspan="3">每月部门工作计划考核平均分*10%</td></tr>
<tr><td>（2）财务管理工作考核（50%）</td><td colspan="3">审核票据要求准确及时，每出错一次扣5分；工资审核提交正确及时无误，每失误一次扣3分；每季度至少提供一次财务分析报告及资金使用计划并提供相关建议，一次未提供扣5分；每半年提供一次财务管理规划（税务方面），并以规划审批通过后的文件作为考核标准，该项得分由经营领导班子根据情况评分。</td></tr>
<tr><td>（3）项目申报（政府补贴及银行贷款）考核（30%）</td><td colspan="3">a. 2017年度融资计划为　万元（以到账为准）；
b. 2017年完成　万元贷款任务；
c. 以上任务考核：完成50%以内得5分，50%～60%得10分，61%～70%得15分，71%～80%得20分，81%～90%得25分，90%以上满分。</td></tr>
<tr><td>（5）培训（10%）</td><td colspan="3">a. 年度内部门培训不低于10次，每次时长为2小时或以上，人均培训时间全年不低于20小时，每少1次培训扣3分，人均不足16小时，扣3分；
b. 年度内部门人员参加公司集体培训4次，每少1次扣2分；
c. 部门培训效果将由行政人力资源部参与考核，分为5分。</td></tr>
<tr><td colspan="4">四、项目申报奖金</td></tr>
<tr><td colspan="4">项目申报奖金按公司《2017年项目申报激励办法》执行。</td></tr>
<tr><td colspan="4">五、备注条款</td></tr>
<tr><td colspan="4">1. 任期内考核成绩较差或者根据工作需要，公司可予以岗位调整或免职，同时本责任书考核部分停止执行。
2. 责任人在绩效工资、奖金发放时点前离职，则剩余部分不再发放。
3. 本责任书亦作为责任人任职本岗位的聘任文件，期满未签署新的责任书时，责任人由公司安排转任其他岗位。</td></tr>
<tr><td>总经理签字</td><td></td><td>经营责任承担人签字</td><td></td></tr>
</table>

案例点评

坦率地讲，在没有更好的绩效管理手段的情况下，上例中的绩效管理方式，可以认为是不错的绩效管理方案。

这类绩效管理方式显而易见的优点：

清晰地说明了岗位工作的主要责任；

清晰地定义了岗位工作者的年度主要工作任务；

清晰地给出了考核岗位工作者年度工作的核心指标和考核方法；

清晰地表明了岗位工作者的年度工资与考核结果挂钩的办法。

然而，有了上述四个方面的优点，并不意味着就会出现良好的绩效管理效果。这便涉及到这一绩效管理模式的不足了。这一绩效管理模式存在的问题主要表现在以下三个方面。

其一，当考核目标只是公司领导的想法（绝大多数公司老板都会为员工设置具有“挑战性”的绩效目标），而被考核对象只能被动地接受时，其管理效果不会明显。因为，在这种情况下，被考核对象会对绩效考核持一定程度的无所谓态度。他们很有可能并不提出反对意见，也有可能会努力完成考核目标，但却抱持的是“尽力而为，听天由命”的态度。显然，这并不是企业希望看到的。

其二，结果导向的绩效考核，并不能确保最大化地实现目标。我们可以设想一种不无极端的情况：如果一位员工在工作过程中，不遵守公司的文化和规章制度，或者在完成目标的名义下自以为是、我行我素，或者工作意愿和能力不足，他就将不可能达成目标。换言之，这种纯粹以结果为导向的绩效管理方式，其有效性的前提是，公司员工的能力素质较高，或公司的其他管理手段可以用于解决特定员工存在的能力素质不足的问题。

其三，不具有培养员工和促进管理改善的功能。这种绩效管理方式的有效性是建立在四个前提条件之上的：公司文化和管理制度是有效的，公司员工的能力素质是足够的，公司要求员工实现的业绩目标的设置是合理的，公司的运营模式、员工的工作模式、公司管理员工的方式均是相对完美、无需改变的。这四个方面中的任何一个方面存在问题，都意味着两点：要么目标难于实现，因而员工无法实现目标而导致其利益受损；要么由于担心考核会导致员工不满或背离，因而在执行过程中放宽考核尺度，或不将考核结果严格地与员工利益挂钩。

由于存在以上三个方面的问题，这种以"目标责任书"形式实行的绩效管理方式，在不少企业的应用效果并不好。比如，我们曾服务过一家江苏的民营集团公司客户，在我们帮其导入"3S绩效管理体系"之前，该公司一直采用的就是这种目标责任书式的绩效管理模式。由于该公司每年都要求其各事业部门经营团队的主管承诺完成具有挑战性的经营目标，而该公司的业绩在极大程度上受行业经济景气状况的影响（同样的人员和努力程度，有的年份效益很好，有的年份则会出现亏损），所以该公司各事业部门能否完成年度经营目标，在相当程度上要靠"运气"。在这种情况下，虽然该公司的绩效管理政策明确规定，将绩效考核结果与各事业部门管理团队的10%的年薪挂钩（每月扣发工资的10%），并视绩效目标完成情况决定各事业部管理团队的年终奖金。但在实际执行中的做法则是：没有完成目标，年终还是会将扣发的工资返还给大家，因为如果不这么做，就会挫伤有关事业部人员的工作积极性，这将对来年的经营管理不利。然而这样一来，"目标责任书"便只是一种形式，它只是老板决定怎么发放工资和年终奖金的有限的参考而已。

4. 一家中型公司的绩效管理案例

相比于一些小公司的绩效管理标准通常“只要结果，不要过程”，一些中型公司的绩效管理方案显然要更为正式和完整。但是，正式和完整的绩效管理并不意味着一定就是有效的。是否有效，既取决于绩效管理制度的执行本身，更取决于绩效管理之外的许多因素。

案例

大家接下来看到的案例，是位于广东惠州的一家年销售额约4亿元的电子公司的绩效管理制度的主体内容。该案例堪称“标准化、规范化”管理的代表，甚至可以说，它是KPI管理的典范之作。但这个案例是否有借鉴价值，值得大家认真思考和谨慎取舍。

一、KPI目标、绩效考核制定

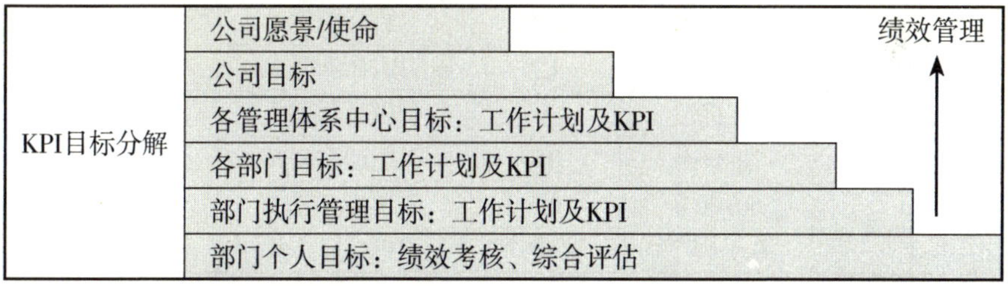

二、KPI考核方案

管理阶层	管理区分	考核区间	考核时间	成绩评估及整理
管理中心	经管中心、制造中心	按半年度考核一次	每年1月～6月，7月～12月	人力资源部
各部管理中心	部门副理、主管	按季度考核一次	次月10日评估上月成绩，每季度截止在次月15日前	人力资源部
各部管理执行	部门课长	按月考核一次	次月10日前完成对上月的评估成绩	人力资源部
各部个人绩效	间接职员	按月考核一次	次月10日前完成对上月的评估成绩	人力资源部

三、考核权重：（X代表实际值、M代表目标值）

考核管理区分	目标分解	考核核心	权重	系数（P）	计算公式	备注
管理中心	KPI绩效目标	1）工作能力	35%		G*（X/M*100%）	
		2）工作效率	35%			
	综合绩效目标	3）团队建设、管理	15%			
		4）上级评估	15%			
各部管理中心	KPI绩效目标	1）工作能力	35%		G*（X/M*100%）	
		2）工作效率	35%			
	综合绩效目标	3）团队建设、管理	15%			
		4）上级评估	15%			
各部管理执行	KPI绩效目标	1）工作能力	35%		G*（X/M*100%）	
		2）工作效率	35%			
	综合绩效目标	3）团队建设、管理	15%			
		4）上级评估	15%			
各部个人绩效	个人绩效目标	1）工作能力	40%		G*（X/M*100%）	
		2）工作效率	40%			
	综合绩效目标	3）上级评估	20%			

四、评分标准

等级划分	分数区间	系数	绩效评估	备注
A	90–100分	1.2	引用计算公式	升职/加薪
B	80–90分	1	引用计算公式	升职/加薪
C	70–80分	0.8	引用计算公式	约谈
D	60–70分	0.6	引用计算公式	降职/降薪
E	60分以下	0	引用计算公式	二次淘汰

五、表单附录

附录1　　业务部KPI绩效目标（不包含综合目标30%）

指标类型	序号	目标	主要管理	目标/标准	权重	数据来源	备注
KPI目标	1	业务销售目标达成率	部门对市场管理、跟进力度	3000万/月	10%	业务部、ERP	当月结单金额/当月预计结单金额*100%
	2	应收账款达成率	货款回收的管理和业绩	80%	10%	财务部、ERP	当月回款金额/当月应收金额*100%

续表

指标类型	序号	目标	主要管理	目标/标准	权重	数据来源	备 注
KPI目标	3	成品库存汇总周转率、周转天数	成品库存周转情况或变现速度	60%	10%	财务部 ERP	周转率=本期出货金额/（当初库存额+期末库存额）/2*100% 周转天数=当月天数/成品库存周转率
	4	订单交期准确率	对订单的交期追踪能力	80%	10%	业务部	（当期出货笔数-当期出货延误笔数）/当期应出货笔数*100%
管理目标	5	订单、资料错误/修改/变更金额比率	确保业务部门将客户订单需求正确传运到工厂计划中心、制造中心	90%	5%	ERP 财务部	（订单错误/修改变更金额）/（本年度预估销售金额/12）*100%
	6	客户档案完整率	部门的营销管理能力和表现	98%	4%	业务部	实际客户完整档案数/应建客户完整档案数*100%
	7	报价和样品处理效率	处理客户投诉的工作态度和工作效率及报价评估	98%	4%	业务部	当期已处理客户投诉次数/应处理客户投诉次数*100%
	8	客户满意度综合指数	用户对技术、产品质量、交货期、售后服务等方面的综合满意程度	80%	6%	业务部 品质部	客户满意度调查
	9	部门违纪次数	部门人员管理的状况，执行、协调各方面的管理程度	2次/月	3%	人力资源部，考勤系统	人事考勤处罚统计表
	10	部门培训计划完成率	部门业务能力提升，培训计划执行状况	90%	5%	人力资源部	实际完成培训时间/计划培训时间*100%
	11	出口货柜货物准确率	对物流传输，车辆调度的管理	1次/季度	3%	业务部 管理部	管理事项统计表

附录2　　工程部KPI绩效目标（不包含综合目标30%）

指标类型	序号	目标	主要管理	目标/标准	权重	数据来源	备注
KPI目标	1	申请立项通过率	研发中心产品立项质量情况	10个	8%	管理部	立项申请通过个数
	2	项目及时完成率（计划完成率）	项目及时完成情况	80%	10%	研发部	季度（预期完成项目个数/当期计划项目个数）*100%
	3	项目成功率		70%	8%	研发部	季度（完成项目个数/计划项目个数）*100%
	4	专利申请项数		5项	8%	管理部	每年度5项
管理目标	5	工艺改善、效率提高率		5%	3%	生管部	（当期标准工时平均值-上月标准工时平均值）/上月标准平均值*100%
	6	作业指导书完备率		95%	5%	文控中心工程部	实际作业指导书项/应备作业指导书项*100%
	7	治具完成率		100%	3%	工程部	当期完成治具数/当期应完成数*100%
	8	技术改进、跟踪、服务度		100%	3%	工程部管理部	工程改进综合评估表
	9	专案执行进度		80%	5%	工程部	当期实际达成专案数/当期计划完成专案数*100%
	10	BOM完成、资料准确率		100%	3%	工程部	错误资料导入次数/当期资料导入总数*100%
	11	产品重复试产次数比率		30%	3%	生管部工程部	当期重复试产总数/试产总数*100%
	12	送样一次直通率		90%	3%	业务部工程部	当期达成样品总数/当期计划达成样品数*100%
	13	专案错误再发生数		5%	2%	工程部管理部	错误再发生次数/专案总数*100（包含专案、样品数）
	14	EC执行及管控		0次/月	3%	业务部品质部	客户投诉次数（包含影响业务发生数）
	15	部门培训计划达成率		100%	3%	人力资源部	实际培训工时/计划培训工时*100%

附录3　　人力资源部KPI绩效目标（不包含综合目标30%）

指标类型	序号	目标	主要管理	目标/标准	权重	数据来源	备注
KPI目标	1	制度和流程的书面化比率	管理制度流程书面化	100%	8%	人力资源部 体系中心	已书面化的制度和流程/需要书面化的制度和流程*100%
	2	工资发放（人/次数）出错率	管理工资发放的准确性及工作责任	80%	6%	财务部 考勤系统	错误发放工资次数/发放的工资次数*100% 错误发放的人数/发放的人数*100%
	3	员工绩效考核的按时完成率	绩效考核的及时达成	100%	5%	人力资源部 财务部	按时完成的绩效考核数/绩效考核总数*100%
	4	招聘计划完成率	人员招聘的有效补充	90%	6%	管理部	每月招聘到岗人数/计划招聘人数*100%
	5	人员编制控制率	人员招聘计划	90%	5%	管理部	实际人数/计划编制人数*100%
	6	员工培训达成率	培训计划的实施	100%	5%	管理部 人力资源部	按时完成的培训数量/培训计划总量*100%
	7	员工流失率	员工	70%	5%	人力资源部	离职人数/平均人数*100%
	8	招聘及时率	特殊岗位招聘实际时间/计划招聘时间100%	70%	5%	人力资源部	特殊岗位招聘实际时间/计划招聘时间100%
管理目标	9	人事档案归档率	已归档的人事档案/应归档的人事档案*100%	100%	5%	人事课	已归档的人事档案/应归档的人事档案*100%
	10	企业文化内部认同度	公司内问卷调查统计	80%	5%	管理部	公司内问卷调查统计
	11	劳动纠纷发生率	实际处理次数/计划次数*100%	95%	5%	人力资源部	实际处理次数/计划次数*100%
	12	安全事故发生次数	企业安全保障的监督	95%	6%	厂务部	重大安全事故记录表
	13	行政后勤投诉次数	员工保障及关系处理	90%	4%	厂务部	员工关系处理记录表

附录4　　制造部KPI绩效目标（不包含综合目标30%）

指标类型	序号	目标	主要管理	目标/标准	权重	数据来源	备注
KPI目标	1	生产直通率	生产部门的生产水平和质量保证水平	95%	10%	制造部 品质部	1－（月不良产次量÷月产量）×100%
	2	生产效率	生产管理对人员、设备和制程的管理效率	95%	8%	制造部 生管部	实际达成产值/计划完成产值*100%或者生产效率＝Σ产成品核定工时÷Σ产成品投入工时×100%
	3	生产不良废弃率	生产管理对人员、设备和制程的管理在原料上产生的效益	1%	8%	制造部 ERP	ERP
	4	生产不良率	生产管理人员对现场管理改善的力度	1%	8%	品质部	月不良数/投入总数*100%
	5	工时达成率	现场管理人员对工时综合利用的有效性	98%	6%	生管部	实际达成总工时/计划完成工时*100%
	6	OQC检验合格率	检验现场品质是否达到产品出厂零缺陷客户满意零投诉的目标	95%	5%	品质部	当期检验合格批次/当期检验批次*100%
	7	订单按时完成率（入库）	生产部门从原料供应→生产调度→制程管理的综合效益	95%	5%	仓储部 生管部 交管	当期按时入库批次/当期应交批次*100%
管理目标	8	安全/质量事故发生次数	对现场设备操作，安全教育的管理是否执行	0起	6%	人力资源部	安全事故记录表
	9	培训计划实施达成率	员工教育实施是否有效进行	98%	4%	人力资源部、管理部	实际培训工时/计划培训工时*100%
	10	纪律管理错误发生次数	团队管理的有效性	0起	3%	管理部 人力资源部	考勤系统处罚记录表
	11	5S管理点检合格率	检点现场制定的是否标准化、习惯化	95%	4%	制造部 管理部 人力资源部	5S点检表，5S异常稽核统计表
	12	辅料成本控制	总体金额不可超标	95%	3%	财务部	盘点报表

附录5　　采购部KPI绩效目标（不包含综合目标30%）

指标类型	序号	目标	主要管理	目标/标准	权重	数据来源	备注
KPI目标	1	交期达成率	采购部对生产制造的支持度	99%	8%	生管部 采购部	当月生产采购总数量-延迟到货数量/当月生产采购总数量
	2	来料品质批次合格率	供应商交货质量	97%	6%	品质部	（当月采购总批数-不合格批数）/当月采购总批数
	3	平均采购周期	供应商产品备货及交付的角度考核供应商资源开发的工作质量，以减低采购风险	98%	6%	采购部	（各物料采购周期（天数）总和/物料总类总数量
	4	采购成本下降率	上季度末的入库采购价格为标准，以每月实际采购成本下降数量和当月采购总金额的比率，本指标反应对采购成本的控制程度（每季度5%）	97%	6%	财务部	当月采购成本下降总和/当月采购总金额*100%
	5	供应商开发合格率	部门业务管理，新供应商开发能力及成本管控	99%	5%	管理体系中心	新供应商评估表
	6	物料退货率	供应商品质管理指标	98%	5%	仓储部 财务部	当期退货总数/当期交纳*100%
管理目标	7	采购订单出错率	部门管理	100%	4%	管理部 ERP	订单错误次数/当期下单总数*100%
	8	库存金额	不可超过当月营业收入的70%	97%	4%	仓储部 ERP	ERP系统
	9	材料价格差异	控制和降低采购环节的成本费用	96%	4%	财务部	实际采购费用节省/计划采购费用*100%
	10	材料周转率	加速存货周转管理	98%	4%	财务部	主营业务成本/材料平均余额*100% 当期销售的生产成本/（期初库存+期末库存）/2

续表

指标类型	序号	目标	主要管理	目标/标准	权重	数据来源	备注
管理目标	11	滞存物料控制率	仓库原材滞存物料的管控	99%	4%	财务部	7天周期，滞存物料金额/滞存物料总额*100%
	12	采购错误次数	内部职责管理	99%	4%	ERP管理部	ERP改单次数统计
	13	优秀供应商比率	供应商质量有效管理	97%	4%	质量体系中心	供应商稽核考评表
	14	供应商档案资料完备率	供应商资料管理的完整性，确保采购目标的达成	98%	3%	文控中心	合格供应商管理表记其他资料
	15	培训计划达成率	内部人员能力提升管理	99%	3%	采购部人力资源部	实际培训工时/计划培训工时*100%

附录6　　PMC部KPI绩效目标（不包含综合目标30%）

指标类型	序号	目标	主要管理	目标/标准	权重	数据来源	备注
KPI目标	1	计划目标达成率/工时达成率	计划合理性和执行状况	98%	10%	PMC交管	月订单交期完成笔数/月订单应交笔数*100%
	2	订单交期准确率	对订单交期及时化管理能力和生产弹性管理的评估	96%	10%	交管中心	（月完成交付笔数-延误笔数）/月完成交付笔数*100%
	3	物料交期（跟进）达成率	物控对物料进度管理执行状况	98%	10%	PMC交管	（月应交进笔数-延误笔数）/月应交进笔数*100%
	4	物料及时供应率（委外）	为满足计划达成，物料交进的及时性	96%	8%	PMC交管	（生产物料及时供应数/生产物料需求总数）×100%
	5	委外盘点准确率	对协力厂商物料、成品管控的能力评估	98%	8%	财务	
	6	成品准时交付率	对成品及时的达成准时性进行管理	99%	8%	仓库业务	成品准时交付订单数/总订单数*100%

续表

指标类型	序号	目标	主要管理	目标/标准	权重	数据来源	备注
管理目标	7	交期回复准时率	对部门内部计划管理的有效评估	98%	6%	交管中心	
	8	条码、标签错误发生次数	内部管理综合评估	97%	6%	品质部	
	9	培训计划达成率	内部人员能力提升管理	99%	4%	人力资源部	实际完成培训时间/计划培训时间*100%

附录7　　仓储部KPI绩效目标（不包含综合目标30%）

指标类型	序号	目标	主要管理	目标或标准	权重	数据来源	备注
KPI目标	1	存货准确率	对仓库物料规范管理考核	97%	15%	财务部	（实地盘存制库存数额/永续盘存制库存数额）*100%
	2	盘点准确率	对盘点工作的评估以及物料的管理	99%	15%	财务部	实盘数/系统数*100%（有差异时）
	3	成品及时入库率	成品及时入库的管理	98%	10%	业务、仓库	
	4	发料延误次数	考核仓库对制造部服务水平	97%	10%	制造部物控课	
	5	数据及时录入率	数据的完整以及对数据信息的管理	97%	8%	业务部	
管理目标	6	5S管理合格率	仓库的综合管理	98%	6%	人力资源部	
	7	发料错误发生次数（含产品保护）	仓管人员工作态度	99%	6%	制造部ERP	

附录8　　品质部KPI绩效目标（不包含综合目标30%）

指标类型	序号	目标	主要管理	目标或标准	权重	数据来源	备注
KPI目标	1	质量体系外审通过率	公司质量体系的完备状况以及改善内容	80%	10%	质量体系中心、品质部	
	2	出厂产品合格率	对质量满足要求达成的管控评估	99.70%	10%	品质部业务部	

续表

指标类型	序号	目标	主要管理	目标或标准	权重	数据来源	备注
KPI目标	3	首件合格率	对原材、品质基准的合格率检查	98.00%	6%	品质部首件报表	
	3	产品质量问题重复出现的次数	综合质量管控的评估	1次	8%	业务部 品质部	
		上线物料进料误判率	考核进料检验的工作水平	5%	8%	制造部 ERP	
	4	出厂产品质量事故率	考核质量部门工作效能	95%	5%	业务部	
	5	产品退换货率（因产品质量问题）	考核某一时期质量管理的水平	98%	5%	业务部	
	6	仪器校验达成率	对设备标准进行管控	95%	5%	质量体系中心、品质部	本月实际校验的仪器件数/本月应校验仪器的总件数*100%
管理目标	7	重要客户满意度	对品质管理达成的评估	88%	5%	业务部	
	8	关键员工保有率	现场管理对员工关系处理	80%	3%	人力资源部	
	9	培训计划完成率	内部人员能力提升管理	90%	5%	人力资源部	实际完成培训时间/计划培训时间*100%

附录9　综合绩效指标（占30%权重）

考核项目	考核要素	考核要点	考核评级				直接上级评价	部门经理评价	总经理评价
			A	B	C	D			
态度指标	积极性	1. 是否积极地学习工作上所需要的知识 2. 对自己的工作是否有抵触情绪、严重程度如何 3. 是否主动承担一些额外任务 4. 是否经常提出新的思路和合理化建议	3	2	1	0			
	协作性	1. 是否主动协助上级、同时做好工作 2. 是否能保持与同事良好的合作关系	3	2	1	0			

续表

考核项目	考核要素	考核要点	考核评级				直接上级评价	部门经理评价	总经理评价
			A	B	C	D			
	责任性	1. 对工作失误是否往往逃避责任或辩解 2. 对上司是否有敷衍的现象	3	2	1	0			
	纪律性	1. 是否能遵守工作规则，标准以及其他规定 2. 是否能够保守公司的秘密与技术成果	3	2	1	0			
能力考核指标	知识学习力	1. 是否具备本职工作所必需的管理理论和知识 2. 能否快速吸收并掌握新的理论和方法	3	2	1	0			
	理解判断力	1. 能否准确理解上级的意图和指示，并在职权范围内作出行动，制定出相应的工作计划 2. 能否对工作中出现的问题，迅速把握其实质，随机应变，作出正确的判断与决定，进而适宜地予以处理	3	2	1	0			
	开拓创新力	1. 是否勤于思考，善于捕捉各种信息，不断提出新的工作方法 2. 能否创造性解决工作中的问题	3	2	1	0			
	协调交涉力	1. 能否清晰、正确表达自己的意图，说服对方，有效实现目标 2. 能否在上下级之间进行有效的口头或书面沟通 3. 在交涉过程中能否存异求同，避免冲突，减少摩擦	2	2	1	0			
	指导统帅力	1. 是否掌握下属的能力与性格，合理分配任务，组织、统一下属去实现目标 2. 能否为实现目标而积极指导下属工作 3. 能否与下属保持良好的关系	3	2	1	0			
	沟通协调服务	1. 能否站在公司立场上，选择有效的沟通方法，协调处理本部门与相关部门间的工作关系，正确解决工作中遇到的问题 2. 能否提供优质高效的服务	3	2	1	0			
	沟通督导指导	1. 能否经常与下属进行有效沟通 2. 能否根据下属的个性和能力合理分配工作，并给予及时必要指导 3. 是否关心下属自身发展，并经常提出改进要求或建议	3	2	1	0			
累计得分									

案例点评

首先有必要予以肯定，对于案例中这样规模的公司，如果缺少一套绩效管理体系，那一定是不可思议的：各部门、层级和岗位人员不知道自己的工作目标是什么，不知道要注意哪些重要工作任务/事项，公司无法对各部门、层级和岗位人员的工作进行评估，也就无法有效地激励员工们努力工作。这也是所有绩效管理制度赖以存在的基础。

其次，在我们看来，这个案例中KPI绩效目标项所设置的全部指标都是值得赞赏的，因为这个方向的若干指标的设置，充分表现出了绩效管理体系设计人员所花费的心思和所具有的管理经验，它们基本覆盖到了一家制造型企业各部门高效运营所涉及的全部关键方面。

然而，我们又不得不说，这一绩效管理体系表面上看来“规范而又工整”，但实际上依然存在众多的盲区。归纳起来，有以下四个方面的主要问题。

其一，将大量的工作意愿和工作能力的考核指标纳入到了考核体系，使得工作意愿、能力与工作结果之间，看似构成了逻辑关系，实则存在逻辑问题。正如我们在本书第2章中已经论述过的那样，一个人有良好的工作意愿和能力，并不必然会产生良好的工作结果，而良好的工作结果则可以证明其工作意愿和能力。

其二，采取分布式权重设置，将导致员工忽略企业关切的核心指标。由于将大量的工作意愿和能力方向的指标纳入到了考核体系，使得重要的结果考核指标的权重被分散，而次要的考核指标的权重分配又很低。这会导致两个后果：被考核对象要么可能忽略考核权重低的考核指标（反正公司也不至于给他打“0”分），要么可能对重要结果指标的关注度降低。

其三，许多考核指标的结果难于量化。比如“综合绩效指标”中的积极性、协作性、责任性、纪律性、知识学习力、理解判断力、开拓创新力、协调交涉力、指导统帅力、沟通协调服务等等，这些指标是很难量化的。难于量化，却又要考核，那么就不可避免地要打印象分、人情分；而打印象分、人情分的结果，便必然是导致分歧、争议和分配不公，其后果可想而知。

其四，很有可能会因之而制造出许多无谓的工作来。当企业考核了可考可不考，甚至是完全不需要考的指标时，它会牵引有关部门和岗位人员为实现目标，而去做很多相关工作，至于其所做的工作，是否对提高企业的质量、效率或降低成本有益，他们可能不会去关心。比如考核“培训计划完成率”，意味着相关部门和人员要制定出培训相关的计划，而所计划的培训对提高企业的质量、效率或降低成本究竟有多少实际价值呢？

在我们看来，如果该公司仅只考核员工的“KPI绩效目标”，而摈弃“综合绩效指标”项的全部指标，将依然可以取得相同的绩效管理效果，甚至于取得更佳的绩效管理效果。

第4章

绩效管理案例与理论评析（下）

- 一家大型集团公司的绩效管理案例
- KPI理论和方法的优缺点
- OKR理论和方法的优点与问题
- BSC在绩效管理中的应用问题

本章由两大部分的内容构成。首先，请读者了解一家民营集团公司的绩效管理体系，目的在于提示大家思考和理解一个现象：那些规模庞大的企业，往往在绩效管理方面会自觉不自觉地采取比较复杂而花哨的内容和形式，似乎只有这样，才能使自己显得与众不同、水平更高。难道大公司一定有必要这么做吗？

另一部分的内容，是对几大流行的绩效管理理论和方法进行必要的评析。迄今为止，比较流行的绩效管理理论和方法体系主要有KPI、OKR和BSC这三种。所有人都知道，这些绩效管理理论和方法均有某些优点，也各自存在一些问题，但它们究竟有哪些优点和问题，大家的意见可谓莫衷一是。为此，我们将给出自己的观点，目的不是为了盖棺定论，而仅仅是启发大家思考。

1. 一家大型集团公司的绩效管理案例

下面是一家能源行业的大型民营集团公司的绩效管理案例。这个案例代表了一部分大公司实施员工绩效管理的一般思维和水平。了解和分析这个案例，对进一步启示大家思考绩效管理所涉及的一般性和系统性问题，将是有所裨益的。

案例

本案例是国内一家知名管理咨询公司为华南地区一家民营集团公司制定的绩效管理体系。这一绩效管理体系可谓代价昂贵，因为这家民营企业为之花费了接近200万元。

第一章　总则

第一条　适用范围

A集团有限公司（以下简称集团）的所有员工均需参加考核。集团CEO、集团执行董事、集团副总裁由董事会授权人力资源政策委员会考核。

第二条　考核目的

员工考核的目的是通过客观评价员工的工作绩效，帮助员工提升自身工作水平，从而有效提升公司整体绩效。

第三条　考核原则

考核工作遵循以下原则：

（一）以提高员工绩效为导向；

（二）定性与定量考核相结合；

（三）公平、公正；

（四）多角度考核。

第四条　考核用途

考核结果的用途主要体现在以下几个方面：

（一）薪酬分配；

（二）职务升降；

（三）岗位调动；

（四）员工培训。

第二章　绩效考核框架

第五条　考核周期

考核分为季度考核和年度考核。其中季度考核于各季度结束后次月10日前完成；年度考核于每年春节前完成。

（1）集团CEO、集团执行董事、集团副总裁、下属业务公司领导班子进行年度考核。

（2）其他所有员工进行季度考核：集团本部及下属业务公司的人力资源管理部门按照季度，统计各部门和各类人员的考核成绩，并依据考核成绩开展相应的绩效工资分配计算和发放；集团本部各中心和下属业务公司根据自身业务开展和工作需要，可定期（每月或每周）收集内部各岗位的工作业绩数据、开展考核评定并进行内部的强制排序。

第六条　考核职责划分

（一）人力资源政策委员会职责

1. 负责对集团CEO、集团执行董事、集团副总裁的考核等级的综合评定；

2. 负责考核对象的界定和审批。

（二）CEO职责

1. 负责最终考核结果的审批；

2. 负责员工考核申诉的最终处理。

（三）人力资源管理中心、下属业务公司行政人事部/人力资源部职责

作为考核工作具体组织执行机构，主要负责：

1. 对各部门进行各项考核工作的培训与指导；

2. 对各部门考核过程进行监督与检查；

3. 汇总统计考核评分结果；

4. 协调、处理各级人员关于考核申诉的具体工作；

5. 对各部门季度、年度考核工作情况进行通报；

6. 对考核过程中不规范行为进行纠正、指导与处罚；

7. 为每位员工建立考核档案，作为奖金发放、工资调整、职务升降、岗位调动等的依据。

（四）各部门负责人的职责

1. 负责本部门考核工作的整体组织及监督管理；

2. 负责处理本部门关于考核工作的申诉；

3. 负责对本部门考核工作中不规范行为进行纠正和处罚；

4. 负责帮助本部门员工制定季度工作计划和考核标准；

5. 负责所属员工的考核评分；

6. 负责本部门员工考核等级的综合评定；

7. 负责所属员工的绩效面谈，并帮助员工制定改进计划。

第七条　考核维度

考核维度是对考核对象考核的不同角度与不同方面。包括绩效维度、能力维度、态度维度。

每一个考核维度由相应的测评指标组成，对不同的考核对象、不同考核期间采用不同的考核维度、不同的测评指标。

第八条　能力维度

能力维度主要考核通用能力，包括以下几类：

1. 人际交往能力；

2. 影响力；

3. 沟通能力；

4. 工作执行能力。

能力考核具体参见附件一《能力考核评定表》和附件二《能力考核评分表》。

第九条　态度维度

态度：指被考核人员对待工作的态度和工作作风。态度考核分以下几类进行考核：

1. 积极性；

2. 协作性；

3. 责任心；

4. 纪律性。

态度考核具体参见附件三《态度考核评定表》和附件四《态度考核评分表》。

第十条　绩效维度

绩效：指被考核人员通过努力所取得的工作成果，从任务绩效、周边绩效和管理绩效三个方面考核。

1. 管理绩效：

体现管理人员对部门工作管理的结果，包括工作任务管理和人员管理。具体参见附件五《管理绩效考核评定表》和附件六《管理绩效考核评分表》。

2. 周边绩效：体现对相关部门服务的结果。

周边绩效是指与周边行为有关的绩效。

具体参见附件七《周边绩效考核评定表》和附件八《周边绩效考核评分表》。

3. 任务绩效：体现本职工作任务完成的结果。

任务绩效是指KPI指标。在完成工作目标与任务的过程中所体现出的个人或部门的工作业绩。具体参见《A集团有限公司绩效考核指标库》。

任务绩效具体参见附件九《任务绩效考核评分表》。

第十一条　任务绩效指标库的建立和维护

企业可以基于业务和部门建立任务绩效指标库。每年企业根据战略发展调整、企业内外部环境变化，对任务绩效指标库进行更新和调整。

每个部门都有对应部门职责的任务绩效指标，具体岗位的绩效指标根据实际情况从本部门指标中去选取，具体参见《A集团有限公司绩效考核指标库》。

第十二条　考核指标设定

考核指标包括考核指标定义、考核指标评分标准。

一、考核指标的设定是一个从上到下详细分解的过程，管理者逐层接受考核指标，并根据下属的能力、岗位分工分解给下属。

二、期初考核人据公司战略、公司经营计划的要求和部门、岗位职责，提出对被考核人的考核指标及指标的评分标准，经双方共同讨论确定，报上一级主管领导审批后实施。

三、考核指标及评分标准的更改需经考核人与被考核人商定，并报上一级主管领导批准后，更改方可生效。

四、考核指标的确定及更改都要及时上报人力资源管理中心。

第十三条　考核指标权重

权重表示单个考核指标在指标体系中的相对重要程度，以及该指标由不同的考核人评价时的相对重要程度。不同考核对象的具体权重见季度考核和年度考核的相关内容。

集团CEO、集团执行董事、集团副总裁的任务绩效考核指标权重由集团人力资源政策委员会确定。其他人员的任务绩效考核指标权重都由考核人和被考核人双方讨论确定，并及时上报人力资源管理中心备案。

第十四条　考核记录

考核周期的期初，被考核人的考核维度、指标和权重由考核人向其说明并讨论相互认可。同时，考核人对被考核人的考核维度和指标充分了解，建立日常考核台账，将考核内容进行记录，作为考核打分的依据，在被考核人有疑义时作为原始凭证，以便考核申诉的处理。

第十五条　考核程序

各考核人对被考核人进行考核评分，并就考核结果与被考核人进行绩效面谈，并填写《绩效面谈表》（具体参见附件十九）。面谈结束后则按部门汇总最终考核结果和评分等级，填写《部门考核结果统计表》（具体参见附件十八），上报集团人力资源管理中心，人力资源管理中心将所有综合评定结果提交CEO审批，并将审批结果反馈到部门，由部门负责人将最终考核结果反馈给被考核人。

第十六条　考核评分

定量指标要根据指标的性质和考核用途，设定目标值，指标实际值和目标值对比，超出目标值按一定比例加分，低于目标值按一定比例减分。

定性指标分五个分值段来进行评分，具体对应关系参见表2-1。

表2-1 评分等级定义表

	超出目标	达到目标	接近目标	低于目标	远低于目标
等级	A	B	C	D	E
分值区间	100 ~ 90	89 ~ 80	79 ~ 70	69 ~ 60	59 ~ 0

个人最终考核成绩是由个人考核成绩和部门考核成绩加权得出。

（一）下属业务公司高管只进行年度考核，其中下属业务公司总经理其年度考核得分即为该公司得分。下属业务公司高管的年度考核最终成绩构成为：个人考核成绩权重占50%，部门考核权重占50%。

（二）中心/部门负责人的季度、年度任务绩效考核成绩即为部门考核成绩。中心/部门负责人的季度、年度最终考核成绩构成为：个人考核成绩权重占50%，部门考核权重占50%。

（三）除集团CEO、集团执行董事、集团副总裁、下属业务公司高管、中心/部门负责人以外的其他人员的季度、年度最终考核成绩构成为：个人考核成绩权重占70%，部门考核权重占30%。

第十七条 综合评定等级定义

（一）根据个人评分情况与比例限制综合评定个人等级。综合评定结果共分为五级，分别是A、B、C、D、E，具体定义参见表2-2。

（二）比例限制：在综合评定等级时，对于不同类型人员有等级比例限制。

表 2-2 综合评定等级定义表

等级	A	B	C	D	E
定义	实际表现显著超出预期计划/目标或岗位职责/分工要求，在计划/目标或岗位职责/分工要求所涉及的各个方面都取得特别出色的成绩	实际表现达到或部分超过预期计划/目标或岗位职责/分工要求，在计划/目标或岗位职责/分工要求所涉及的主要方面都取得比较出色的成绩	实际表现基本达到预期计划/目标或岗位职责/分工要求，无明显失误。	实际表现基本达到预期计划/目标或岗位职责/分工要求，在主要方面有明显不足或失误。	实际表现未达到预期计划/目标或岗位职责/分工要求，在很多方面失误或主要方面有重大失误。

第十八条　综合评定个人等级及对应的考核系数

（一）集团CEO、集团执行董事、集团副总裁、下属业务公司高管的个人考核得分直接根据表2-3确定个人考核系数

表2-3　　个人考核系数确定表

考核等级	A	B	C	D	E
分值区间	100～90	90～80	80～70	70～60	60以下
考核系数	1.2	1	0.8	0.6	0.4

（二）集团各中心、下属业务公司各部门负责人的等级评定

通过加权计算中心/部门负责人的绩效考核指标得分与其他考核维度得分，得到个人综合得分，由集团/下属业务公司高管评定考核等级，并根据表2-3确定个人考核系数。集团/下属业务公司高管根据当年公司总体经营状况确定A、B、C、D和E的比例，但不能突破以下比例限制，具体限制比例参见表2-4：

表2-4　　季度考评综合评定和年度绩效评定等级比例限制表

人员类别	等级比例限制					评定人
	A	B	C	D	E	
中心/部门负责人	<20%			>20%		集团/下属业务公司高管

（三）其他人员的定级评定

对除以上两类人员以外的其他人员，由中心/下属业务公司部门负责人评定考核等级，并根据表2-3确定个人考核系数。中心/下属业务公司部门负责人根据公司规定确定A、B、C、D和E的比例，但不能突破以下比例限制，具体限制比例参见表2-5：

表2-5　　季度考评综合评定和年度绩效评定等级比例限制表

人员类别	等级比例限制					评定人
	A	B	C	D	E	
其他人员	<20%			>20%		中心/下属业务公司部门负责人

（四）对于人数少于5人的部门，原则上A、E类分布人数不超过1，如达不到要求，则为0。

（五）除集团CEO、集团执行董事、集团副总裁外所有人员的考核等级评定均由人力资源管理中心汇总后报集团CEO批准后实施。

第十九条　中心/部门考核

中心/部门季度考核原则上不单独设立指标进行，中心/部门负责人个人季度业绩指标加上否决性指标即为中心/部门的季度业绩指标。

业绩合同是集团对集团CEO、集团执行董事、集团副总裁、中心/部门负责人考核的基础性文件，是以契约的形式对目标所订立的正式书面协议。

年初，集团根据已制定的经营计划，确定各中心负责人的业绩目标和考核指标，下属业务公司确定部门负责人的业绩目标和考核指标。

集团董事长与集团CEO、执行董事、副总裁签订业绩合同。集团CEO与中心负责人签订业绩合同，下属业务公司总经理与部门负责人签订业绩合同。

业绩合同具体参见附件十《业绩合同》。

第三章　季度考核

第二十条　季度考核范围

季度考核对象为集团内部除集团CEO、集团执行董事、集团副总裁、下属业务公司高管以外所有人员。分为个人考核和中心/部门考核两种情况。

第二十一条 季度考核维度与权重

表 3-1 季度考核维度与权重表

被考核人	考核维度	考核权重	考核人
中心/部门负责人	任务绩效	70%	集团/下属业务公司高管
	管理绩效	10%	集团/下属业务公司高管
	周边绩效	5%	同级
	能力绩效	5%	集团/下属业务公司高管
	态度绩效	10%	集团/下属业务公司高管
其他人员	任务绩效	70%	上级
	能力绩效	10%	上级
	态度绩效	20%	上级

第二十二条 季度考核流程

季度考核流程包括以下几个步骤：

（一）启动考核：人力资源管理部门在季度初启动考核工作。上季度的考核评定和下季度的考核指标确定一起启动。

（二）任务绩效指标的确定

在季初五日以内，员工上级根据本部门季度计划和员工的岗位职责，就本季度主要工作任务、考核标准、指标权重等项内容与被考核人面谈，共同讨论填写《绩效考核上级评分表》中任务绩效部分，确定各项工作目标值，在任务绩效指标的总体权重范围内确定各个指标的权重，并报上一级主管领导审批，同时上报人力资源管理中心备案。确定后双方各持一份，作为本季度的工作指导和考核依据。任务绩效指标可以从《A集团有限公司绩效考核指标库》中选择3~5个指标，也可以根据实际工作内容拟定新的考核指标。

（三）绩效评价

1. 上级就工作绩效与被考核人面谈，确定上季度任务目标完成情况，同时讨论确定下一季度目标、计划。

2. 上级对被考核人对上季度的工作进行评价，并在《季度考核评分表》（具体参见附件十二至附件十三）中进行评分。

3. 对于需要同级评价的人员，由人力资源部门组织相应同级考核人提出评价意见，参照《周边绩效考核评定表》，在《周边绩效考核评分表》中进行评分。（具体参见附件七和附件八）

4. 各部门统计本部门得分，部门负责人根据下属得分和部门比例限制确定被考核人的综合评定等级，报人力资源管理中心。（各部门可以根据自身的业务需要每月或每周开展对部门内各岗位和员工的考核，形成原始考核信息，每季度各部门汇总形成各岗位每季度的考核成绩，同时根据比例规定得出季度考核等级结果，上报人力资源管理部门，人力资源管理部门每季度汇总各部门的综合评定等级记录，作为绩效工资的发放依据）。

5. 中心/部门负责人的季度业绩指标与否决性指标得分加权则为中心/部门季度绩效成绩。

（四）审批

人力资源管理中心汇总所有考核结果后报集团CEO审批。

第二十三条　季度考核结果的用途

季度考核结果直接影响该季度的绩效工资，具体影响见《A集团有限公司薪酬管理制度》。

第四章　年度考核

第二十四条　年度考核范围

年度考核适用于所有的人，分为个人考核和中心/部门考核两种情况。

（一）集团CEO、集团执行董事、集团副总裁由董事会授权人力资源政策委员会进行考核，参考业绩合同进行评定。

（二）除集团CEO、集团执行董事、集团副总裁外的其他人年度考核：主要是对员工本年度的工作业绩、工作能力和工作态度进行全面综合考核。对不同的人从任务绩效维度、管理绩效维度、周边绩效维度、能力绩效维度、态度绩效维度等不同纬度进行考核。具体见表3-2。

（三）对新入职员工、在企业全年工作时间不足六个月或有其他特殊原因的员工，经人力资源政策委员会批准可以不参加年度考核，考核结果视为C。

（四）对于因业务发展需要，调动岗位的员工，考核由工作前后的两个部门联合考核，并参与新岗位的考核排序。

（五）中心/部门年度考核：反映中心/部门整体对于企业的贡献。部门成绩即为中心/部门负责人个人年度业绩指标加上否决性指标即为中心/部门的年度业绩指标。

第二十五条 年度考核维度与权重

表3-2 年度考核维度与权重表

被考核人	考核维度	考核权重	考核人
集团CEO、集团执行董事、集团副总裁	任务绩效	80%	人力资源政策委员会
	管理绩效	5%	人力资源政策委员会
	能力绩效	5%	人力资源政策委员会
	态度绩效	10%	人力资源政策委员会
下属业务公司高管	任务绩效	80%	集团CEO、集团执行董事、集团副总裁
	管理绩效	5%	集团CEO、集团执行董事、集团副总裁
	能力绩效	5%	集团CEO、集团执行董事、集团副总裁
	态度绩效	10%	集团CEO、集团执行董事、集团副总裁
中心/部门负责人	任务绩效	70%	集团/下属业务公司高管
	管理绩效	10%	集团/下属业务公司高管
	周边绩效	5%	同级
	能力绩效	5%	集团/下属业务公司高管
	态度绩效	10%	集团/下属业务公司高管
其他人员	任务绩效	70%	上级
	能力绩效	10%	上级
	态度绩效	20%	上级

第二十六条 年度考核流程

年度考核流程分为以下几个步骤：

年度考核和第四季度考核一起进行。

（一）参加年度考核的所有员工，由其直接上级及其他相关人员在每年第四季度结束开始对《年度考核评分表》（具体参见附件十四至附件十七）中有关项目评价评分。

（二）中心/部门负责人的年度业绩指标与否决性指标得分加权则为中心/部门年度绩效成绩。

（三）年度考核评定于春节前完成，并将结果汇总到人力资源管理中心。

（四）人力资源管理中心将考核结果报CEO批准。

第二十七条　年度考核结果的用途

个人年度考核结果主要作为职务升降、工资等级升降、年终奖金发放、培训等工作的依据。

依据考核结果的不同，企业对每个员工给予不同的处理，一般有以下几类：

（一）职务升降。年度考核为"A"的员工，优先列为职务晋升对象。年度考核为"E"的员工原则上可视情况给予调岗、降级或辞退处理。

（二）工资升降。当年考核结果为"A"或连续两年内考核结果为"B"者，可优先考虑作为年度调薪对象；当年考核结果为"E"或连续两年考核结果为"D"者，原则上可视情况下调一级工资。

（三）年度奖金分配。在年度奖金分配时不同的考核结果对应不同的考核系数。

（四）对于考核结果为"D"和"E"的员工，应该安排相关培训，以提高其对本岗位的匹配性。

以上考核结果的应用，视情况可单条应用也可搭配应用。

第五章　考核流程、申诉流程及处理

第二十八条　申诉受理机构

被考核人如对考核结果不清楚或者持有异议，可以采取书面形式向人力资源管理中心申诉。CEO负责员工考核申诉的最终处理。人力资源管理中心作为执行机构负责一般申诉的协调和处理。

第二十九条 提交申诉

员工以书面形式向人力资源管理中心提交申诉书。申诉书内容包括：申诉人姓名、部门、申诉事项、申诉理由。

第三十条 申诉受理

（一）人力资源管理中心接到员工申诉后，应在三个工作日做出是否受理的答复。对于申诉事项无客观事实依据，仅凭主观臆断的申诉不予受理。

（二）受理的申诉事件，首先由人力资源管理中心对员工申诉内容进行调查，然后与员工所在部门负责人进行协调、沟通。不能协调的，人力资源管理中心汇总后上报CEO处理。

（三）申诉处理答复：人力资源管理中心应在十五个工作日内明确答复申诉人。

第六章 附则

第三十一条

考核过程文件（考核评分表、统计表）严格保密，考核结果只反馈到个人，不予公布。

第三十二条

本制度由人力资源管理中心制定并负责解释。

第三十三条

本制度实施后，原有类似规章制度自行终止，与本制度有抵触的规定一律以本制度为准。

第三十四条

本制度自颁布之日起实施。

附件一 **能力考核评定表**

程度	超出目标	达到目标	接近目标	低于目标	远低于目标
等级	A	B	C	D	E
分值	100 ~ 90	89 ~ 80	79 ~ 70	69 ~ 60	59 ~ 0
人际交往能力					
	A	B	C	D	E
关系建立	非常善于与人人建立可信赖的积极发展的长期关系	比较容易与他人建立可信赖的积极发展的长期关系	能够与他人建立可信赖的长期关系	较为自我，不易与他人建立长期关系	刚愎自用，不易与他人相处，自我封闭
	A	B	C	D	E
团队合作	非常善于与他人合作共事，相互支持，充分发挥各自的优势，保持良好的团队工作氛围	比较善于与他人合作共事，相互支持，能够发挥各自的优势，保持良好的团队工作氛围	能够与他人合作共事，相互支持，保证团队任务的完成	团队合作精神不强，对工作有影响	不能与他人很好合作，独断专行
	A	B	C	D	E
解决矛盾	能够巧妙和建设性地解决不同矛盾	能够建设性地解决不同矛盾	能够解决已发生的矛盾，不致对工作产生大的负面影响	解决矛盾手法生硬，影响工作顺利进行	遇到矛盾不知如何解决
	A	B	C	D	E
敏感性	十分关注他人的感受，善于感知他人的想法，体谅他人，善于领会他人的请求，并付之于适当的言行	对他人较关心，容易感知别人的想法，体谅他人，善于领会他人的请求	能关心他人，体谅他人，领会他人的请求，有时帮助想办法解决	有时能关心他人，体会他人的苦衷	不太关心他人，对他人的需求毫无感觉
影响力					
	A	B	C	D	E
团队发展	非常善于与他人沟通，积极促进团队协作，在团队中是自然的核心人物，并能引导团队达到组织目标	易于与他人沟通，积极促进团队协作，能帮助团队达到组织目标	能够根据公司要求努力促进团队的协作和沟通，使工作顺利开展	尚能与他人合作，但协调不善，影响工作	无法与人协调

续表

说服力	A	B	C	D	E
	善于表述自己的主张、论点及理由，非常善于说服他人接受某一看法与意见	能够表述自己的主张、论点及理由，比较容易的说服他人接受某看法与意见	能说服下级、同事、上级接受某一看法与意见	说服别人比较困难	无法说服别人，或咄咄逼人，或逃避退让
应变能力	A	B	C	D	E
	待人处世很灵活，善于审时度势，很容易适应岗位、职位或管理的变化所带来的冲击，并能顺应其变化很快适应环境，取得主动	待人处世很灵活，能够审时度势，较容易适应岗位、职位或管理的变化所带来的冲击，并能顺应其变化很快适应环境	待人处世较灵活，能够根据公司要求，认可公司变化所带来的冲击，并能顺利地完成转变	对公司的变化或角色的转变不太适应，工作开展有困难	待人处世刻板，适应性差
影响能力	A	B	C	D	E
	非常善于积极影响他人的思维方式和努力方向	能积极影响他人的思维方式和努力方向	能以自己积极的言行带领大家努力工作	有时能影响他人	对他人几乎无影响力
沟通能力					
口头沟通	A	B	C	D	E
	简明扼要，具有出色的谈话技巧，能够充分表达自己，易于理解	简明扼要，具有很好的谈话技巧，易于理解	抓住要点，表达意图，陈述意见，不太需要重复说明	语言欠清晰，但尚能表达意图，有时需反复解释	含糊其词，意图不明
倾听	A	B	C	D	E
	非常善于倾听，能够很快抓住对方意思的核心意思	能够很好地倾听别人的倾诉，很快明白倾诉人的想法和要求	能够注意倾听，力求明白	能够倾听，有时一知半解	不注意倾听，常常不知对方所云
书面沟通	A	B	C	D	E
	表达清晰、简洁到位，易于理解，无可挑剔	表达清楚，易于理解	几乎不需修改补充，比较准确的表达意见	文章不够通顺，但尚能表达清楚主要意图	文理不通，意图不清，需作大修改

续表

工作执行能力					
	A	B	C	D	E
准确性	能够按照计划严格执行，并确保在每个细节上几乎很少有差错	能够按照计划严格执行，并确保在每个细节上减少差错	能按照计划执行，比较注意细节，偶有差错发生并能迅速改正	能大致按计划执行，不太注意细节，偶有差错发生	工作无计划，随意，常出差错
	A	B	C	D	E
效率	时间和资源的利用达到最佳，工作效率高，完成任务速度快，质量高，效益好	较充分利用时间和资源，工作效率较高，完成任务速度较快，质量高	工作效率尚可，能分清主次，能够按时完成工作，基本保证质量	工作效率较低，需要别人帮助才能完成任务	工作不分主次、效率低，经常完不成任务
	A	B	C	D	E
计划和组织	具有极强的制定计划的能力，能自如的指挥调度下属，通过有效的计划提高工作效率，以最佳的结果为目的	具有很强的制定计划的能力，能很好地指挥调度下属，通过有效的计划提高工作效率	能根据公司的要求，制定相应程序和计划，在权限范围内配置资源，明确目标和方针，以及确保供应的保障	制定计划和组织实施有难度，需要别人帮助方能进行	做事无计划，缺乏组织能力

能力评定表——各职系能力评定表

能力	管理类职系	业务类职系	专业类职系	综合类职系
人际交往能力	建立关系、团队合作、解决矛盾、敏感性	建立关系、团队合作、解决矛盾、敏感性	团队合作、解决矛盾	建立关系、团队合作、解决矛盾
影响力	团队发展、说服力、应变能力、影响能力	团队发展、说服力、应变能力、影响能力	影响能力	影响能力
沟通能力	口头沟通、倾听、书面沟通	口头沟通、倾听、书面沟通	倾听、书面沟通	口头沟通、倾听
工作执行能力	准确性、效率、计划和组织	准确性、效率、计划和组织	准确性、效率	准确性、效率

附件二　　　　　　　　　　能力考核评分表

考核期间：　年　月　至　年　月

<table>
<tr><td>被考核人姓名</td><td></td><td>部门</td><td colspan="2"></td><td>岗位</td><td colspan="2"></td></tr>
<tr><td rowspan="6">能力</td><td rowspan="2">指标</td><td rowspan="2">权重</td><td colspan="5">评价</td></tr>
<tr><td>A</td><td>B</td><td>C</td><td>D</td><td>E</td></tr>
<tr><td>人际交往能力</td><td>25%</td><td></td><td></td><td></td><td></td><td></td></tr>
<tr><td>影响力</td><td>25%</td><td></td><td></td><td></td><td></td><td></td></tr>
<tr><td>沟通能力</td><td>25%</td><td></td><td></td><td></td><td></td><td></td></tr>
<tr><td>工作执行能力</td><td>25%</td><td></td><td></td><td></td><td></td><td></td></tr>
<tr><td colspan="2">综合评分</td><td colspan="6"></td></tr>
<tr><td>考核人</td><td colspan="7">签字：
年　月　日</td></tr>
</table>

附件三　态度考核评定表

<table>
<tr><td rowspan="2">评价等级</td><td>A</td><td>B</td><td>C</td><td>D</td><td>E</td></tr>
<tr><td>超出目标</td><td>达到目标</td><td>接近目标</td><td>低于目标</td><td>远低于目标</td></tr>
<tr><td>分值</td><td>100～90</td><td>89～80</td><td>79～70</td><td>69～60</td><td>59～0</td></tr>
<tr><td>积极性</td><td>长期坚持学习业务知识；对于额外任务能主动请求并且能高质量完成；工作中善于发现问题，并经常提出新思路和建议</td><td>积极学习业务知识；主动承担一般的额外任务；工作中遇到问题，能够较多提出新的思路和建议</td><td>主动学习业务知识；主动承担工作任务；工作中能够提出新的思路和建议</td><td>偶尔主动学习业务知识；有时主动完成一般额外任务；有时能提出个别的新思路和建议</td><td>基本上不主动学习业务知识；很少主动请求承担额外任务；不能提出新思路和建议</td></tr>
<tr><td>协作性</td><td>主动协助同事出色地完成工作</td><td>能够与同事保持较好的合作关系，协助完成工作</td><td>能够与同事保持协调的合作关系</td><td>根据同事的请求能够提供一般协助</td><td>不能积极响应同事的请求或者协作任务的完成质量较差</td></tr>
</table>

续表

评价等级	A	B	C	D	E
	超出目标	达到目标	接近目标	低于目标	远低于目标
分值	100～90	89～80	79～70	69～60	59～0
责任心	忠诚于企业，用实际行动践行企业文化；用实际行动维护企业的利益和形象，对损害企业利益和形象的行为能够及时汇报或制止；本职工作任务超额完成；自己的业务能力和水平得到很大幅度的提升；得到团队成员的一致认可	忠诚于企业，认同企业文化；主动维护企业的利益和形象；圆满完成本职工作任务；自己的业务能力和水平得到较大的提升；得到团队成员的认可	忠诚于企业，认同企业文化；能维护企业的利益和形象；能做好自己的本职工作；自己的业务能力和水平基本达到公司的提升要求；基本能和团队行动步调一致	忠诚于企业，能够遵守企业文化的要求；不做损害企业的利益和形象的事情，但对损害行为没有及时汇报或制止；对做好自己的本职工作比较吃力；业务能力和水平达不到公司的提升要求；经常和团队行动步调不一致	经常有对企业文化不认同的言行，但又不通过正常途径反映和表达自己的意见；有损害企业的利益和形象的言行；不能做好自己的本职工作；不主动提高自己的业务能力和水平；和团队成员矛盾重重
纪律性	能够长期严格遵守工作规定与标准，有非常强的自觉性和纪律性	能够遵守工作的规定和标准，有较强的自觉性和纪律性	能够遵守工作的规定和标准，有一定的自觉性和纪律性	基本能够遵守工作规定和标准，基本能够遵守纪律，但有时出现自我要求不严的情况	不能遵守工作规定和标准，经常发生违规情况，自觉性和纪律性差

附件四　　**态度考核评分表**

考核期间：　年　月　至　年　月

<table>
<tr><td>被考核人姓名</td><td></td><td>部门</td><td colspan="2"></td><td>岗位</td><td colspan="2"></td></tr>
<tr><td rowspan="6">态度</td><td rowspan="2">指标</td><td rowspan="2">权重</td><td colspan="5">评价</td></tr>
<tr><td>A</td><td>B</td><td>C</td><td>D</td><td>E</td></tr>
<tr><td>积极性</td><td>20%</td><td></td><td></td><td></td><td></td><td></td></tr>
<tr><td>协作性</td><td>20%</td><td></td><td></td><td></td><td></td><td></td></tr>
<tr><td>责任心</td><td>20%</td><td></td><td></td><td></td><td></td><td></td></tr>
<tr><td>纪律性</td><td>20%</td><td></td><td></td><td></td><td></td><td></td></tr>
<tr><td colspan="3">综合评分</td><td colspan="5"></td></tr>
<tr><td>考核人</td><td colspan="7">签字：
年　月　日</td></tr>
</table>

附件五　　　　　　　　管理绩效考核评定表

指标项	超出目标	达到目标	接近目标	低于目标	远低于目标
等级	A	B	C	D	E
分值区间	100～90	89～80	79～70	69～60	59～0
工作任务管理	工作安排非常合理，全部工作完成非常出色，远超出对其的要求	工作安排合理，全部工作优质完成	工作安排基本合理，绝大部分工作按时完成	工作安排不够合理，工作没有完全完成	工作安排非常不合理，工作完成很差
人员管理	下属人员的工作与其能力非常匹配，非常善于调动下属人员的积极性，对下属人员的评价、奖惩十分合理，下属人员认同率非常高	下属人员的工作与其能力比较匹配，善于调动下属人员的积极性，对下属人员的评价、奖惩合理，下属人员评价较高	下属人员的工作与其能力基本匹配，有意识调动下属人员的积极性，效果一般，对下属人员的评价、奖惩较为合理	部分下属人员的工作与其能力不匹配，有时不能调动下属人员的积极性，对下属人员的评价、奖惩偶尔有不合理之处	很多下属人员的工作与其能力不匹配，基本不能调动下属人员的积极性，对下属人员的评价、奖惩很不合理

附件六　　　　　　　　管理绩效考核评分表

考核期间：　年　月　至　年　月

被考核人姓名		部门			岗位		
管理绩效	指标	权重	评价				
			A	B	C	D	E
	工作任务管理	50%					
	人员管理	50%					
综合评分							
考核人	签字： 年　月　日						

附件七 **周边绩效考核评定表**

程度	超出目标	达到目标	接近目标	低于目标	远低于目标
等级	A	B	C	D	E
分值	100～90	89～80	79～70	69～60	59～0
主动性	A	B	C	D	E
	经常主动去其他部门询问，是否有工作协作需要	有时去其他部门询问，是否有工作协作需要	很少去其他部门询问，是否有工作协作需要	几乎不去其他部门询问，是否有工作协作需要	从来不去其他部门询问，是否有工作协作需要
响应时间	A	B	C	D	E
	其他部门/人员提出合理工作协助要求时，每次及时响应	其他部门/人员提出合理工作协助要求时，多数及时响应	其他部门/人员提出合理工作协助要求时，部分及时响应	其他部门/人员提出合理工作协助要求时，少数及时响应	其他部门/人员提出合理工作协助要求时，从不及时响应
解决问题时间	A	B	C	D	E
	尽快协助，解决问题远低于预期时间	尽快协助，解决问题在预期时间内	尽快协助，解决问题部分超出预期时间	尽快协助，解决问题超出预期时间	对于需协助解决的问题根本不处理
信息反馈及时	A	B	C	D	E
	协助工作完成后，每次都及时将完成情况反馈到要求协助部门/人员	协助工作完成后，多数能及时将完成情况反馈到要求协助部门/人员	协助工作完成后，部分时候能及时将完成情况反馈到要求协助部门/人员	协助工作完成后，偶尔能及时将完成情况反馈到要求协助部门/人员	协助工作完成后，从来没有及时将完成情况反馈到要求协助部门/人员
服务质量	A	B	C	D	E
	其他部门对协助工作结果非常满意	其他部门对协助工作结果比较满意	其他部门对协助工作结果满意度不高	其他部门对协助工作结果不太满意	其他部门对协助工作结果很不满意

附件八

周边绩效考核评分表

考核期间： 年 月 至 年 月

被考核人姓名				被考核人部门										岗位														
	序号	指标	权重	部门一					部门二					部门三					部门四					部门五				
				A	B	C	D	E	A	B	C	D	E	A	B	C	D	E	A	B	C	D	E	A	B	C	D	E
周边绩效	1	主动性	20%																									
	2	响应时间	20%																									
	3	解决问题时间	20%																									
	4	信息反馈及时	20%																									
	5	服务质量	20%																									
各部门得分																												
平均得分																												
考核人签字																												
签字时间																												

备注：具体部门可根据实际情况，将相关部门填入即可。如果超过5个部门，可适当扩充表格。

附件九　　　　　　任务绩效考核评分表

考核期间：　年　月　至　年　月

被考核人姓名		部门		岗位	
关键业绩指标（KPI）	指标	目标值	权重	评分标准	得分
	指标1		%		
	指标2		%		
	指标3		%		
	指标4		%		
	…		…		
	指标n		%		
综合评分					
考核人	签字： 年　月　日				

附件十　　　　　　业绩合同

受约人姓名		部门			职务		
发约人姓名		职务			起止时间		
关键考核指标	指标名称	权重	评分标准	目标值	完成情况	得分	备注
	指标1						
	指标2						
	………						
	指标n						
否决性指标					是否合格		
签字	受约人：		发约人：			时间：	

附件十一　　　　　　　月度考核评分表

考核期间：　年　月　至　年　月

<table>
<tr><td>被考核人姓名</td><td></td><td>部门</td><td></td><td>岗位</td><td></td></tr>
<tr><td>考核项</td><td>指标</td><td colspan="2">权重</td><td>得分</td><td>加权得分</td></tr>
<tr><td rowspan="8">任务绩效</td><td>1</td><td></td><td rowspan="7">70%</td><td></td><td></td></tr>
<tr><td>2</td><td></td><td></td><td></td></tr>
<tr><td>3</td><td></td><td></td><td></td></tr>
<tr><td>4</td><td></td><td></td><td></td></tr>
<tr><td>5</td><td></td><td></td><td></td></tr>
<tr><td>…</td><td></td><td></td><td></td></tr>
<tr><td>n</td><td></td><td></td><td></td></tr>
<tr><td>加权合计</td><td colspan="4"></td></tr>
<tr><td colspan="2">月度总分</td><td colspan="4"></td></tr>
<tr><td colspan="2">考核人</td><td colspan="4">签字：
年　月　日</td></tr>
</table>

备注：

附件十二　　　　　季度考核评分表（中心/部门负责人）

考核期间：　年　月　至　年　月

<table>
<tr><td>被考核人姓名</td><td></td><td>部门</td><td></td><td>岗位</td><td></td></tr>
<tr><td>考核项</td><td>指标</td><td colspan="2">权重</td><td>得分</td><td>加权得分</td></tr>
<tr><td rowspan="8">任务绩效</td><td>1</td><td></td><td rowspan="7">70%</td><td></td><td></td></tr>
<tr><td>2</td><td></td><td></td><td></td></tr>
<tr><td>3</td><td></td><td></td><td></td></tr>
<tr><td>4</td><td></td><td></td><td></td></tr>
<tr><td>5</td><td></td><td></td><td></td></tr>
<tr><td>…</td><td></td><td></td><td></td></tr>
<tr><td>n</td><td></td><td></td><td></td></tr>
<tr><td>加权合计</td><td colspan="4"></td></tr>
</table>

续表

被考核人姓名		部门		岗位	
考核项	指标	权重		得分	加权得分
管理绩效	工作任务管理	50%	10%		
	人员管理	50%			
	加权合计				
周边绩效	主动性	20%	5%		
	响应时间	20%			
	解决问题时间	20%			
	信息反馈及时	20%			
	服务质量	20%			
	加权合计				
能力绩效	人际交往能力	25%	5%		
	影响力	25%			
	沟通能力	25%			
	工作执行能力	25%			
	加权合计				
态度绩效	积极性	20%	10%		
	协作性	20%			
	责任心	40%			
	纪律性	20%			
	加权合计				
季度总分					
考核人		签字： 年 月 日			

备注：任务绩效数据来源于《任务绩效考核评分表》
管理绩效数据来源于《管理绩效考核评分表》
周边绩效数据来源于《周边绩效评分统计表中》的平均分
能力绩效数据来源于《能力考核评分表》
态度绩效数据来源于《态度考核评分表》

附件十三　　　　季度考核评分表（其他人员）

考核期间：　年　月　至　年　月

被考核人姓名		部门		岗位	
考核项	指标	权重		得分	加权得分
任务绩效	1		70%		
	2				
	3				
	4				
	5				
	…				
	n				
	加权合计				
能力绩效	人际交往能力	25%	10%		
	影响力	25%			
	沟通能力	25%			
	工作执行能力	25%			
	加权合计				
态度绩效	积极性	20%	20%		
	协作性	20%			
	责任心	40%			
	纪律性	20%			
	加权合计				
季度总分					
考核人		签字： 年　月　日			

备注：任务绩效数据来源于《任务绩效考核评分表》
能力绩效数据来源于《能力考核评分表》
态度绩效数据来源于《态度考核评分表》

附件十四　年度考核评分表（集团CEO、集团执行董事、集团副总裁）

考核期间：　年　月　至　年　月

被考核人姓名		部门		岗位	
考核项	指标	权重		得分	加权得分
任务绩效	1		80%		
	2				
	3				
	4				
	5				
	…				
	n				
	加权合计				
管理绩效	工作任务管理	50%	5%		
	人员管理	50%			
	加权合计				
能力绩效	人际交往能力	25%	5%		
	影响力	25%			
	沟通能力	25%			
	工作执行能力	25%			
	加权合计				
态度绩效	积极性	20%	10%		
	协作性	20%			
	责任心	40%			
	纪律性	20%			
	加权合计				
年度总分					
考核人		签字： 年　月　日			

备注：任务绩效数据来源于《任务绩效考核评分表》
　　　管理绩效数据来源于《管理绩效考核评分表》
　　　能力绩效数据来源于《能力考核评分表》
　　　态度绩效数据来源于《态度考核评分表》

附件十五　　　　年度考核评分表（下属业务公司高管）

考核期间：　年　月　至　年　月

被考核人姓名		部门		岗位	
考核项	指标	权重		得分	加权得分
任务绩效	1		80%		
	2				
	3				
	4				
	5				
	…				
	n				
	加权合计				
管理绩效	工作任务管理	50%	5%		
	人员管理	50%			
	加权合计				
能力绩效	人际交往能力	25%	5%		
	影响力	25%			
	沟通能力	25%			
	工作执行能力	25%			
	加权合计				
态度绩效	积极性	20%	10%		
	协作性	20%			
	责任心	40%			
	纪律性	20%			
	加权合计				
年度总分					
考核人		签字： 年　月　日			

备注：任务绩效数据来源于《任务绩效考核评分表》
管理绩效数据来源于《管理绩效考核评分表》
能力绩效数据来源于《能力考核评分表》
态度绩效数据来源于《态度考核评分表》

附件十六　　年度考核评分表（中心/部门负责人）

考核期间：　年　月　至　年　月

被考核人姓名		部门		岗位	
考核项	指标	权重		得分	加权得分
任务绩效	1		70%		
	2				
	3				
	4				
	5				
	…				
	n				
	加权合计				
管理绩效	工作任务管理	50%	10%		
	人员管理	50%			
	加权合计				
周边绩效	主动性	20%	5%		
	响应时间	20%			
	解决问题时间	20%			
	信息反馈及时	20%			
	服务质量	20%			
	加权合计				
能力绩效	人际交往能力	25%	5%		
	影响力	25%			
	沟通能力	25%			
	工作执行能力	25%			
	加权合计				
态度绩效	积极性	20%	10%		
	协作性	20%			
	责任心	40%			
	纪律性	20%			
	加权合计				
年度总分					
考核人		签字： 年　月　日			

备注：任务绩效数据来源于《任务绩效考核评分表》
管理绩效数据来源于《管理绩效考核评分表》
周边绩效数据来源于《周边绩效评分统计表中》的平均分
能力绩效数据来源于《能力考核评分表》
态度绩效数据来源于《态度考核评分表》

附件十七　　　　年度考核评分表（其他人员）

考核期间：　年　月　至　年　月

被考核人姓名		部门		岗位	
考核项	指标	权重		得分	加权得分
任务绩效	1		70%		
	2				
	3				
	4				
	5				
	…				
	n				
	加权合计				
能力绩效	人际交往能力	25%	10%		
	影响力	25%			
	沟通能力	25%			
	工作执行能力	25%			
	加权合计				
态度绩效	积极性	20%	20%		
	协作性	20%			
	责任心	40%			
	纪律性	20%			
	加权合计				
季度总分					
考核人		签字： 年　月　日			

备注：任务绩效数据来源于《任务绩效考核评分表》
能力绩效数据来源于《能力考核评分表》
态度绩效数据来源于《态度考核评分表》

案例评价

对上述案例，我们仅想给出以下三点评价。

首先，关于聘请管理咨询公司做绩效管理方案的问题。

由于许多民营企业缺乏某种判断力，却又愿意花钱，于是他们往往倾向于聘请知名度最高的管理咨询机构为其解决问题。国际知名咨询公司通常是他们的首选，但由于国际知名咨询公司行事风格傲慢且收费过高，他们便会转而选择国内知名咨询公司。

然而，这些民营企业并不知道，聘请知名的咨询公司解决问题可能会面临两个方面的风险。风险之一是，许多咨询公司习惯于将简单的问题复杂化，具体表现为：他们极其擅长用复杂的概念和概念组合来呈现自己的管理思想和方法。咨询师们这样做会给自己带来两点好处：一是复杂的概念可以用以掩盖自身实际经验的不足，二是复杂的概念可以使自己显得更加高深莫测、令人敬佩。

风险之二是，许多知名咨询公司的创始人，的确有非凡的个人学历、专业、任职背景，个人的形象和能力也出类拔萃。但是，出于成本考虑（还因为在人力资源市场上真正优秀的咨询师实属难得），他们聘用的咨询师则未必个个具有优秀的个人品质和专业能力。许多咨询公司所聘用的咨询师严重缺乏专业经验，有的咨询师仅仅是毕业不久的MBA，压根儿就没有在像模像样的公司从事过中高级管理岗位的工作经历。这类咨询师的长项主要体现在：善于“整合”他人所创造的知识，并擅长于运用通用的“模板”来为客户提供解决管理问题的方案；其所提供的方案通常厚达上百页，在外行人看来，煞是专业、厚重、极其珍贵，而在明眼人看来，不过是小题大做、故弄玄虚、徒有其表而已。

在这个案例中，咨询师用所谓的“任务绩效、管理绩效、周边绩效、能力绩效、态度绩效”等五大考核维度，来考核该公司各层级的核心管理人员，并围绕这五大考核维度给出了大量方法和逻辑，看起来十分专业，实际上只是糊弄客户的把戏（顺便告诉大家：该绩效管理方案仅在这家集团公司使用了不到一年的时间，便因为实在无法执行而被束之高阁）。

其次，关于大公司的运行特点与绩效管理的关系。

我们观察到的现象是，大公司的绩效管理大都比较复杂。这通常是因为：①大公司的业务多、部门多、层级多、岗位多，针对不同的业务、部门、层级和岗位，需要有不同的绩效管理方案，而所有的方案加起来，就自然显得十分庞杂。②大公司往往需要有体系化的政策文件来呈现自己的绩效管理政策，这样做不仅可以体现公司的组织化和制度化管理特性，而且的确有某种程度的必要性。③大公司内部有专门负责绩效管理的部门，这些部门人员为体现自身的专业感，往往会倾向于搞出复杂的绩效管理体系来，特别是在公司借助外部专家力量来做绩效管理方案时，其绩效管理体系一定是十分复杂的。

然而，在我们看来，大公司得以有效运行的关键，其实并不取决于绩效管理体系如何复杂或健全，而是取决于大公司固有的能量。它们得以有效运行的关键体现在三个方面：①公司已经形同一台“自动运行的机器”，组织中的任何一个个体，只能去适应它的节奏，否则就会被边缘化甚至于被淘汰。②因为公司的品牌形象、经营现状和发展前景较好，又能给予人才们以较优的待遇，且可以让人才们感到在公司工作发展机会众多，所以公司能够招聘到大量的能力素质较高的人才，“有人才可用”成为这些公司得以发展的重要条件。③公司已经实现高度的组织化和制度化管理，加上前述两个原因，任何个体人才在大公司工作只能满足组织的要求，“无力反抗”公司的管理，否则就会被清除。

从上述意义上讲，大公司的绩效管理无论是复杂还是简单，都会产生一定的效力。但这并不意味着，复杂的绩效管理体系为大公司所必需。我们坚定地认为，大公司如果采取“直逼真理”、简洁明了的绩效管理方法，其运营效率将会更高，吸引、使用、培养和保留优秀人才的能力将会更强。

最后，关于大公司在绩效管理过程中应注意的关键事项。

我们认为，大公司大可不必用复杂的绩效管理体系来体现自身的与众不同和卓绝不凡，更不必让那些并没有多少实际管理经验的“专家”们牵着鼻子走，而应在绩效管理上追求务实有效。

务实有效的绩效管理，应该能够：①促进企业各部门、层级和岗位间的沟通与协作；②促进合伙人和员工的学习与成长；③促使更好地达成企业/部门/岗位的业绩目标；④推动或促进企业管理的持续优化或改善；⑤确保合伙人和员工获得更大的可持续的职业回报。至于企业如何才能得到这样一种“务实有效”的绩效管理方法系统，请大家读完本书后再向自己的内心寻求答案。

2. KPI理论和方法的优缺点

众所周知，KPI是“关键绩效指标（Key Performance Indicator）”三个英文单词首字母的组合。它是通过指标的设置、整合和控制，把组织对员工绩效的评估，简化为对几个关键指标的考核，从而促使员工的绩效行为与企业要求的行为相吻合，而不至于出现重大偏差，进而确保公司战略目标的实现。在一定程度上，KPI也可说是目标管理法与帕累托定律的有效结合。组织在制定KPI考核标准时，通常要求所制定的关键指标必须符合SMART原则：具体性（Specific）、可衡量性（Measurable）、可达性（Attainable）、相关性（Relevant）。

KPI是迄今为止所有绩效管理理论和方法体系中普及率最高的一个概念。绝大多数人在谈及绩效管理时，首先想到的就是KPI；甚至在不少人的意识里，KPI就是绩效管理的代名词。之所以如此，是因为在其他绩效管理理论和方法问世之前，世界上用于考核员工绩效的思想和方法只有KPI。

追溯企业管理发展的历史，我们可以清晰地想见到这样的情景：企业为了实现自身的整体业绩目标，需要将目标分解到组织中的各个部门、层级和岗位，并在分解目标时，充分考虑到影响业绩目标实现的若干关键性工作；企业相信只有对所有部门、层级和岗位的人员进行目标和关键工作完成情况的考核，并将考核结果与相关人员的利益进行挂钩，才能最大化地确保企业整体业绩目标的实现；企业界在理论家们的引导下，逐步达成了一种共识，就是将这种分解目标并考核和奖罚员工的方法叫做KPI。

然而，尽管KPI的理论和方法已经问世了一百多年（据说，它发端于意大利经济学家Vilfredo Pareto先生于1906年提出的20/80法则），但迄今为止人们只是在整体框架和基本思想方面达成了大体一致的意见。这是因为，不仅每一位理论家对KPI概念和方法的阐述不尽相同，而且每一家企业所采取的在KPI名义下管理员工绩效的理念和方法也有很大不同。

实践中的共同点

各企业所采取的KPI绩效管理思想和方法，其共同之处大致可以归纳为以下五点。

① 采取的是“子目标之和大于总目标”的目标分解原则，将企业整体的经营和管理目标分解成为适用于各部门、层级和岗位的细分考核指标和目标。在设置目标时，名义上都遵循的是SMART原则。

② 为各考核项和细分指标分别设置一定的权重。在设置权重时，遵循的基本原则是，各考核项的整体权重相加为1，各细分考核指标的权重相加等于考核项的权重。

③ 采取一定的评估方法对每一考核指标进行评分。评分时，一般采取的是百分制，对于特别重要的细分指标，通常会给予一定程度的加分。

④ 规定针对不同岗位人员的绩效考核周期。到了期末，由考核者按照特定的流程和标准或以约定俗成的方式，对被考核者的当期绩效贡献进行打分。有的企业会在这一环节采取比较复杂和正式的考核打分方式，有的企业采取的则是比较简单和随意的考核打分方式。

⑤ 将绩效考核的得分情况与被考核者的一定比例的薪酬/绩效奖金挂钩，有的企业还会依据绩效考核结果决定员工工资的涨跌和职务的升降。

优缺点分析

KPI作为一种被企业普遍采用的历史悠久的绩效管理方式，它毫无疑问有其内在的优点，否则便不可能有那么多的理论家推崇它，以及有那么多的企业和管理者采用它。但是，随着企业内外部经营与管理环境的变化，在现今企业经营管理环境及其发展变化的大趋势下，基于KPI的绩效管理思想和方法，已经不能很好地达成企业对员工实施绩效管理的初衷了。换言之，现在看来，KPI理论和方法体系，既有其优点，也有其缺点。以下是我们对其主要优缺点的概述。

优点

① 将企业的经营目标及影响目标实现的若干关键性工作，分解为各部门、层级和岗位的目标和任务，并加以考核，这一点无疑是正确的。

② 在设置考核指标时，通过权重分配的方式，标明各指标的重要性，不仅可以充分体现组织或上级对工作重要性的判断，而且也有助于提醒被考核对象对组织所关切的重要指标的关注。

③ 将考核结果同被考核者的薪酬/奖金乃至职务升降等切身利益挂钩，这一考核思想本身具有某种程度的基于人性的考虑。因为，通过这一制度性安排，可以促使员工们积极地为了争取个人利益或避免个人利益受损，从而最大化地满足组织对他们的要求，进而可以最大化地确保企业整体经营与管理目标的实现。

④ 通过考核，可以一定程度地发展员工的工作意愿和能力。因为，至少理论上讲，在KPI考核之后或过程中，组织或上级可以通过面谈、辅导、培训和加强管理等方式，让员工改善工作意愿和提升工作能力，从而使员工能够创造出更佳的工作绩效。

缺点

① 没有就如何设置考核指标给出统一的原则、方式或划分清晰的边界，以至于各企业在设置考核指标时可以随心所欲地把一些相关不相关、可考可不考的内容都纳入到了考核体系中。这样做既导致了指标间的相互包容、逻辑矛盾，又分散了关键核心指标的考核权重，同时还导致了员工们对绩效考核抱以博弈、抵触或无所谓的态度。

② 没有就如何设置考核目标给出统一的原则，以至于各企业在设置考核目标时随意性很大，尤其是大多数企业习惯于遵循“进取性”的目标设置原则。这样一来，当目标“总是”不能达成时，反而使员工们对绩效考核习惯性地抱以博弈、抵触或无所谓的态度。

③ 采取“分布式权重设置”，使得各企业在设置各考核指标的权重时，往往为了“照顾”到更多的考核指标，而不得不极不情愿地“牺牲”掉一些重要指标的权重。特别是，当企业“无边界”地试图将更多的“关键因素”纳入到考核体系时，权重分布小的考核指标往往会因为难于衡量而导致分歧和不满，或者因为重要性不足而被员工无视或轻视。

④ 在考核流程上和考核结果应用上，均缺乏一致公认的原则和标准，因而不同的企业可以这么做，也可以那么做，随意性很大。

3. OKR理论和方法的优点与问题

众所周知，OKR是近年来管理理论和实践界最为流行的概念之一，是无以数计的中国企业希望了解和采取的一种全新的绩效管理思想和方法。这是因为，它来自于全球顶级公司的目标管理实践，最早由英特尔公司提出，后来被Google、Uber、LinkedIn采用，再后来便得到了大量全球企业和管理专家的追捧。因而，人们有足够的理由相信，它是最佳的绩效管理方法。

OKR是Objectives & Key Results三个英文单词首字母的组合：O = Objectives，可以理解为企业目标；KR =Key Results，可以理解为关键成果领域；将之浓缩在一起就是“为确保达成企业目标的关键成果领域的分解与实施”。

在应用实践中，OKR被人们赋予了这样的内涵：让组织中的每一个团队清晰地分析和确定本团队在下一个周期内的若干工作目标

（O），并基于各自的工作目标，分析、设置和确定影响目标实现的关键成果领域要追求的数值（KR）；在工作周期结束时，再对照工作成果评定和反思目标实现的情况，同时，设置下一周期的工作目标和关键成果领域要追求的数值，这样做更有利于达成组织的绩效目标。

然而，也有明智的管理理论工作者在这样呼吁：OKR的结果不应与当事人的个人薪酬等切身利益直接挂钩，而应当仅仅作为促使员工实现有效自我管理的工具；如果将其作为绩效考核的方法体系，则会面临一系列问题。

为什么看好OKR

2018年第四季度，我们在上海市科技创业服务中心主办的“上海市科技小巨人总裁训练营”分享过《合伙人的绩效管理》课程以后，有多位打算在本企业推行OKR的创业公司创始人，先后邀请我们前往他们公司调研和诊断他们的绩效管理现状，并给出指导性意见。在长达一个月的时间里，我们共走访了五家企业。到达每一家企业，我们都会首先与该公司的创始人、高管团队和HR部门人员进行座谈。座谈中涉及的议题之一便是：你们为什么要选择OKR作为绩效管理工具？我们得到的答案大致可以归纳为以下四点：

① 传统的KPI考核效果极差，员工大多不认同，因而需要导入一套新的有效的绩效管理方法，OKR便进入了视野。

② OKR源自于英特尔、谷歌这样的世界顶级公司的最佳目标管理实践，其权威性和效果不用怀疑，只是不知道如何应用于中国环境中的创业型公司。

③ 国内外大量的管理专家都在著书或撰文推荐OKR，大量的培训公司也都在开办OKR相关的课程，可见OKR已经获得理论界的一致

认可。因此，本企业有理由相信，OKR是替代KPI的最佳的绩效管理方法。

④ 新生代员工，尤其是科技创业型公司的新生代技术型员工不喜欢“被管理”，所以KPI的效果很差，而OKR主张的是员工实现有效的自我管理，因而OKR应该更适合于科技创业型公司。

虽然以上只是上海区域创业初获成功的部分公司给出的选择OKR的理由，但在我们看来，其他看好或选择OKR的企业，其理由也大致接近，最多只是多一条或少一条理由罢了。

一个案例

以下是2019年2月2日《财经》杂志发表的一篇关于百度公司全面推行OKR的文章的节选。可以肯定，有百度公司的“垂范”，2019年将会有海量的中国企业采用OKR作为员工绩效管理工具。

2019年春节前夕，百度（BAIDU）内部刮起绩效风暴。这场风暴席卷百度近5万名在职员工。从最高决策层到最基层员工，无一能够置身事外。此次绩效变革引入的是一个名叫OKR（Objectives and Key Results）的员工考核系统，它将使百度全面“去KPI化”。

《财经》获悉，百度着力筹备OKR始于2018年12月，在2019年1月大力推动。百度董事长兼CEO李彦宏制定公司最高目标（Objectives）和关键结果（Key Results）后，员工自上而下逐层拆解，依次制定团队和个人目标及关键结果。基层员工已于2019年1月31日全部提交完毕。

据《财经》了解，李彦宏的O（目标）有三项：其一，打造一个空前繁荣、强大的百度移动生态（O1）；其二，主流AI赛道模式跑通，实现可持续增长（O2）；其三，提升百度的组织能力，有效支撑住业务规模的高速增长，不拖战略的后腿（O3）——这可视作百度企业层面的最高目标和关键结果。

以上每个O再拆解成三个KR（关键结果）。O1的关键结果是：KR1，恪守安全可控、引人向上、忠诚服务、降低门槛的产品价值观，持续优化用户体验，提升百度系产品的总时长份额；KR2，恪守良币驱逐劣币的商业价值观，实现在爱惜品牌口碑、优化用户体验基础上的收入增长，收入×××亿，增长××%；KR3，产品要有创新，不能总是me too，me later。

O2的关键结果是：KR1，小度进入千家万户，日交互次数超过×亿；KR2，智能驾驶、智能交通找到规模化发展路径，2019、2020均能有×倍速收入成长；KR3，云及AI2B业务至少在×个万亿级行业成为第一。

O3的关键结果是：KR1，全公司成功推行OKR制度，有效降低沟通协调成本，激励大家为更高目标奋斗，取得比KPI管理更好的业绩；KR2，激发从ESTAFF到一线员工的主人翁意识，使之比2018年更有意愿有能力自我驱动管理好各自负责的领域；KR3，建立合理的管理人员新陈代谢机制，打造出不少于2名业界公认的优秀领军人物。

一位百度员工告诉《财经》记者，所有基层员工已于前天提交完自己的OKR，过年后如果有不合格会返工，这件事由各级团队负责人主导，每一处都可能要再次调整。

优点与问题

我们的研究显示，相比于KPI，OKR有其明显的优点，这也是OKR值得推荐，同时也是众多的企业希望了解和导入OKR的理由。但是，OKR也面临诸多方面的应用问题，并不能普遍适用于所有的企业。企业在试图导入OKR时，应该首先把相关问题想清楚。

优点

① 通过将公司的战略目标进行分解，使团队和个人聚焦于所分解的工作目标，并制定出实现工作目标的关键成果领域的数值，从而摈弃了KPI考核中常常出现的令人无所适从的考核工作者意愿、态度、能力等复杂无效的内容。

② 强调了人才们在绩效管理中的自主和自觉意识，这符合新时代精神，符合新生代员工的特点。如果此点的确有效，企业便无需在员工管理上绞尽脑汁，因为员工们会自主自觉地进行有效的自我管理。

③ 来自全球知名公司的经验和全球学者普遍认同的绩效管理方法，更容易获得员工们的认同以及管理者的自信，这对企业推行这种绩效管理方法本身是有意义的。

问题

我们的研究显示，OKR在应用过程中也有一些不容忽视的问题；如果企业不能意识到和有效地解决这些问题，应用OKR将不可能取得理想的效果，甚至搞不好，它的应用效果还不如传统的KPI。其主要问题如下。

① 虽然可能关注到了影响公司经营结果目标的全部关键结果领域，但在企业管理过程中，并不是有了明确的目标，员工们就能自动努力地去实现目标。特别值得注意的是，OKR鼓励员工们设置富有挑战性的工作目标（鼓励挑战自己的极限），而如何才能实现具有挑战性的工作目标，这一管理标准本身并无说明。这就意味着，订立目标极有可能只是“目标”，并不能真正变为现实成果。

② OKR最核心的价值是鼓励员工实现自主自觉和有效的自我管理。但是在现实中，并不是每一家公司的任何一个部门和层级的人员都能实现自主自觉和有效的自我管理。通常，只有那些高度认可公司

的战略、策略和文化，拥有较高能力素质、没有生活的后顾之忧、以创造令自己满意的工作成果为人生乐趣的人，才会具备自主自觉和有效地实施自我管理的意识、动力和能力（英特尔和谷歌公司的人才们大多是这样的人）。显然，并不是每一家公司都拥有或有条件拥有这样的员工。

③ 标杆公司在使用OKR时，并不将员工的OKR评估结果与员工的薪酬等切身利益挂钩，而只是将其作为引导员工进行自主自觉和有效自我管理的工具。而大量看好OKR的企业，因为意识到本企业的员工素质和能力没那么高，所以会认为，不将考核结果与员工的切身利益挂钩将不会产生好的管理效果。但问题因此就产生了，既然要将考核结果与员工的切身利益挂钩，那么就不可避免地会导致企业与员工之间的讨价还价和相互博弈；而当这种情况出现后，OKR也就失去了它的本来面目了。

4. BSC在绩效管理中的应用问题

现实中只有较少的企业在使用BSC的理论模型作为考核员工的方法。其背景是，无论KPI或OKR，它们在实践中都碰到了应用效果问题，而企业又希望得到更好的绩效管理理论与方法，于是在一些机构或人士的鼓吹下，它们希望尝试用BSC来考核员工的绩效。

BSC是“平衡记分卡（Balanced Score Card）”的英文缩写。“平衡计分卡”这一概念，是罗伯特·S·卡普兰（Robert Kaplan）和大卫·P·诺顿（David P. Norton）两位管理专家在1992年发表的一篇论文中提出来的。那篇发表在《哈佛商业评论》的论文的标题是《平衡计分卡：良好绩效的测评体系》。据说，他们是在对当时绩效测评方面处于领先地位的12家公司进行项目研究的基础上，才提出“平衡计分卡”这一概念的。1993年，两位专家又在《哈佛商业评论》上发表了论文《平衡计分卡的实际应用》。此后的1996年，他们再次在《哈佛商业评论》上发表了论文《把平衡计分卡作为战略管理体系的基石》。至此，平衡计分卡的理论框架趋于完整。

BSC的中心内容是，企业战略目标应包括财务目标、顾客目标、内部运营目标和学习成长目标，企业组织在分解和管理自己的目标时，应该从这四个维度来展开，并最终应回到这四个维度上。

BSC为何被看好

部分人士和企业之所以能够接受和认同BSC理论，其原因就在于，只要一家企业在财务、顾客、内部运营和学习成长这四个维度上都有出色的表现，那么企业的业绩和未来的发展便一定会不错。于是，人们便想当然地认为，基于这四个维度来解析和分解企业的目标，直到让企业的目标变成为每一位岗位工作人员在相同的四个维度上的绩效目标，并以此来管理员工的绩效，那么便会是好的绩效管理方案。

理论上讲，BSC以战略目标为核心，通过上述四个维度来实施策略管理，可以全方位反映出企业财务和非财务、长期目标和短期目标、外部和内部、结果性和动因性、管理业绩和经营业绩等多个方面的平衡。与传统的以财务指标为主的评价体系相比较，实施BSC的优点显而易见。主要包括以下方面：

可以规避财务评估方法的短期行为；

可以使整个组织行动一致，服务于战略目标；

可以将组织的战略转化为各层级的绩效指标和行动；

有助于各级员工对组织目标和战略的理解与沟通；

有利于员工的学习成长及核心能力培养；

有利于组织的长远发展，提高组织整体管理水平。

BSC应用中的问题

我们的研究与观察发现，BSC在应用于员工绩效考核时，不可避免地存在以下三个难以突破的问题。

（1）指标体系的建立非常困难

首先，实施BSC对企业和员工的要求都非常高。至少有三点：一是企业要有明确的组织战略，二是高层管理者要具备极强的分解并沟通战略的意愿与能力，三是各层级管理者要具备极强的指标创新的意愿与能力。可以说，管理基础并不好（比如战略目标并不清晰）的企业根本就不可能直接引入BSC。

其次，BSC对传统绩效评价体系的突破在于，它引进了非财务指标，克服了单一依靠财务指标评价的局限性。然而，这又带来了另外的问题：如何建立非财务指标体系？如何确立非财务指标的评价标准？以及如何评价非财务指标？

最后，BSC对战略的贯彻基于各个指标间明确、真实的因果关系，但贯穿BSC的因果关系链条很难做到真实、可靠，就连它的创立者都认为，“要想积累足够的数据去证明平衡计分卡各指标之间存在显著的相关关系和因果关系，可能需要很长的时间，可能要几个月或者几年。”而且，如果竞争环境发生了激烈的变化，原来的战略及与之适应的评价指标可能会丧失有效性，从而需要重新修订甚至重建。

（2）无法解决指标数量过多以及权重分配问题

根据BSC理论创立者的观点，合适的指标数目是20～25个（其中财务角度5个，顾客角度5个，内部运营角度5～10个，学习与成长角度5个）。但是，如果指标之间不是呈现完全正相关的关系，我们在评价最终结果的时候，应该选择哪个指标作为评价的依据？如果舍弃部分指标的话，是不是会导致绩效评价不完整？这些都是在应用BSC时要考虑的问题。

此外，BSC要求不但要在四个维度之间分配权重，而且要在同一维度的不同指标之间分配权重。不同维度及同一维度的不同指标分配的权重不同，将可能会导致完全不同的考核结果。而且，BSC也没有说明针对不同的发展阶段与战略来确定指标权重的方法，故而权重的设置并没有统一的标准，这就不可避免地使得权重的分配带有浓厚的主观色彩。

（3）实施成本太高

BSC要求企业从财务、顾客、内部运营、学习与成长四个维度考虑战略目标的实施，并为每个维度制定详细而明确的目标和指标。除对战略的深刻理解外，企业还需要消耗大量精力和时间把它分解到部门和岗位，并找出恰当的指标。即便能够最终落地，其指标可能会多达15～20个，这将导致在考核与数据收集时负担很重。此外，BSC的执行也是一个耗费资源的过程。据统计，一份典型的BSC需要3～6个月去执行，另外还需要几个月去调整结构，使其规范化。因而，总的开发时间经常需要一年或更长的时间。

综合以上分析，我们的观点是，用BSC的理论和方法来考核一家公司或事业部管理高层的绩效，或许是合理有效的；但如果试图把它应用在所有的部门、层级和岗位上，将会十分牵强，甚至于会把单纯的人心搞得复杂起来。一个不无极端的例子是：一位快递公司的送货员，他的工作任务是及时准确地将包裹送到客户手中，而你却要考核他的财务指标、顾客指标、内部运营指标以及个人学习成长指标，其结果很可能是，他本来十分单纯，你却让他的思想复杂而又混乱了起来，这是不是有助于他更及时有效地向客户运送包裹呢？答案是显而易见的。

第5章

推荐：3S绩效管理体系

- 了解3S概貌
- 3S的理论来源
- 3S在“1+4模型”中的地位
- 3S的三个评估方向
- 3S的五项功能
- 3S的内容框架与方法
- 3S的适用范围

“实行合伙人制是大势所趋”，这一点已经成为企业界和管理学界的普遍共识。然而，企业在实行合伙人制以后，应如何管理合伙人的绩效，以确保合伙人的贡献与其所持有的公司股份对等且持续有效，这是一个事关合伙人制度成败的大问题，也是一个事关企业兴衰的大问题。对于这一问题，管理学界人士出于各种原因目前尚处于“沉默”状态，而企业界的通行做法则是，要么采取极端的对赌方式来管理合伙人的绩效，要么由于不知道怎么管理合伙人的绩效而干脆不予管理。

“3S绩效管理体系”正是在这样的背景下被开发出来，并在应用实践中得以不断完善和成熟的。虽然这一体系是专门因应合伙人制度而产生的，但我们在应用实践过程中发现，它其实也可以有条件地应用于管理企业里其他非合伙人的绩效。

1. 了解3S概貌

“3S绩效管理体系”由上海奇榕咨询公司首创。它主张企业应针对合伙人的文化行为表现、工作结果和工作过程这三个方向，与合伙人一道协商，建立起适用于每一位合伙人的绩效评估标准，并倡导和要求每一位合伙人自觉自愿地基于各自的绩效评估标准，来实现有效的自我管理。“3”系指“文化”“结果”和“过程”这三个评估方向，“S”是“得分（Score）”这个英文单词的首字母，故称“3S”。

“3S绩效管理体系”与人们所熟知的传统的“绩效管理标准”，看似并无明显区别，因为它们都是用来管理员工绩效的，只是后者是针对所有员工的绩效管理而言的，而前者则是针对合伙人的绩效管理而言的（同时也可有条件地适用于其他员工的绩效管理）。然而，两者间实际上是有着本质区别的：传统的“绩效管理标准”，是管理理论和实践界由来已久的“互利性绩效管理思想”的产物，它关注的焦点是，企业如何促使员工们为雇主创造更大的利益，以及组织应如何基于员工的业绩表现，来决定员工的利益——奖励和处罚；“3S绩效管理体系”，则是因应新时代管理环境变迁的“共利性绩效管理思想”的产物，它关注的焦点是，持有公司股份的合伙人，应在绩效管理方向上进行有效的自我管理，并以此为抓手来促使每一位合伙人最大化地创造和公平地分享多样化的合伙事业成果（关于“互利性绩效管理思想”和“共利性绩效管理思想”，参见本书第2章的相关论述）。

为使读者在第一时间快速了解“3S绩效管理体系”，我们在此首先对其产生的背景、涉及的思想、基于的逻辑、使用的方法、适用的范围等进行简明扼要的介绍，以便读者能够迅速知晓3S绩效管理思想和方法的概貌。之后，我们再逐一针对这些内容进行全面的阐述和说明。

（1）理论背景

传统的绩效管理标准大多来源于这样的主体思想：企业有必要为每一位员工设置具有一定挑战性的工作目标组合，并将工作目标完成情况与员工的个人利益进行捆绑；只有这样，才能促使员工有效工作，从而创造出满足企业要求的业绩。这一管理思想正在经受来自三个方面的严峻挑战：一是企业内部管理环境的日益复杂化和外部经营环境的快速变化，使得企业对人才的倚重度持续提高；二是由于高效能人才供小于求，以及由此带来的人才们选择工作的自主性持续增强，人才们在与企业的博弈中已经占据了上风，这使得普遍的企业对员工的强势要求与管理的传统风格日趋无效；三是传统员工管理思想的强大惯性，正在阻碍企业寻找到因应新时代员工心理和行为特点的有效的员工绩效管理模式。

本书提出的3S绩效管理体系，是因应时代变化的全新管理思想和实践经验成果。它倡导企业应以最大化地满足人才们的工作动机（对物质、精神和机会的追求）为管理工作的出发点，通过与人才们友好协商，设计出人才们实现有效自我管理的方法和工具体系，以此确保企业和人才以及人才之间持续多赢共利，并据此来要求人才们为了自身的利益而更加努力和有效地工作，从而持续地创造与分享公司发展的多样化的成果。关于3S绩效管理体系的具体理论背景，我们将在本章的第二节详细介绍。

（2）应用背景

3S绩效管理体系最初是为了适应企业界纷纷采取的股权激励计划或合伙人制而创造出来的。由于现实中的很多企业无法采取传统的管理手段，来解决人才们的忠诚度、责任心、工作意愿每况愈下等问题，于是，在标杆企业的示范作用下，以及在社会舆论的推波助澜下，越来越多的企业开始尝试实行股权激励计划或合伙人制。这些企业以为，让员工持有公司的股份以后，员工管理中的许多问题就会自动得到解决。然而，众多企业实行股权激励计划或合伙人制的效果显示，企业在授予员工股份的同时，如果缺少与之配套的绩效管理体系和人才培养方案/手段，则股权激励计划或合伙人制不但不能实现企业推行这一政策的初衷，反而会使得人才管理问题更加复杂，甚至会影响到企业未来的健康发展。

在上述背景下，我们基于长期为企业提供合伙人制度咨询服务的经验，于2018年3月出版了《合伙人制度顶层设计》一书。在该著作中，我们提出了一套叫做“合伙人制度的1+4模型”的方法系统。这一模型提示企业，在实行股权激励计划或合伙人制时，要从“顶层”来进行系统规划和精心设计：要有清晰有效的合伙事业梦想与逻辑（“1”），要选对合伙对象并对合伙人进行必要的分层分级（“4-1”），要设计出持续有效的股权激励政策（“4-2”），要设计出与股权激励政策相配套的决定合伙人股份相关利益“升降进退”的绩效管理标准（“4-3”），要有确保合伙人持续有效成长的策略与方法（“4-4”）。在这一模型中，“3S绩效管理体系”就是用来决定合伙人股份相关利益“升降进退”的思想和方法体系。

后来，在应用3S的过程中，我们发现，3S绩效管理体系其实也可以有条件地适用于管理非合伙人的贡献或绩效。我们将在本章第三节说明3S绩效管理体系在“合伙人制度的1+4模型”中的地位，并将在本章第七节进一步说明其可以适用于合伙人之外的哪些员工群体。

（3）评估方向

3S绩效管理体系主张，企业十分有必要从“文化贡献”“结果贡献”和“过程贡献”这三个方向来定期评估每一位合伙人的工作绩效表现。

在传统的绩效管理实践中，员工的工作结果是一定会被考核的，因为这一方向的内容是所有组织都会高度关注的，也是绩效管理的核心之所在。但是，并不是所有企业都会考核员工们遵守公司文化和规章制度的情况。在实践中，员工遵守公司文化和规章制度的情况并不好测量，而且在整体考核权重中“不痛不痒”，所以，许多企业要么对此简单涉及，要么干脆不予考核。相似的原因，由于不知道如何考核员工的工作过程或在考核中无法有效地进行评估，所以大多数企业虽然知道“只有工作过程有效，才能创造出好的工作结果”，但它们并没有在这个方面有所作为。

为什么3S绩效管理体系会主张同时考核合伙人的文化、结果和过程贡献呢？我们将在本章第四节对此进行全面论述。

（4）五项功能

传统的绩效管理，在理论上讲有两项功能：一是可以促使员工创造更佳的工作绩效，二是可以依据员工的绩效表现来决定员工的工作报偿。但是，在企业绩效管理实践中，这两项功能是否能够取得理想的效果，则是另当别论的事情。因为，当企业为员工设置的绩效考核指标不被员工认同时，当企业为员工设置的绩效目标存在问题时，当企业的管理效能不佳时，当企业的薪酬政策不能有效地与员工的绩效考核结果挂钩时，上述两项功能的实际效果将不会达到理想状态。

与传统的绩效管理相比，3S绩效管理的功能有五项：①可以促进上下级、跨部门和跨岗位沟通，并形成可持续的管理沟通与控制机制；②可以形成促使合伙人快速高效学习与成长的机制，并让每一位合伙人持续感受到个人的进步和面临的压力；③可以形成能够促进人才有效工作、创造最佳绩效的方案，并且成果可持续；④可以暴露企业管理中存在或潜在的所有问题，并促使问题得到解决，从而持续推动企业管理进化；⑤可以正向激励合伙人，并确保合伙人持续获得多样化的工作回报。我们将在本章第五节对这五项功能进行全面阐述。

（5）内容和方法

与传统的绩效管理标准相比，3S绩效管理体系在内容和方法上也有很大的不同。首先，它框定了考核指标的范围与边界，从而大大简化了传统绩效考核的内容（比如不再涉及对合伙人工作意愿和能力的考核，而仅涉及合伙人的工作行为和结果），使其变得更加简便易行。其次，在考核指标设置方法、考核权重设置方法、考核目标值设置方法以及考核评分标准等方面，它进行了许多“革命性”的改进，因而大大降低了考核工作的压力，以及避免或减少了可能出现的争议。最后，它使得企业管理员工的制度趋于简化——企业一旦导入3S绩效管理体系，将使得许多既有的无效的员工管理制度和方式被自然扬弃。我们将在本章第六节详述这方面的内容和方法。

（6）适用范围

3S绩效管理体系原本是为了配套企业实行的股权激励计划或合伙人制而创造的，但在应用实践中我们发现：所有的企业，在将本体系应用于合伙人绩效管理的同时，大多数管理岗位的合伙人都会自觉自愿地用相同的方法来管理其所有下属员工的工作绩效。这是因为，使用本体系来管理其下属员工的工作绩效，会更有利于合伙人实现自身的绩效目标，以及更有利于合伙人激励和培养其下属员工；即便是一些尚未实行股权激励计划或合伙人制的企业，如果其激励政策是基本有效的，则也可以运用本体系来取代传统的绩效管理标准，且其效果一定更佳。我们将在本章第七节说明此点。

2. 3S的理论来源

在此，我们想简要介绍一下3S绩效管理体系“出世”的经过，因为这将有助于读者理解其背后的思想和逻辑。

任何一种管理方法的背后一定会有其特定的思想和逻辑，而任何支撑特定管理方法的思想和逻辑，都是来之不易的，通常要经历十分艰辛的形成与诞生过程。这正如，当一个婴儿出生时，人们看到的是一个新生命的降生，但只有过来人才明白，这个新生儿在降生之前，其母其父乃至更多的人为之而经历的一切。3S绩效管理体系也曾经历过类似的过程。

奇榕咨询公司由我们两位作者于2012年合伙创立。公司创立之初，核心业务是面向广泛的企业提供战略和营销管理咨询服务。在服务于客户的过程中，我们注意到一个令我们的客户企业伤透脑筋，也让我们经常为之烦恼的问题，那就是现在的员工越来越难管理。表现为：无法招聘到和保留住优秀员工，员工的忠诚度和责任心每况愈下，员工的能力和业绩表现大都不能满足企业要求，员工的管理和培养难度日益增加，外界因素对员工们的影响越来越大，等等。这些问题的存在，使得企业的战略目标常常因之而无法实现或大打折扣，企业的用人和运营成本也常常因之而不断增加。因此，企业伤透了脑筋。而我们之所以也会为之烦恼，则是因为，我们精心策划的企业经营战略和营销管理方案，如果没有合适的人员来落地执行，这些方案则有如纸上谈兵，并不能为客户带来实际价值。

为解决这一问题，我们经过了大量的研究，发现员工管理问题的症结主要是由时代的发展变化所导致，与此同时，也在相当程度上跟企业的人才管理思想和行为没有与时共进有关。就后者而言，我们清楚地看到，员工难于管理的现实问题，通常跟企业未能帮助员工正确认识到他们“想要什么以及如何得到”有极大的关系。为此，我们于2013年专门撰写了一本名为《员工成长曲线》的图书，并发表了大量的相关专题文章。

提出EVAP

在上述过程中，我们首次创造了一个解决员工管理问题的方案：EVAP。“EVAP”是“员工职业援助计划（Employee Vocational Assistance Program）”的英文首字母组合。

EVAP来源于国际上著名的EAP。下面摘录一些当年我们就这一理论渊源所撰写的一篇文章的片段，以此说明EVAP是怎么来的，以及EVAP与EAP的区别。

EAP是国际上著名的“员工援助计划（Employee Assistance Program）”的英文首字母组合，它是企业组织为员工提供的系统的和长期的援助与福利项目。EAP是通过专业人员对组织和员工进行诊断，进而提供专业指导、培训和咨询，以此帮助员工及其家庭成员解决其心理和行为问题，从而提高企业绩效并改善组织管理氛围。

EAP于1917年诞生于美国，经过不断发展完善，二战之后迅速在北美、欧洲发达国家流行。20世纪80年代开始，随着经济全球化浪潮的兴起，又迅速盛行于各发展中国家。据统计，目前在世界500强企业中，有80%以上的企业都建立了EAP服务体系；世界上大多数国家和地区政府以及大量的非营利性组织，都在运用EAP的思想和方法服务于特定的民众和需要帮助的人群。

当前阶段，EAP在企业中的应用主要涉及以下内容：

心理健康状况测查

由专业人员采用专业的心理健康调查方法与测试软件，评估员工心理生活的质量现状，分析导致问题产生的原因，确定倾向性的心理问题和重点心理帮助与干预对象，并根据员工的心理状况提出管理改进与文化创新建议。

职业心理专题培训

通过职业心理健康、压力管理、挫折应对、积极情绪、职业倦怠、工作与生活平衡、管理者培训等系列专题，帮助员工掌握提高心理素质、保持心理健康的基本方法和技巧；帮助企业管理者掌握对员工进行心理干预的技术，通过适当的方式协助员工解决心理困扰。

员工团体心理辅导

对于效能低下、团体组织氛围问题突出的二级、三级部门、基层团队，以及重要部门关键职位的员工，提供针对性解决问题的方案，并通过“团体（小组）辅导”方式提供专业帮助。

员工个体心理咨询

对于长期受心理问题困扰的员工，采用专业化的技术，提供热线咨询、网络视频咨询、异地咨询面谈服务；对处于心理疾病状态的员工，提供心理治疗服务；对组织中的重要管理人员提供“企业家心理健康顾问”或“管理者助手”支持。

员工家属心理辅导

针对员工个人情感生活和家庭生活中存在的问题，开展一系列涉及“婚恋、情感、家庭、子女”问题的团体辅导、个体咨询与家庭治疗，解除困扰员工职业发展的后顾之忧。

效果评估

在项目进行各阶段和项目结束时，分别提供阶段性评估和总体评估报告，帮助管理者及时了解员工援助计划的实施效果，也为组织改善和提高管理水平提供心理依据。

……

EVAP是“员工职业援助计划（Employee Vocational Assistance Program）”的英文首字母组合。作为EAP服务体系的一个重要分支，EVAP同EAP的性质是一样的：两者都是试图通过帮助解决员工的个人问题来提高企业效率。

但EVAP与EAP在服务的针对性上有着明显的区别：EAP试图通过帮助解决员工更多的个人问题（健康问题、人际关系、家庭关系、经济问题、情感困扰、法律问题、焦虑、酗酒、药物成瘾、工作要求、工作公平感、工作关系、欺负与威吓、家庭与工作平衡、工作压力等等）来提高企业效率，而EVAP则主要侧重于通过帮助解决员工的职业发展问题来促进企业效率的提升。

EVAP的研究者认为，帮助员工发展职业，能够有效地解决员工许多的个人问题。因为，当员工们意识到工作是为了实现自己的职业理想时，他们就会进入“阿尔法（Alpha）”状态。大量的专家研究得出这样的结论，即当人进入“阿尔法（Alpha）”状态时——

学习能力最强；

反应能力最强；

最容易摆脱消极的程序，牢记有价值的程序；

知道如何利用自己的所有潜力；

会超越个人的能力局限；

激活付诸行动的力量，增加信念；

焦虑、忙碌、恐惧、易怒和激动的情绪就会消失。

EVAP正是用来帮助员工建立和持久维持“阿尔法”状态的。在这个意义上讲，运用EVAP的思想和方法体系来帮助员工，可以在相当程度上解决EAP所关注的员工的工作公平感、工作关系、人际关系、家庭与工作平衡、工作压力等个人问题。

找到抓手

在提出EVAP概念的同时，我们做了大量的基础性研究工作，发现了一个有望解开新时代员工管理问题之“症结”的“抓手”，这便是员工的工作动机。

按照社会心理学家、人格理论家和比较心理学家亚伯拉罕·马斯洛（Abraham Harold Maslow）的观点，人们的需求分成生理需求（Physiological needs）、安全需求（Safety needs）、爱和归属感（Love and belonging）、尊重（Esteem）和自我实现（Self-actualization）这五类，依次由较低层次到较高层次排列。在自我实现需求之后，还有自我超越需求（Self-Transcendence needs）。许多企业管理学者和实践者已经习惯了用马斯洛的这一需求理论来解释员工的工作动机。

然而，我们的研究显示：无论人们工作的动机有何不同，归纳起来无非是希望获得物质回报、精神回报和机会回报，只是不同的人以及同一人在不同的时期，对这三项工作回报的要求程度各不相同而已；在职场上，人们或是感到工作开心、志得意满，或是感到怀才不遇、生不逢时，其喜悦和烦恼都与这三大需求被满足的程度高度正相关。

有了上述认知，我们进一步意识到，如果以此为突破口，逐渐深入下去，就有可能找到解决员工管理这一时代性难题的答案；如果是这样，便可以赋予EVAP以独特的内涵。

（1）物质回报

这是绝大多数人工作的第一动机：通过工作，赚取尽可能多的金钱。因为，金钱对我们每一个人及其家庭来说都非常重要。它关系到自己和家人定居在什么地方，住在什么样的房子里，使用什么样的家具；也关系到是否能够给予子女以更好的营养和教育条件，是否能够更好地孝敬父母，是否能够更好地维系亲戚朋友的关系；还关系到自己和家人是否能够得到他人的良好评价，是否能够获得尊严，是否能够实现这样或那样的理想，甚至关系到自己和家人是否能够健康长寿，等等。即便是那些“不差钱”的人，也会一定程度地在乎金钱回报的多寡，因为在相当程度上，金钱代表了企业对自身价值的认可程度。

（2）精神回报

虽然金钱对每一个人都非常重要，而且在许多情况下是大多数人尤其是普通工作者的优先动机，但我们每一个人都是有道德标准、思想情感和人格尊严的，我们并不愿意做“金钱的奴隶”——为了赚取金钱而放弃道德标准、压抑思想情感、抛弃人格尊严。特别是在今天的文明社会环境下，工作的机会到处都有，我们更不会为了赚钱而特别委屈自己。换言之，我们追求物质回报是有条件的，这个条件就是，我们同时需要有相应的精神回报。

我们希望从工作中得到的精神回报，可以概括为四个方面。一是企业的合法性和健康状态。包括：企业的存在是否合法，企业提供的产品和服务是否对社会具有价值，企业的生存状况是否健康，企业是否有良好的发展前途，等等。这些来自认知领域的感受，会影响我们的工作选择，也会影响我们对待工作的心态、情感和行为。二是工作本身的价值感。我们无不希望自主选择或被企业安排的工作是自己喜欢、擅长或自我感觉有前途和价值的。三是工作中的精神体验。包括工作中获得的愉悦感、成就感、公平感、归属感、安全感以及学习与成长体验等。四是工作与生活的平衡感。包括：希望工作不影响家庭和个人情感生活，希望工作对自己的身体健康和兴趣爱好不构成损害，等等。

（3）机会回报

每一个人不仅希望从现实的工作中获得足够多的物质和精神回报，而且无不希望在未来能够可持续地获得更大的物质和精神回报。这就涉及到我们工作的第三项动机了——对机会的追求。

对机会的追求，一直在左右着几乎每一位职场人士的职业心理和行为：当一些人跳槽时，当一些人跨区域寻找工作时，当一些人因不满现有的工作而重新选择职业时，就是未来机会的动机在对他们的心理和行为发生影响——希望找到的工作或正在从事的工作，能够在下一阶段可持续地给自己带来更多、更大的物质和精神回报。

发现突破口

在找到了上述“抓手”以后，一个问题便立即跳入了我们的视野，这便是“员工们如何才能得到想要的东西”。顺着这一问题进一步研究，我们发现了以下具有普适性的道理。

每一个人的职业命运都是由两大因素决定的：一是外部环境，二是个人条件。所谓外部环境，主要是指人们所在的国家、地区、行业、企业和专业给人们提供的职业发展机会；所谓个人条件，是指每一个人在特定的环境中发展自身职业所具备的能力。在不考虑外部环境因素的情况下，每一个人的职业命运都是由其自身的三大能力素质所决定的：职业价值观、岗位胜任能力、适应变化的能力。即便是考虑环境因素，也能发现，那些在职业领域取得非凡成功的人们之所以取得成功，都是因为他们遵循了这样一个规律：首先在一个特定的岗位上表现出较优的职业价值观、岗位胜任能力和适应变化的能力，于是他们便有机会进入一个新的工作平台（包括在内部升迁或在企业间寻求发展）；在他们进入一个新平台后，继续努力表现出较优的职业价值观、岗位胜任能力和适应变化的能力，于是他们便又能获得一个新的更大的工作平台……最终他们才取得了非凡的职业成就。

于是，我们意识到并逐渐相信，企业只要能够让员工们明白，他们究竟想要从工作中得到什么，以及理解和相信，只要其职业价值观、岗位胜任能力和适应变化的能力能够满足企业组织的要求，他们便有可能最大化地获得其想要从工作中得到的回报。

（1）职业价值观

职业价值观对职业命运的影响，在极大程度上是因为，几乎每一家企业都十分在乎员工的职业价值观。现实中的企业规模越大，品牌越响亮，发展势头越好，往往对员工的价值观要求越高。比如华为、阿里、GE、微软这样的一流公司，他们在招聘人才时，候选人的价值观往往超过了50%的权重，价值观不能达到80分以上（100分制），根本就不会被选中。在这些企业里，要想升职，价值观也是一项绝对重要的考量指标；价值观存在问题的人，业绩做得再好，企业也不会把位高权重的职务交给他们。

大企业是这样，各行各业的中小企业也大致如此。只是中小企业由于招聘人才比较困难，在招聘基层岗位员工时，便会一定程度地放松对候选人的价值观要求。但放松要求不是没有要求，如果一个人的价值观不能达到60分，想要进入到中小企业工作也是不大可能的。

而且，中小企业在招聘和任用关键岗位人才时，对价值观的重视程度普遍也是较高的，比如在招聘和任用财务人员、高级管理和专业岗位人才时，几乎跟所有大企业一样都会高度重视候选人的价值观。也就是说，价值观存在缺陷的人即便在中小企业，也同样不可能获得高级职务。

（2）岗位胜任能力

一个人仅有良好的职业价值观，却缺乏胜任特定岗位工作所需要的基本能力，那么他的职业命运也将是未知的。

比如，我们设想有这样一位年轻人，他对工作回报的要求较低，他十分看好正在服务的企业，他愿意在时间和精力投入上完全满足企业的要求，但是他只是刚毕业的大学生，没有任何工作经验。在这种情况下，会出现两种可能。其一，有些公司可能根本就不会给他工作机会，因为他没有工作经验，职业行为充满不确定性；这些公司不愿意培养人才，只愿意使用有特定工作经验的人才，现实中这样的公司很多。其二，有些公司有可能接纳他，然后加以培养，直到他胜任特定的岗位工作，如果经过培养，他仍然无法胜任岗位工作，再考虑是否淘汰他；这是许多大公司的做法，也有越来越多的中小企业在招不到人才的情况下，不得不使用没有工作经验的职场新人。

但是，上述第二种可能性通常是针对基层或一线员工而言的，现实中几乎没有任何一家企业会让一位毫无工作经验的人担任管理职务。因为，任何管理岗位的从业者都责任重大，如果他缺乏岗位胜任能力，不仅不能服众，而且必然会导致所在团队无法达到公司的基本要求。所以，现实中的每一家企业在使用关键岗位人才时，一定会考察候选人的岗位胜任能力。换言之：如果你不具备胜任某一特定关键岗位的能力，你便无法得到那一关键岗位；任何组织都不会轻率地让那些胜任能力未经检验的人才到关键岗位任职。

（3）适应变化的能力

适应变化的能力有以下两层含义。

其一，要不断地提升自己的职业竞争力，才能保有已经取得的职业地位。因为，任何组织都处于发展过程中，即便你的职务/岗位不变，你的岗位工作环境也在变，组织对你的能力要求也在变化，你只有适应这种变化，才可能保有职务或岗位。

其二，如果你希望得到升职，你就有必要建立确保你得以升职的能力条件。你只有具备了升职所需的能力条件，进而才有可能升职。

上述两层含义一致指向职业成功的两个关键因素：员工需要建立起必要的适应变化的能力，企业有必要帮助员工建立起适应变化的能力。

解决新问题

在提出EVAP概念并不断丰富其内涵的同时，奇榕咨询公司的业务也从早期的战略与营销咨询服务，发展到了关键人才管理相关的培训及咨询，进而又与时共进地开展了“合伙人制度建设”的相关培训和项目咨询服务。

在开展合伙人制度建设相关的培训和咨询项目服务时，EVAP理论使我们有了两个方面的“说服力”。其一，使我们有充分的理由告诉企业经营者和高管们，要解决员工管理问题，需要首先关注和满足人才们的工作动机（对物质、精神和机会回报的期待与要求），只有以此为“抓手”，才能更有效地让员工们满足企业的期望。其二，使我们有充分的理由告诉人才们，要想企业给予自己最大化的工作回报，就需要同时在职业价值观、岗位胜任能力和适应变化的能力这三个方面满足企业对自己的期待和要求。

在具备了上述两方面“说服力”的同时，我们也就因此而有了两个观点和主张。其一，企业只要授予特定的人才们以股份，便既能够有效解决人才们对工作回报的关切问题，又能够有效解决企业支付能力不足的现实问题。其二，企业在授予特定的人才们以股份的同时，便可以对人才们的职业价值观、岗位胜任能力和适应变化的能力提出更为严格的要求。

然而，在进行“合伙人制度建设”相关课题研究时，我们却又碰到了一系列新的理论和实践问题。这些问题主要包括以下五个方面。

第一，如果一家企业缺少有效的事业梦想和业务逻辑，它将无法吸引到优秀人才加盟，也将无法保留住已有的优秀人才。在这种情况下，企业实行股权激励计划或合伙人制，便无法取得理想的效果。

第二，员工们的职业价值观和能力素质是千差万别的。企业不能指望一实行股权激励计划或合伙人制，就能够将所有员工变为优秀人才。再说，企业能够授予员工的股份是有限的，如果不对授予对象加以选择，便不可能取得理想的激励效果。然而，究竟依据什么来确定股权激励的对象，以及如何对不同的激励对象进行分层分级，这又是一个很大的问题。如果不能解决好这一问题，就很有可能激励了一部分人才，却打击了另一部分人才，并将由此而导致一系列不良后果。

第三，在确定了股权激励的对象以后，应该如何来设计股权激励政策呢？这还是一个很大的问题。比如，拿出多少股份用于人才激励？怎样分配股份？怎样确定股份权力？怎样给股份定价？怎样确定股份行权条件？股份退出机制应该是怎样的？等等。不解决好这些问题，股权激励计划或合伙人制将不仅不会取得理想的效果，而且还很有可能留下无穷的后患。

第四，实行股权激励计划或合伙人制以后，如果缺少一套有效的管理手段和政策机制，其后果将是非常可怕的。这更是一个很大的问题。比如：采取“同股同利”的分红原则，意味着在未来的时间里，无论贡献大小，所有人都按其所持股份参与分红，这是很不公平的，其后果也会十分严重；当人才们的股份收益足够多以后，失去工作斗志怎么办？这不是企业所希望看到的；一部分人才持有股份，但其后期的能力不能满足企业不断发展所构成的新要求，又将怎么办？等等。

第五，企业实行股权激励计划或合伙人制以后，如果人才们的工作意愿和能力不能因此而发生变化，那么企业的业绩也就不会发生变化。如果这种情况出现，就意味着企业实行的股权激励计划或合伙人制，并没有取得应有的效果。这同样是一个很大的问题。

针对以上五个方面的问题，我们的专家团队经过大量深入的理论研究和小心翼翼的实践探索，最终提出了一个名叫“合伙人制度的1+4模型”（简称“1+4模型”）的解决方案，并在我们所撰写的《合伙人制度顶层设计》一书中正式公布了这一方案。

3. 3S在“1+4模型”中的地位

本书的中心内容是“3S绩效管理体系”。它是“1+4模型”中至关重要的内容，将直接关系到合伙人制度的成败。实践已经反复验证：“1+4模型”所承载的思想和方法不仅易于理解，而且容易实行（各类企业只要愿意，一定可以在短期内设计出符合本企业实际需要且长期有效的合伙人制度体系）；“3S绩效管理体系”是确保股权激励计划或合伙人制必然取得成功的最佳的管理思想和方法选择。

为了便于读者理解3S体系，我们在此首先引用《合伙人制度顶层设计》一书中关于“1+4模型”的介绍，之后再说明3S体系的基本主张。

“1+4模型”

“1+4模型”（见下图）中的“1”是指，企业要实行合伙人制，要使合伙人制达到预期目的，必须首先要有事业梦想和业务逻辑；没有事业梦想和业务逻辑也可以推行合伙人制，但那一定是成本高昂的，并且是不大可能取得理想效果的。

在实行股权激励计划或合伙人制时，事业梦想和业务逻辑之所以不可或缺，主要有两大原因。其一，真正的中高端人才，在哪家企业工作都能获得较高的工资性收入，他们选择在一家企业工作，会更看重该企业的事业梦想和业务逻辑。因为，只有比较高大上的事业梦想才能让他们产生激情，只有可靠的业务逻辑才能让他们产生信任。大家都知道阿里巴巴公司有一位知名的合伙人名叫蔡崇信，他当年放弃820万年薪，跟马云一同创业，却愿意只拿象征性的500元月薪，看重的就是马云先生所描述的阿里巴巴的事业梦想和业务逻辑。

事业梦想和业务逻辑的另一个作用是，有了这两样东西，公司的股份价值和潜在股份价值才能被充分地估计出来。没有事业梦想和业务逻辑的企业在推行合伙人制时，老板们总是试图将大比例股份授予甚至赠送给人才们，但人才们却并不满足，甚至是完全不领情，结果是根本就无法取得应有的激励效果，反而搞出了一大堆问题，使企业未来的发展受制于此。

“1+4模型”中的“4”是指，在有了“事业梦想和业务逻辑”这一前提条件之后，要想合伙人制实现设计的初衷，并长期有效，一定需要建立四套递进式方案；也只有如此，才称得上是真正意义上的合伙人制。这四套方案分别是——

（1）合伙人身份定义标准

这套方案的中心内容是，企业在实行合伙人制时，首先要选准合伙对象。有些人适合于合伙，有些人不适合合伙，把不适合合伙的人盲目纳入合伙人序列将后患无穷。此外，企业中员工众多，是仅仅把极少数的中高管或技术精英纳入合伙，还是让更多的员工有参与合伙事业的机会，这将是一个十分重大且影响深远的问题。

无论企业准备把怎样的人选纳入合伙人序列，都一定会涉及到选择标准的问题。如果没有标准，便只是老板“拍脑袋”定人选，这在当下或许不是大问题，但长期看来则是一个很大的问题。有了标准的好处是，谁应该参与合伙，谁不适合合伙，由标准说了算，不会引起争议。有标准的另一个好处是，老板可以躲在背后，任由自己的合伙人团队来决定未来的合伙人人选。

与此同时，还需要有合伙人身份层级的定义标准。即便一家企业只是将极少数的核心管理团队成员纳入合伙，他们也可能是有区别的，比如持股数量不同、持股方式不同、权力和身份差别等。如果没有标准，就会引起争议和不信任。特别是当一家企业要把较多的人选吸纳到合伙人序列中来，而他们的岗位、能力、服务年限、历史贡献有明显区别时，如何定义每个人的身份层级往往会是一个大问题。有了标准就好办了——大家自动向标准靠拢。

（2）合伙人股权激励方案

这套方案是合伙人制度的中心内容。怎样实行股权激励是一个大问题，它涉及到许多方面的重大而又具体的内容。比如，拿出多大比例的股份用于人才激励，采取实股激励还是虚股激励，采取期权方式还是立即授予股权，不同人持股数量和方式的差别，是向合伙人赠送股份还是出售股份，股份怎样定价，股份怎样分红，在什么条件下合伙人应该增持或减持股份……凡此种种，都需要有明确的规则和执行细则。

与此同时，对人才们实行股权激励是有一定的法律和道德风险的。为了避免可能出现的风险，就需要在实行合伙人制度之初，把一切有可能出现的风险考虑充分，并通过“白纸黑字”的方式把规则定义清晰。只有这样，才能维护好企业和所有合伙人的利益，并消除彼此之间可能产生的猜忌与不信任。

（3）合伙人动态管理标准

这套方案是合伙人制度中最为关键的内容，将直接决定合伙人制度的成败。这一方案，应涉及两个方面的内容。

一是如何对每一位合伙人的贡献进行定期评估或考核。没有评估或考核，便无法有效地鉴别每一位合伙人在特定工作周期内的贡献大小。我们一般建议，对合伙人贡献的评估或考核应同时追求四个目标：促使企业更有效地达成业绩目标，使报偿更趋公平合理，推动企业管理的持续进步，促进合伙人的持续学习与成长。显然，要同时实现这四个目标，就需要设计出相对科学的合伙人贡献考核体系，并且要严格地执行。

二是一定要把合伙人的贡献考核结果与合伙人的股份分红、后期配股和合伙人身份的升降进退密切挂钩。如果不能密切挂钩，贡献考核的前述四个目标就无法最大程度地实现。但是，如何挂钩？则又涉及到一系列具体方法与规则设计问题。

（4）合伙人文化与培养方案

合伙人不同于雇佣制下的员工，合伙事业一定要求合伙人建立真正的主人翁意识和高度的责任感，并要求所有合伙人的行为必须满足共同准则的要求。而要做到这一点其实并不容易，因为人性是自私的，是有惰性的，并且可能是短视的。这就要求企业有必要制定出相应的合伙人文化守则来让所有的合伙人遵守，只有所有的合伙人一致遵循共同的文化行为准则，合伙事业才有可能结出丰硕的果实，也才有可能长期有效。反之，极有可能因人性汹汹而事与愿违。

仅仅制定出合伙人文化守则是不够的，还需要把守则“装”进每一位合伙人的脑子里、渗透到每一位合伙人的血液里，只有这样，才能达到最佳的合伙状态。如何做到呢？这便涉及到如何对合伙人进行培养的问题。合伙人培养，不能只是喊口号、讲道理，实践已经反复证明，靠喊口号、讲道理的方式来培养合伙人，其作用与效果不可能好；合伙人的培养，也不能仅仅依靠课堂式培训的方式来实现，实践同样也已反复证明，仅仅依靠课堂式的培训来培养合伙人，其作用和效果也是极其有限的。

基本主张

我们虽然在《合伙人制度顶层设计》一书中，提出了一定要把合伙人的贡献考核结果与合伙人的股份分红、后期配股和合伙人身份的升降进退密切挂钩，但对于具体如何挂钩，则因篇幅所限而没有进行详细说明。现在有必要补上这一内容。令我们感到高兴的是，迄今为止所有接受过我们指导的客户企业，在设计股权激励计划或合伙人制度时，几乎都不折不扣地采纳了我们的观点和方法。

我们的观点和方法，可以归纳为以下四大基本主张。

（1）应将绩效考核结果与合伙人的股份行权资格挂钩

合伙人在行权时，将与公司的年度业绩目标达成情况及合伙人的当期绩效考核结果挂钩。原则性办法是：公司达成年度业绩目标时，所有合伙人方可行权，否则所有合伙人当期不能行权；在满足前述要求的基础上，依据合伙人个人当期绩效考核结果，决定个人当期是否可以行权以及行权比例。当公司达成年度业绩目标时，如合伙人个人当期绩效评估得分不足80分，则不能行权；如合伙人个人当期绩效评估得分为80～100分时，则按贡献系数同比例行权；如合伙人个人当期绩效评估得分达到100分以上，则100%行权。

（2）应将绩效考核结果与合伙人的股份分红挂钩

我们一般建议企业在分红时，只分配当期增量利润中的一定比例。如果是分配利润而非增量利润，就意味着无论企业的利润是多少，都要进行分红，即便是在企业利润极少的情况下依然要分红，这很可能意味着企业会越做越小；分配增量利润中的一部分，则意味着只有大家努力创造出增量利润，才会得到分红。增量利润是相对于保底利润而言的，超出保底利润的部分就是增量利润。在这种分配思想中，保底利润目标的设置是一个敏感点。我们一般建议企业，在设置保底利润目标时，要充分考虑到企业内外部的各种情况，并参照行业内上市公司的平均利润率来设置保底利润目标。

在公司没有增量利润的情况下，所有合伙人都没有分红。公司当年有增量利润，且公司决定当年给合伙人分红时，将依据每股分红金额和个人持股数量来决定个人当年的“名义”分红金额，再依据每一位合伙人的年度绩效考核结果来决定具体的实际分红金额。

（3）应将绩效考核结果与合伙人身份升降挂钩

在设计股权激励计划或合伙人制时，就将合伙人分为不同的身份层级（我们一般建议由低到高分为四个层级：预备合伙人、正式合伙人、核心合伙人、终身合伙人）。每年基于每一位合伙人当年的绩效考核得分情况，对合伙人的身份进行一次重新认证，从而使得连续贡献较大的合伙人在公司的地位不断提升，同时使得连续贡献较小的合伙人在公司的地位不断降低，并以此逐步将那些不愿意努力奋斗、“只想坐车不想拉车”的人员逐步排除出合伙人序列。

（4）应将绩效考核结果与合伙人股份增减持挂钩

大多数公司在实行股权激励计划或合伙人制时，一般不会在合伙人股份行权之后，将其所持股份与其后期业绩表现挂钩，充其量只会约定合伙人离开公司时的股份处置办法。实践证明，这是合伙人制度设计中的一个极大缺陷。许多合伙人在实际取得股权以后，其奋斗精神下降，或做出有损企业利益的行为，或满足于既得利益而不愿意学习与成长，这使得企业的经营与管理后患无穷。所以我们主张，将合伙人所持股份的增减持与其当期贡献挂钩：当合伙人的绩效不能达到既定分值时，其应当减持相应的股份，所减持的股份由持股平台的LP（普通合伙人）立即以事先约定的价格回购（合伙人此前所持有的股份是其通过历史贡献挣得的，回购相当于买断了其所减持股份的历史贡献）；当合伙人的连续贡献较大时，他将按照约定规则增持相应的股份。

4. 3S的三个评估方向

正如我们在本书第4章已经论述过的那样，企业采取传统的KPI方法设计员工的绩效考核指标时，对于应考核什么和不应考核什么，通常是无规定、无边界、无原则的，因而不同的企业是可以随意取舍的。因此我们看到：那些持有“只要结果，不要过程”的管理理念的中小企业，往往为图简单省事而只选取结果项的考核指标；而那些大中型企业，则总是试图将更大范围的指标纳入到考核体系中来。

我们主张，企业应定期考核所有合伙人在文化、结果和过程三个方向上的贡献（见图5-1），既不应增加也亦不应减少考核项。所基于的理由和逻辑如下。

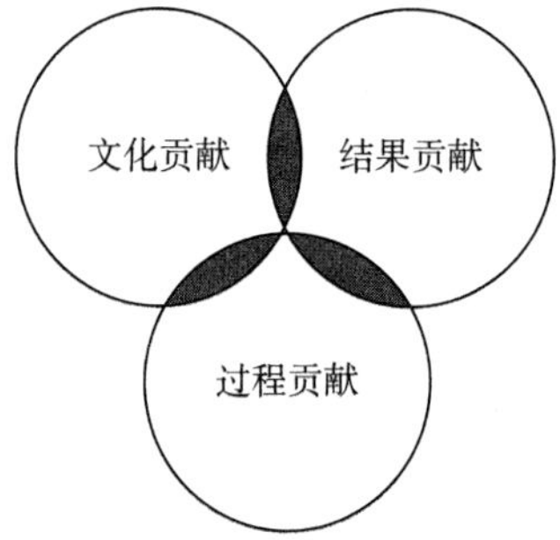

图5-1　3S绩效评估的三个方向

基于的理由

读者可以通过以下情境来思考和理解，我们为什么会主张一定要考核合伙人在文化、结果和过程这三个方面的贡献。

假定有一家50人规模的小企业，其2018年的销售业绩为6000万元，2019年它决定实现1.2亿元的销售目标。现在的问题是：该公司要想在2019年实现1.2亿元的销售目标，对其全体员工在总体上和客观上应该有哪些方面的要求呢？

毫无疑问，该公司要实现1.2亿元的销售目标，客观上要求公司里的每一位工作人员，都能够在各自的岗位上实现由总目标分解而来的工作结果目标，以及影响工作结果的关键事项目标。比如，各个区域和岗位的销售人员要实现相应的销售相关目标，生产人员要实现与销售目标相适应的生产目标，研发人员要实现与销售和生产目标相适应的新产品研发目标，采购人员要实现与销售、生产和研发目标相适应的采购目标，财务、人力和行政部门人员要实现前述各部门为实现目标而派生出来的相应的关键工作事项目标……当该公司将公司的年度总体目标分解为各部门和各岗位人员的绩效目标，并将绩效目标分解到季度或月度时，在理论上讲，它便有了确保总目标实现的针对各部门和岗位人员的结果项绩效考核目标。

那么问题来了：假定上述目标分解是有效的，该公司就一定会实现其2019年的1.2亿元的销售目标吗？答案是不一定。因为，假定该公司不能从以下两个方面确保公司全体员工的行为有效，那么上述目标分解无论多么有效，都不可能确保总目标的实现。

其一，假如该公司缺少一套有效规范管理员工的文化准则和规章制度，或者该公司虽然有文化准则和规章制度，但员工们并不遵守，或者有一部分核心层人员的行为正在对公司的文化准则和规章制度构成破坏性冲击，那么该公司便很有可能会因为观念和行为不一致而导致目标无法完成。

其二，假如该公司的员工们不能确保在2019年的全年工作过程中，有良好的应对和解决各种随机出现的工作问题的能力和行为表现，那么该公司也是难于确保年度总体销售目标完成的。这是因为，在任何公司、部门和岗位追求目标达成的过程中，都会随时面临或碰到各种各样的问题，比如销售部门人员在销售过程中会碰到一系列的与客户开发、关系维护、订单处理、竞争应对等相关问题，又比如生产部门在生产过程中会碰到人员短缺、物料供应、设备故障和技术障碍等问题，当相关工作人员不能预见到工作问题的发生，或在问题发生后出于各种原因不能有效地解决问题时，便势必会影响本岗位工作结果目标的实现，而本岗位的结果目标若不能实现，便势必会影响公司总体目标的实现。

反过来说，如果上述公司，既能有效地将公司的总目标分解到每一部门、层级和岗位，又能最大化地确保全体员工遵守公司的文化准则和规章制度，同时还能最大化地确保每一位员工有效解决工作过程中的问题，那么，该公司的总体目标就能最大化地得到实现。如果在这种情况下，也不能实现总目标，那便是总目标定得过高了。

换言之，任何一家公司或部门在管理员工的绩效时，都有必要同时考核员工的文化、结果和过程表现。

逻辑关系

在3S绩效管理体系中，文化、结果和过程这三个要素的逻辑关系如图5-2所示。解释如下。

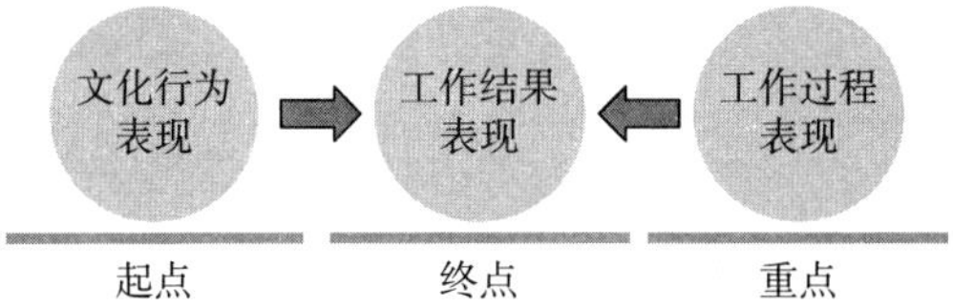

图5-2　三大考核项的关系

文化是员工实现良好业绩的“起点”。因为，员工只有遵守公司的文化准则和规章制度，才可能进而有良好的工作过程表现和工作结果表现；不遵守公司的文化准则和规章制度的员工，不可能产生良好的绩效（如果一位员工不遵守公司的文化准则和规章制度，却又能产生良好的绩效，那一定只是碰巧，将不可能持续）。

结果是员工要达到的“终点”，也是企业的最大关切。考核员工工作结果的重要性还在于，如果缺乏工作结果目标的牵引，员工在其他两个考核方向上的行为表现便很有可能偏离正确的方向。

过程是员工要达成良好的结果目标的“重点”。因为只有确保工作过程有效，才能达成良好的工作结果目标（如果工作过程有效也不能达成工作结果目标，那意味着工作结果目标定得过高；如果无需管理工作过程，也能达成工作结果目标，那意味着工作结果目标定得过低）。

基于以上说明，文化、结果和行为这三个考核方向是彼此加强和相互修正的关系：加强文化行为表现和过程行为表现的考核，可以促进员工更好地完成工作结果目标，也可以用以修正工作结果目标定义时可能出现的偏差；加强工作结果目标项的考核，可以促进员工文化行为和工作过程行为的有效性，也可以用于修正文化和工作过程管理中可能出现的偏差。

特别说明

在本书第2章中，我们曾给出了一个鲜明的观点：在员工绩效管理标准中，不应考核工作意愿和能力方面的内容，而只应考核员工的工作结果和行为表现。现在的问题是：在前述三大考核方向的主张里，我们却又主张考核员工的文化贡献，这是不是自相矛盾呢？

为避免产生误会，需要在此特别说明：我们所主张的对合伙人的文化贡献的考核，不是要考核合伙人遵守公司文化准则和规章制度的意愿，而是要评估员工们遵守公司文化准则和规章制度的行为表现。在实际进行评估的过程中，我们主张只识别极端文化行为表现，即给对公司文化有贡献的人员加分，给破坏公司文化的人员减分，而对既无明显的好表现又无明显的差表现的员工给出标准分值（参见本章第六节的相关建议）。

5. 3S的五项功能

考核合伙人在文化、结果和过程三个方向的贡献，是为了把对每一位合伙人的绩效考核结果，与其股份相关的所有利益高度挂钩。但是，这并不是唯一的目的。理想的3S绩效考核，应同时具备以下五项功能。

促进沟通与协作

这是3S绩效管理体系的首要功能。在传统上，绝大多数的绩效考核标准中并没有“过程管理”的相关内容，只有目标设置与考核。企业所基于的考虑是，有了目标设置，管理者和员工便会自动地为实现目标而努力。然而，这一观点和做法明显存在一些问题。比如，当一些员工不知道应如何采取有效的工作行为时，他们将无法实现既定的目标；又比如，一些员工明知道按照某种“规范”进行工作可以取得更好的工作结果，但他们可能为了图省事而不愿意那么做，这样一来，他们依然无法取得最佳的业绩。

最为重要的问题还在于，对于完成岗位工作目标将要涉及的任务、流程和方法，许多员工的理解是有限的。他们往往需要上级领导的指示、提醒、敦促，才能意识到自己应该做什么和怎么做。比如，一些销售人员面对大量的客户开发、客户关系维护、客户订单处理与协调等工作，他们可能抓不住工作重点，因而效率较低；如果没有上级的帮助，他们就不能取得理想的销售业绩。又比如，HR人员可能会每天忙于大量的事务性工作，却不愿意去做那些他们不擅长的基础性制度化管理、关键人才招聘和员工效能管理等工作；如果没有人去提醒、要求和敦促，他们管理人力资源的业绩便不可能达到最优。

除此之外，跨部门、跨岗位工作协作中的问题，更是在许多公司天天出现。如果只是规定员工的业绩目标，而不考虑实现业绩目标所依赖的条件，就势必无法完成目标。比如，销售部门要完成销售订单，会对生产部门的交期构成要求，而生产部门的工作效率，又会受制于采购部门的工作质量和效率……，这意味着，如果做不好管理协调工作，那么，虽然有明确的业绩目标，但完不成业绩目标也就十分平常了。

3S绩效管理体系所具有的促进沟通与协作的功能体现在，任何一位工作者的工作目标与计划，都是在上级和相关岗位人员的参与下制定出来的；在制定工作目标与计划的过程中，就可以解决大量的跨岗位和跨部门沟通协作的问题。比如，销售部门接到一个大订单，会要求生产部门按照合同规定的交期交货，而生产部门要按照交期交货，就会要求采购部门供应相关供应品，也会要求人力部门解决人力不足的问题，而生产部门、采购部门和人力部门各自都有自己的工作要做；这时，相关人员在制定关键工作事项计划时，就应该就此进行协商，并形成承诺，从而确保按时保质保量完成订单。如果缺乏这样一种工作沟通与承诺机制，那么在工作过程中，就会出现扯皮拉筋和相互推责的问题，最终会损害企业利益。

又比如，公司总经理要求人力资源部门在某月某日之前，完成全公司各个岗位人员的SOP优化设计。人力资源部门要完成这项工作，一定需要公司各部门配合完成本部门各岗位人员的SOP。如果缺少一种有效的沟通和协作机制，那么人力资源部门要想完成这项工作，便必然不得不“求爷爷告奶奶”地要求、请求或敦促各部门主管“帮助”他们，而各部门人员一定会以工作忙为理由，要么不能按照人力资源部门要求的时间节点提交，要么提交的质量达不到要求。有了3S绩效管理标准以后，在召开3S会议时，当总经理要求人力资源部门主管做出承诺，并将这项工作写入关键工作事项计划时，人力资源主管在承诺这项工作时，就必然会要求所有相关部门主管同步承诺相应工作的完成时间和质量，并将承诺的内容写进他们各自当期的关键工作事项计划。

促进合伙人学习与成长

3S绩效管理的另一个功能是为了促进每一位合伙人的学习与成长。将这一功能作为管理合伙人的贡献的重要目的，所基于的理由有以下三点。

其一，任何一位合伙人，只有提升了工作能力，才有可能创造出更好的工作业绩。道理很简单：你希望一位员工将120斤的担子挑到10公里之外的某处，他如果确有这个能力，你只要激励一下他，他便可以做到；如果他不具备这个能力，你仅仅激励他是没有用的，在这种情况下，你要他完成任务，便只有一种选择，那就是帮助他提升能力，包括让他寻找到达成目标的新的方法。

其二，3S绩效管理体系本身具有促使合伙人能力提升的功能。因为，当一位合伙人在文化、结果和过程三大考核方向上努力争取得高分时，他就会努力建立能力或寻找方法；这样一来，他在此三个方向上的工作能力也就会得到提升。最重要的是，3S绩效管理体系本身将为合伙人的工作能力提升指明明确的方向和要求，也为合伙人的能力提升提供了衡量依据。

其三，3S绩效管理体系还具有发现合伙人能力短板的功能。企业运用这一体系，要求每一位合伙人制定本人的工作目标与计划时，以及在对每一位合伙人的每一项细分指标进行考核时，所有合伙人的工作意愿、工作能力和发展潜力都会一览无遗地呈现在所有人的面前。

这是因为，3S体系要求，每一位合伙人的绩效目标与计划的制定以及各指标项的考核，都应在公开进行的“3S例会”上完成（参见本书第7章的内容）。在这种情况下，一方面，那些表现欠优的合伙人将面临强大的压力，他们不得不改变自身的思维、心态、行为和行为结果；另一方面，也将不断提醒企业，应采取相应的管理干预措施，来促使那些在思维、心态、行为和行为结果方面表现欠优的合伙人，迫使他们作出相应的改变。

促进业绩目标的达成

道理很简单：当每一位合伙人因能力提升而创造出了更佳的业绩时，企业的业绩目标也就能够最大化地得以实现。

最重要的是，3S绩效管理体系本身，就是一套确保每一位合伙人实现最佳业绩的方案。当每一位合伙人都能够在文化、结果和过程这三个方向的每一细分指标项上有良好表现时，企业便必然能够创造出更佳的业绩。

促进管理的持续改善

在运用3S绩效管理体系管理合伙人的贡献，以促使每一位合伙人创造更佳的业绩时，合伙人将面临许多直接和间接的现实问题或困难。这时，企业或上级领导，只有设法来分析和解决问题，相关合伙人才能形成工作承诺；而企业或上级领导为追求更佳业绩，不得不设法解决合伙人在创造业绩过程中将要碰到的各种现实问题或困难时，企业的管理也就得到了相应的改善。

比如，当企业要对每一位合伙人“响应跨部门协作的行为表现”

进行考核时，将会涉及到跨部门协作的管理标准问题；如果没有标准，便无法定义一位合伙人是否做到了有效地响应跨部门的协作要求。问题出现以后，企业为了促使每一位合伙人都能积极地响应其他部门的协作要求，就不得不设法建立起跨部门协作的管理标准。这便是3S所具有的推进企业管理改善的功能体现。

相似的道理，如果一位合伙人的3S考核标准中有一项考核指标叫做“工作创新”，那么企业就应该制定出相应的工作创新指南及成果认定办法；如果企业没有这么做，就无法引导合伙人有意识地进行工作创新，也无法有效地评价一位合伙人是否在进行工作创新，以及无法评估合伙人的工作创新成果究竟值不值得嘉许。

促使合伙人获得更好的工作回报

这是3S绩效管理体系的最终目的，也是上述四项功能得以实现的前提性功能。

在本章的第2部分，已经用较大的篇幅介绍了我们早先的研究成果：每一位员工都希望工作能够带给自己以更好的物质、精神和机会回报；企业实行股权激励计划或合伙人制，可以从根本上确保合伙人能够最大化地获得物质、精神和机会回报，因为当人才们持有企业的股份以后，人才们的利益也就与企业的利益实现了高度捆绑。那么，顺理成章的逻辑便是，当3S绩效管理体系所具备的前述四大功能得以展现时，意味着企业必然会发展得更好；企业发展得更好，人才们也就必然能够从企业的发展中得到更大的回报。

具体说来，3S绩效管理体系将从三个方面带给人才们以利益。其一，当一位合伙人的连续3S绩效考核结果较优时，其便可以在股份行权、利润分红和后期股份增持等方面占有更大优势；其二，当一位合伙人的连续3S绩效考核表现优异时，他极有可能获得更多的升职和加薪机会；其三，当大多数合伙人都有良好的3S绩效表现时，意味着公司的业绩会更好/股份价值会更高，每一位合伙人不仅可以因此而获得更大的股份相关收益，也将会获得更大的股份收益之外的多重收益。

还有一个价值也有必要指出：由于3S具有促进合伙人学习与成长的功能，当一位合伙人的能力因为其所在的企业推行3S体系而得到提升时，他即便由于各种原因最终离开了现在工作的公司，也能够从新的组织里持续获得由此带来的良好的工作回报。

6. 3S的内容框架与方法

表5-1是3S绩效管理标准的通用模版。我们在指导和帮助企业设计合伙人制度时，总是要求企业基于这个模版来制定适用于每一位合伙人的3S绩效考核标准。

表5-1　　3S绩效管理标准（通用模版）

评估指标		目标设置	评分标准（细则）	数据来源	评估得分		权重设置	最终得分
评估方向	细分指标				自评	他评		
文化贡献（CS）								
结果贡献（RS）								
过程贡献（PS）								

接下来，我们将对这个模版中涉及的所有重要方面进行必要的论述与说明，以便尽可能地使大家了解其所承载的管理思想和所基于的思维逻辑，并使大家充分理解其所提供的方法在具体应用过程中涉及的问题和处理技巧。

指标设置

3S绩效管理体系首先是一个相对封闭的考核系统。其封闭性体现在两个方面。一是只考核合伙人在文化、结果和过程三个方向上的贡献，不涉及其他维度的考核；二是只考核合伙人在前述三个方向上的行为和结果表现，不涉及工作意愿和能力的考核。在此两个前提下，我们再来分别讨论应如何设置每一考核方向下的细分考核指标。

（1）“文化贡献”方向的指标设置

首先有必要说明什么是“文化贡献”，以及对合伙人文化贡献进行考核的重要性和必要性。我们在此所说的“文化贡献”，是指一位合伙人遵守公司既定文化（价值观）准则和规章制度的行为表现。

每一家公司都有既定的文化准则和规章制度。其文化准则和规章制度，是企业在发展过程中逐步选择并形成的。文化准则包括：企业的愿景、使命、价值观，企业倡导的做人、做事、团队合作、对待客户的准则，以及企业规定的不可容忍的员工行为底线，等等。规章制度是指适用于每一位员工的工作行为规范，通常包括：上下班时间规定、目标与计划管理的规定、工作协作/响应相关的规定、工作汇报（报表）相关的规定、会议管理相关的规定，等等。

考核合伙人文化贡献的目的在于，合伙人只有遵守公司既定的文化准则和规章制度，才能维持和确保组织的凝聚力、向心力、协同力和战斗力，进而公司才可能创造出较好的经营和管理业绩。反过来说，如果一家公司缺少相应的文化准则和规章制度，或已经有了既定的文化准则和规章制度，但人们不去遵守，那么，员工们就会各行其是，组织就会像一盘散沙；这样的组织便会没有凝聚力、向心力、协同力和战斗力，也就不可能创造出卓越的经营与管理业绩。

在理解了考核合伙人文化贡献的重要性和必要性之后，便立即涉及到一个问题：如何设置文化贡献方向的考核指标。对此，我们一般建议设置以下三项细分考核指标（各企业也可以根据自身的管理要求，以及各岗位的具体情况，来选择文化贡献方向细分考核指标的多少和具体的指标内容）：

遵守《合伙人文化守则》的行为表现；

遵守公司目标与计划管理、工作汇报与会议管理要求的行为表现；

跨部门沟通与内外部协作的行为表现。

需要特别说明的是，并不是每一家公司在上述三个细分考核指标项上，都有明确的堪称“准则”的文化定义和堪称“规范”的规章制度。在这种情况下，我们会建议企业在制定3S标准之前，应该花一定的时间，通过群策群力的方式梳理和制定出要求公司全体合伙人共同遵守的《合伙人文化守则》，以及对公司现行的核心规章制度进行重新梳理，以便清晰地定义出要求合伙人必须遵循的规章制度是什么。

（2）“结果贡献”方向的指标设置

首先需要明确一点：结果贡献方向的考核指标是每一家公司都高度关注的，因为公司每一位工作人员的工作结果的加总等于公司总体的绩效（如果不相等，那说明公司的绩效考核标准设计存在缺陷）。

从某种意义上讲，结果贡献方向的考核指标看起来是比较容易确定的。这是因为，在大家尽皆熟知的KPI考核指标体系中，工作结果方向的指标无不是优先关注的，而且，几乎每一家企业都能轻而易举地针对每一个岗位罗列出多项重要的细分考核指标来。然而，在设置这一方向的细分指标时，会面临一个难点：销售和生产部门人员的结果指标相对容易设置，非销售和生产部门人员的结果项指标不容易设置。以下举例说明。

在设置销售部门人员的结果项细分考核指标时，无非是在以下通用指标中，根据企业的实际管理需要而做出选择：

销售目标达成率；
销售毛利目标达成率；
新产品销售目标达成率；
销售回款目标达成率；
客户满意度；
市场占有率；
销售费用控制目标达成率……

在设置生产部门人员的结果项细分考核指标时，也无非是在以下通用指标中，根据企业的实际管理需要而做出选择：

生产计划达成率；
质量目标达成率；
产值目标达成率；
人均产值目标达成率；
制造成本控制目标达成率；
体系维护与改善目标达成率；
创新目标达成率……

但请注意，即便是针对销售和生产岗位的结果项考核，涉及三个以上的可选择指标时，究竟选择什么指标作为细分考核指标，也会是对相关人员的极大考验。因为通常来说，考核指标设置过多，会稀释其中一些重要指标的权重；而考核指标设置过少，则有些重要的内容可能未被关注。我们通常建议，处理这一矛盾的办法是，只选取其中被各相关方人员认为最重要的2～4项指标，其他指标不予考核。这虽然显得有些武断，但实践证明却是有效和可行的。

更有难度的问题还在于，如何为非销售和生产岗位人员设置结果项的细分考核指标？这是因为，在设计绩效考核标准时，非销售和生产岗位人员的工作结果内容的分类，一直是一个未能很好解决的管理难点（即便是销售部门和生产部门的人员，有些岗位在结果考核项上如何分类，也同样是一个没有被很好解决的问题，比如销售部门的助理和内勤岗，生产部门的计划岗和统计岗）。

所谓“分类”，是指如何将一个岗位的工作结果的内容分解成为不同的考核指标。针对这一问题，我们的观点是，所有工作岗位的工作结果一定集中于五个维度：效率、质量、成本、创新和安全（这五个维度也是企业管理工作永恒的五大主题）；换言之，不同的企业在针对不同的岗位设置结果项细分考核指标时，无非是在这五个维度上做出选择。

不过，需要提醒的是，不同岗位在上述五个维度的优先顺序是不一样的。比如，对于财务人员和飞机驾驶员等岗位来说，安全指标可能应该是排在第一位的；而对于其他众多岗位的人员而言，效率指标则可能应该排在第一位。

（3）“过程贡献”方向的指标设置

在谈到这一方向的指标设置时，大家首先需要认同一点：没有正确有效的工作过程，便不会产生最佳的工作结果。比如，当一位销售人员不能有效地选择目标客户、完成客户开发、维护与推进客户关系时，他便不大可能实现销售目标；又比如，当一位人力资源主管不能做好人才的招、用、育、留四个方向上的若干具体工作时，他几乎没有可能实现理想的人均产值达成率目标或员工流失率目标。在这个意义上讲，考核相关工作人员的工作过程表现，便是一个不可或缺的选择。

那么，怎么设置过程贡献方向上的细分考核指标呢？针对这一问题，我们一般建议考核以下三项细分指标：

周期内关键工作事项计划完成率；

周期内关键工作事项计划完成的质量或效果；

周期内计划外工作事项完成情况。

上述建议的核心内容是考核周期内的关键工作事项计划。不同企业针对不同岗位人员的考核周期各不相同，有的是季度考核，有的是月度考核，有的是每周考核。无论是哪一种考核周期，企业中的许多工作岗位，尤其是管理岗位，在考核周期内无一例外地会涉及到大量的具体的关键性工作；他们只有关注到那些影响工作结果的关键性工作事项，并解决好这些关键工作事项所涉及的问题，才能确保在考核周期内最终创造出良好的工作结果。

比如一位安全管理人员，他的工作结果目标是“0”安全事故，那么围绕这一结果目标，他可能需要在考核周期内完成这样几项关键性工作事项：对相关人员进行一次安全知识与技能培训，出台一种安全管理办法并确保有效执行，进行一次安全大检查（发现安全隐患并及时消除）……毫无疑问，他只有做好了所有已经列示出的与安全相关的关键工作事项，才有可能确保在周期内实现“0”安全事故目标。

又比如一位销售人员，如果他在考核周期内的销售目标是1000万元，那么他就要分析，围绕这一销售目标，他需要开发多少新客户，将哪些客户的关系推进到什么阶段，要解决客户关系中的什么棘手问题，要争取哪几家客户尽早下订单，要协调哪些内部关系以便按时向客户交货等等。他只有做好了跟实现1000万元销售目标有关的所有关键工作事项，才有可能确保在周期内实现1000万元的销售目标。

有了考核周期内的关键工作事项计划，就要设法完成；不仅要完成，还要尽可能高质量地完成。所以，以关键工作事项计划为主轴的过程贡献考核，有必要考核两项重要的细分指标：计划完成率和计划完成的质量/效果。

那么，为什么又要考核“计划外工作事项完成情况”呢？这是因为，许多岗位的工作人员，在按照事前确定的计划进行工作时，可能会有一些事前没有估计到的计划外工作，冲击到他们的既定计划。比如一位安全管理人员，本来计划用一天时间对相关人员进行一次安全知识与技能的培训，并用一周时间起草某一安全管理办法，然而公司总经理突然安排他到欧洲出差一周，考察某供应商新推出的一款消防设备。在这种情况下，这位安全管理人员的既定工作计划就会被冲击，他不得不既设法保证既定计划的完成，又满足总经理临时安排给他的出差要求。

任何一位岗位工作者的计划外工作，通常都来自于两个方向：一是来自上级领导的临时指令性工作，二是来自跨部门或跨岗位的临时协作性工作要求。由于来自这两个方向的临时性工作，常常可能会冲击到被考核人员“正常”的事项工作计划，所以，我们特地建议在过程贡献考核方向加上“计划外工作事项完成情况”这一细分指标。针对这一指标，我们一般会建议，在考核时只加分不减分；至于怎么加分，则要根据过程贡献考核的前两项细分指标的完成情况，来做出通盘的理性的选择。

有必要说明的是，上述三项细分指标的设置只是一般性建议，不同的企业针对不同的岗位，可以根据相关各方的商议结果来设置具体的细分考核指标。

权重设置

现在我们来专门谈一谈3S绩效考核标准的权重设置问题。

首先来说三大考核方向的权重设置。对此，我们的建议是，针对合伙人的绩效考核，文化、结果和过程三个方向的权重设置应分别如下。

文化贡献：20%

结果贡献：40%～70%

过程贡献：40%～10%

以上权重分配中，在结果贡献和过程贡献考核方向，之所以存在选择区间，是因为不同岗位人员的工作结果有的易于衡量，有的则不易衡量。我们一般建议，针对结果贡献易于衡量的岗位，其结果贡献方向的考核权重要高，反之则要低。

设置权重时要考虑的另一个问题是，在每一考核方向下，各细分考核指标应如何设置权重？针对这一问题，大多数企业约定俗成的做法是，采取“分布式权重设置”方式，即根据对各细分指标重要性的定义，分别给予不同的权重；所有细分指标考核权重的加总，即等于这一考核方向的总权重，但我们一般不建议采取这种办法。这是因为，这种分布式权重设置办法会面临两个问题：其一，企业在为各细分考核指标分配权重时，可能存在认知偏差；其二，被考核者有可能无视或忽视那些权重分配较低的细分指标。

我们的建议是，最好采取设置“修正系数”的办法来解决上述问题：把每一考核方向下的第一项细分指标作为“核心指标”，核心指标采取百分制（最高可得120分）；把每一考核方向下的第二至第N项指标作为“修正指标”，修正指标也采取百分制计分法（最高可得120分），但需要将单项得分除以100，转换成修正系数；最后，再以核心指标项的得分乘以所有修正系数相加后的平均值，得出该考核方向的最终得分。

打比方说：一位销售人员的结果贡献要考核四项细分指标：销售目标达成率、销售毛利目标达成率、回款目标达成率和销售费用控制情况。在某一考核周期，该销售人员在此四项细分指标的考核得分情况如下。

销售目标达成率：100分；

销售毛利目标达成率：80分（系数为0.8）；

回款目标达成率：90分（系数为0.9）；

销售费用控制情况：100分（系数为1.0）。

基于这位销售人员结果贡献项的四项细分指标的得分，用后三项细分指标的平均评估得分转换得来的修正系数〔（0.8+0.9+1.0）/3=0.9〕，乘以第一项指标（核心指标）的得分（100分），得出的分值便是90分，即该销售人员在结果贡献方向的最终得分为90分。由此可见，运用核心指标乘以修正系数的方式，就能有效地回避传统的“分布式权重设置”中存在的问题。

目标设置

众所周知，如果不能为每一项细分考核指标设置目标值，便无法评估每一细分考核指标的结果；而要为每一项细分考核指标设置目标值，便一定涉及到怎样设置目标值的问题。

在传统上，大多数企业在设置员工的绩效目标时，有一个共同的倾向，就是尽可能地设置“进取性目标”。比如，一家公司在上一年度的销售额为1个亿，该公司在设置下一年度的销售目标时，一般会倾向于设置大于实际可能/能力的目标，如设置1.3亿或1.4亿的目标。一旦完成了公司的目标设置，公司便必然会把总目标及其所涉及的关键工作事项目标分解到各部门和各岗位；如此一来，各部门和各岗位的目标便顺理成章地也具有了“进取性”。

企业之所以倾向于设置“进取性目标”，通常主要是基于两点考虑：一是企业老板和高管们从内心里总是希望在未来一个周期内取得更好的业绩，当有了这一良愿后，他们便会找到各种理由来证明其期望是“合理”的；二是企业老板和高管们通常相信，只有给员工们以足够高的目标压力，并辅助以相应的正负激励措施，才能激发员工们的工作斗志。实践证明，这种做法有时候的确可以取得老板和高管们期望的效果，但大多数时候却是事与愿违的。

在这一问题上，我们一般建议在设置考核目标时应采取“保守策略”，即只要员工做出了一般性的努力，便能达成绩效目标。但这并不意味着，企业应该放弃取得更好业绩的愿望，而是在员工取得更好业绩时给予员工以奖励，通过奖励来激励员工争取最大化的业绩。

比如，一家公司在上一年度的销售额为1个亿，该公司在设置下一年度的销售目标时，可以将考核目标设置为1.2亿，但同时可以通过正向激励，鼓励员工争取更好的业绩，以确保企业获得更好的经营业绩。具体做法是，在公司的销售额超过1.2亿时，便拿出超过考核目标值的业绩的利润中的一部分“重奖”业绩超标的员工们。

这样做的直接好处有三个：一是可以让员工们相信，只要努力便一定能够实现考核目标，因而可以让员工们意识到，公司制定的考核目标是人性化的和有效的；二是可以使员工们为争取更大的业绩而奋斗，因为当他们做出高出考核目标的业绩时，公司将给予相应的奖励；三是当公司对不能完成考核目标的员工予以处罚时，所有人都会认同，因为考核的业绩目标只是正常努力就可以达到的，达不到正常的业绩目标是不能被原谅的。

与上述主张相适应，我们在辅导企业制定针对每一位合伙人的绩效考核目标时，一般会建议企业采取“80～120分制”的计分方式来评定每一位合伙人的贡献。在这一建议下，合伙人达到一般水平得100分，低于一般水平相应减分，高于一般水平相应加分。这一考核思想的核心是：企业应以正面激励或奖励合伙人为主。这一建议的理由是：以奖励为核心内容的绩效考核思想，比传统的以处罚为核心内容的绩效考核思想，在实践中所展现的实际绩效管理效果会更好，特别是对于新生代员工来说。

评分标准

结果贡献项的评分标准比较好制定，一般是“数据说话”，即按照完成情况同比例给分，最高分值为120分。比较困难的是文化贡献和过程贡献这两个考核方向，其所涉及的若干细分考核指标如何给分？对此，我们的建议如下：

对于文化贡献方向所涉及的若干细分指标的评分标准，我们一般建议采取“极端事件法”，也就是看被考核对象有无特别好的行为表现或特别差的行为表现。如果既无特别好的行为表现，又无特别差的行为表现，就给100分；如果存在特别差的行为表现，就视其程度给80或90分；如果有特别好的行为表现，也视其程度给110或120分。

这是3S绩效管理体系特有的一种管理思想：企业没有必要在所有

细节问题上计较员工的所有行为表现。如果是事无巨细地追究当事人满足管理标准所要求的所有细节，便必然会存在偏差、引起争议、导致博弈，所以，过分“精细”的考核是得不偿失的。而如果采取“模糊化”的方式识别极端事件，事情就会一下子简单了。即给大多数没有特别好或差的行为表现的人100分，只给极少数的有良好行为表现的人加分，并只给极少数的有较差行为表现的人减分，且加分和减分时都说明事实依据；这样一来，就不会存在偏差，就不会引起争议，也就不会导致博弈。

对于过程贡献方向所涉及的若干细分指标的评分标准，我们一般也主张采取“相对模糊”的方式进行评分。在实际操作中，一般是由被评估对象的直接上级，根据当事人在考核周期内的工作努力程度及工作结果情况，给出笼统的评价，允许上级在给下属打分时打“人情分”或“感觉分”。

我们提出这一主张，有三点理由。其一，对大多数岗位来说，过程贡献方向只占较小的权重（最少只占10%），且给分范围是80～120分，因而对整体得分的影响有限。其二，过程贡献管理应是一种“下属在上级督促和帮助下实现有效自我管理”的安排；基于这一定位，只要当事人与其上级达成一致意见即可。其三，3S考核评估的得分情况，将在公开的3S会议上进行公布及调整（参见本书第7章的介绍）；在这一机制安排下，上级在给下属的过程贡献方向的每一细分考核指标打分时，一般不得不尽量做到公平（这是因为，给一位下属打出过低的得分，会导致下属的不认同和其他人对打分者的不利评价；而给一位下属打出过高的得分，则意味着放纵下属并同样导致其他人对打分者的不利评价）。

特别说明：各企业在依据本企业的具体情况，制定出了可行的评分标准以后，在具体实施评估时，还将涉及到许多具体问题，比如数据来源、评分方式、争议解决、正式沟通、资料留存等等。这些方面的内容，我们将在本书第7章中详述。

7. 3S的适用范围

正如我们已经多次指出的那样，我们开发3S绩效管理体系的初衷是，帮助企业通过管理合伙人的贡献来实现五个目的：①促进企业各部门、层级和岗位间的沟通与协作；②促进合伙人和员工的学习与成长；③促使更好地达成企业/部门/岗位的业绩目标；④推动或促进企业管理的持续优化或改善；⑤确保合伙人和员工获得更大的可持续的工作回报。

然而，我们不得不在此说明三点：其一，3S绩效管理体系不一定适合于所有实行了股权激励计划或合伙人制的企业；其二，3S绩效管理体系也可有条件地适用于已经实行股权激励计划或合伙人制的企业中的非合伙人群体；其三，3S绩效管理体系还可以有条件地适用于没有实行股权激励计划或合伙人制的企业。下面逐一说明。

第一适用方向

要想通过3S绩效管理体系来有效实现前述五个目的，将依赖于一个根本性的前提：企业已经实行/即将推出的股权激励计划或合伙人制，的确与3S绩效考核结果能够高度地挂起钩来。

“能够高度地挂起钩来”的基本标志是，合伙人3S绩效考核的结果，可以应用于合伙人股份利益相关的四个方向：能够用来决定合伙人股份期权是否可以行权，以及行权的比例；能够用来决定合伙人的实际股份分红；能够用来决定合伙人身份的升降进退；能够用来动态地决定合伙人股份的增减持。关于这一点，我们在本章第三节已经有过说明。

在此需要进一步说明的是，要同时与合伙人的上述四个方向的股份相关利益高度挂钩，要求企业已经实行/即将推出的股权激励计划或合伙人制度中有相关政策性安排或约定。否则，3S绩效管理便不能体现出它应有的用途。可以想象，如果一家企业要采取3S绩效管理体系来管理合伙人的贡献，而其股权激励政策却没有明确表明，其股份相关利益将受到3S绩效考核结果的影响，那么，我们所说的3S绩效管理体系所具有的五项功能，便难于全面和真正地实现，或者必然会相应地打折扣。

不过，好在企业也是可以采取应变措施的。也就是说，如果企业已经实行了股权激励计划或合伙人制，并由于企业在公布其股权激励计划或合伙人制之前，并不知道有一个可供采用的3S绩效管理体系，因而在其已经实行的股权激励计划或合伙人制中，没有为后期应用3S绩效管理体系预留空间，那么我们认为，当这类企业深入了解了3S体系后就会意识到，有必要引入3S绩效管理体系来管理其合伙人的贡献时，它也可以对其已有的股权激励计划或合伙人制进行必要的修正。这一修正如果是合理的，就应是能够获得其合伙人认同的，因为从根本上说，这样做对企业和对大多数真正愿意把自身利益与企业长期发展捆绑在一起的合伙人而言，都是利好消息。

第二适用方向

3S绩效管理体系在众多企业的应用实践经验显示，如果一家企业可以将3S绩效管理体系应用于合伙人管理，那么该企业一定也可以将该体系用于替代原有的员工绩效管理标准。

我们在指导和辅助企业建立合伙人制度体系时，一直在建议我们的客户同时用3S绩效管理体系来替代针对所有员工的原有的绩效管理标准。令我们感到高兴的是，所有我们服务过的企业，都全盘接受了这一建议。

企业在将3S绩效管理体系应用于合伙人贡献管理的同时，让这一体系覆盖到所有员工（用以取代原有的员工绩效管理标准）有三点好处。其一，会使企业从此拥有共同的绩效管理语言及思维；其二，会一次性解决企业绩效管理中面临的各种理论性、结构性和技术性问题；其三，可以让非合伙人员工意识到，按照3S绩效管理体系的要求来实施自我管理，其在不久的将来也有可能成为公司的合伙人。

需要说明的是，上述第三点好处隐含着一个前提性要求：企业有意向吸纳更多的优秀人才进入合伙人序列。我们之所以敢于对我们的客户提出上述建议，且我们的这一建议之所以每每被“照单全收”，一个重要原因就是，我们帮助客户企业建立的合伙人制度都有“预备合伙人”这一政策安排：所有的员工在暂时不能成为正式合伙人时，可以争取先成为预备合伙人；预备合伙人经过考察，在条件具备后将成为正式合伙人。

第三适用方向

也有一些企业在暂时没有实行股权激励计划或合伙人制的情况下，请我们为其设计覆盖全员的3S绩效管理体系。换言之，实践已经证明，3S绩效管理体系可以在不考虑实行股权激励计划或合伙人制的情况下，应用于一家企业的员工绩效管理实践——用以取代原有的绩效管理标准。

但是，我们不得不说，在这个方向上的应用是有前提条件的。其前提条件有三：其一，该企业虽然暂时尚未实行股权激励计划或合伙人制，但已有此计划或打算，因而员工们有理由接纳3S绩效管理的思想和方法；其二，该企业是新兴的创业型公司，因为创业型公司的员工通常年纪较轻、充满朝气，最重要的是，创业型公司大都拥有诱人的事业梦想，员工们希望公司发展得更好，并相信在公司发展得更好时，他们个人必然会因此而获得相应的职业收获；其三，该企业必须有一位强势的老板，他看好3S绩效管理体系，并能够做到像任正非先生聘请IBM的专家团队那样，要求自己和自己的团队充分信任外部咨询专家团队。

当然，即便一家企业不具备以上三个条件，它也可以创造性地或移花接木式地将3S绩效管理的思想和方法应用于本企业，只是，其效果将会怎样，我们不敢妄下断言。

第6章

3S绩效管理体系设计

- 四个前提条件和五大步骤
- 步骤1：高层达成共识
- 步骤2：培训宣导
- 步骤3：输出文化守则
- 步骤4：逐一制定标准
- 步骤5：审议定稿
- 利用软件辅助设计3S标准

任何一家企业在导入3S绩效管理体系时，都有必要遵循相应的原则、步骤和方法，并需要注意一些十分重要的问题与事项。否则，匆忙、草率设计出的3S绩效管理标准，很有可能不被合伙人认同，或者有可能陷入传统的企业/老板与合伙人博弈的心态与思维中，这便违背了导入3S体系的初衷。企业导入3S体系的初衷应该是：人才们在强大的企业感召力下，愿意在团队成员的共同参与下，自己给自己制定3S绩效考核标准，并乐于用自己制定出来的标准管理自己的绩效行为、参与推动公司的管理发展，以及促使自己持续地学习与成长，最终使自己获得更大的职业回报。

本章将要介绍的就是企业导入3S绩效管理体系的原则、步骤、方法和应注意事项。这些内容均是经过实战反复检验之后的经验之谈；理论上讲，每一家企业都不应为图省事而忽略掉其中的任何内容。

1. 四个前提条件和五大步骤

任何一个组织或个人做任何一件事情（不论事情的大小），都涉及到三个问题：一是实现目的所需要的条件，二是实现目的要经历的步骤（过程），三是每一步骤要采取的方法。

比如，奇榕咨询有一家能源行业的民营集团公司客户，它有一项业务就是在不同的区域开办加气站（类似于中石油、中石化分布在全面各地的加油站）。该公司每在一个区域开办一处加气站，在开始建设加气站之前，都必须具备三个基本的前提条件：一是要有土地，即建设加气站所需的用地；二是要有政府计划，即当地政府在目标区域有建设加气站方面的规划；三是要有资金，即建设和运营一处加气站所需要投入的资本（每个加气站大约需要5千万元以上人民币）。在具备了这三个条件以后，建设一处加气站需要经历五大步骤，整体建设周期需要1年左右：一是要与土地所有方签订土地租赁或合作经营协议；二是要让建设方案获得众多政府部门和第三方审核机构的审核通过；三是建设施工并接受有关政府和第三方机构的监督与验收；四是项目试运营，包括解决运营过程中出现的问题；五是项目的正式运营。这五大步骤中的每一步，都将涉及大量的具体的工作流程与方法。

又比如，我们的另一家客户是中国首屈一指的助听器产品及耗材提供商，它在近年来开展的一项新业务就是，针对大量的工矿企业推广其生产的听力防护耳塞，用以保护这些企业里的经常在高噪音环境下工作的工人，使他们的听力免受噪音伤害。该公司要想成功地推广这一业务，需要具备三个基本的前提性条件：一是该系列产品的确能够有效地帮助目标企业的工人们保护听力；二是目标企业的确认为需要并愿意为工人们购买听力防护装置；三是要有专门的销售人员或销售渠道商与目标企业联系、接洽与推销。在这三个条件具备的情况下，该公司面向工矿企业客户销售其专业耳道防护产品，一定会经历这样的过程：定义目标客户→开发目标客户→让目标客户对本公司的产品和服务感兴趣→促使客户实现首次购买→促使客户重复购买→促使客户与本公司建立排他性合作关系。在这一销售过程中，每一步都将涉及大量的具体的销售工作流程、方法与技巧。

我们想要借上述举例说明，任何一家企业导入3S绩效管理体系时，也需要具备相应的条件、采取相应的步骤和运用相应的方法。接下来，我们首先介绍企业导入3S体系时需要具备的条件和将要经历的主要步骤，随后再具体说明在经历每一步骤时，需要运用到的方法。

四个前提条件

根据我们多年的咨询服务实践经验，一家企业只有同时基本具备了以下四项条件，其导入3S绩效管理体系才会比较顺利，进而才能取得较好的效果。

（1）企业要有梦想和逻辑

企业的梦想和逻辑，一直是我们所主张的合伙人制度建设的起点，也必须是企业针对合伙人群体推行3S绩效管理体系的起点。或许，没有这个起点作为前提条件，企业也可以推行合伙人制或导入3S绩效管理体系，但可以肯定，这样做不可能取得理想的效果。关于

“梦想和逻辑”，我们在本书第5章中已经有过介绍，以下内容可视为对我们前述观点的重申和补充说明。之所以要重申和补充说明，是因为这个前提条件实在是太重要了。

“梦想”是指企业希望做成一家什么样的公司：要实现的愿景是什么，要承担什么样的社会使命。通常，企业的梦想可以有两个来源：一个是“有依据”的梦想，它来源于企业过去做了什么（“我从哪里来”），现在是什么状态（“我是谁”），未来将会长成什么模样（“我要到哪里去”）；一个是“没有依据”的梦想，它来源于企业经营者或高管们的想象或自信，即相信自己通过努力，便一定能够实现什么样的企业目标和社会责任目标。

“逻辑”是指企业实现自身梦想的依据，也是企业用以说服员工们相信企业能够实现梦想的依据。通常，任何一家企业都将涉及到三个方面的业务相关问题：具体做什么业务？业务的边界在哪里？ 怎样有效地开展业务？

“具体做什么业务”是要回答，企业具体要向市场或客户提供哪一或哪些方面的产品和服务。比如，一家汽车零配件行业的企业，将涉及太多的业务选择，它需要清晰地定义其究竟是要向市场提供发动机产品，还是汽车电子系统，还是刹车片产品，还是汽车空调系统，还是其他什么产品？对此，我们点到即止，因为提及到这一点，大家都十分明白我们的所指。

“业务的边界在哪里”是要回答，在企业要向市场提供的产品和服务中，本企业涉足的业务在行业内的整体业务链条中居于哪一环节。比如，同样是向特定的客户提供汽车电子系统产品，它必然会涉及这样一些问题：是自己生产并销售，还是购买原器件组装后销售，还是与他人合作生产与销售，还是只做该类产品的经销商……，对于这个方向的问题，我们也不作展开，因为大家都明白我们所指的是什么。

“怎样有效地开展业务”是要回答，企业秉持的是怎样的经营逻辑、组织文化和客户服务精神。比如，一家向特定客户提供汽车电子产品的企业，它需要清晰地定义与供应链伙伴进行价值交换的原则，以及需要向员工们讲清楚，他们应该以怎样的思维方式、心态和行为参与公司的工作分工与协作，并以怎样的思维、心态和行为服务于它的客户。这些就是怎样开展业务的问题，它关系到企业的质量、效率、成本和形象，并最终关系到企业的梦想是否能够实现。

强调企业梦想和逻辑的意义在于，有梦想和逻辑的企业更能吸引和保留优秀人才，并能强化员工的工作意愿。因为，人才们无不知道，在有梦想和逻辑的企业工作，个人将获得更多的物质、精神和机会回报，因而他们会更加在乎企业对他们的要求，并会尽可能地让自己的思维、心态和行为满足企业对他们的要求。反过来说，当一家企业没有梦想和逻辑或梦想和逻辑不可靠时，企业便吸引不了和保留不住优秀人才，员工们便会不珍惜当前的工作，因而也就无所谓企业对他们的要求了；在这种情况下，无论是实行合伙人制还是推行3S绩效管理体系，都不大可能取得理想的效果。

（2）企业要有相应的激励制度

在具备了上述梦想和逻辑的前提条件下，企业还需要具备相应的激励制度，才有可能更为成功地导入3S绩效管理体系。反之，当企业的激励制度本身存在缺陷时，却指望通过导入3S绩效管理体系来促使企业的绩效管理效果发生大的变化，这是不现实的。

前述企业梦想和逻辑在本质上也具有很好的激励员工的作用，因为它可以使员工想象自己在企业中工作将可能获得丰厚的物质、精神和机会回报。但这是不够的，因为绝大多数人在看重未来的同时，更为看重现实。这也是可以理解的，因为毕竟美好的未来要从现实出发，即只有让员工们相信现实是可靠的，他们才能进而相信未来可期。

员工们所关心的与绩效管理/考核相关的激励问题，可以分为两个层次：薪酬相关利益和股份相关利益。具体说来就是：①企业只有愿意并有能力向员工们支付较高的薪酬，并将较大比例的薪酬与员工的绩效考核结果挂钩，才能使他们对包括3S绩效管理体系在内的绩效管理方案有足够的兴趣和重视度；②企业只有将3S绩效考核的结果与所有合伙人的股份相关利益高度挂钩，才能迫使或促使所有合伙人自觉自愿地应用3S绩效管理体系来进行自我管理。

（3）老板要有坚定的意愿、意志和有效的行为导向

企业在实施或推进任何重大的工作事项时，老板的意愿、意志和行为导向都是决定事情成败的重要变量。当老板的意愿强烈、意志坚定和行为导向有效时，事情也就成功了一半；如果老板意愿不强烈、意志不坚定和行为导向存在错位，则一定不会产生好的效果。

许多读者都听说过华为聘请IBM专家团队做顾问的故事。任正非先生推动华为变革的意愿、意志和行为，堪称众多企业老板的楷模。

1997年西方圣诞节前一周，任正非近距离地考察了休斯、朗讯和惠普三家世界级企业之后，将考察重点放在IBM这家最具美国特色的企业身上。虽然圣诞节前夕美国各大企业都已经放假了，但IBM包括CEO郭士纳在内的高层领导均照常上班，并真诚而系统地向任正非介绍了他们的管理内涵。

整整一天时间，从产品预研到项目管理，从生产流程到项目寿命终结的投资评审，IBM高层都做了极为详尽的介绍。为了强化任正非对IPD的认识，IBM副总裁送给他一本哈佛大学出版的关于研发管理的著作，后来他发现朗讯、惠普等美国著名企业也都实施这样的研发模式。

听了一天的管理介绍，任正非对IBM这样的大型公司的有效管理和快速反应有了新的了解，对华为本身存在的缺陷以及如何在扩张过程中解决管理不善、效率低下和浪费严重的问题有了新的认识，而对华为在未来的成长与发展过程中如何少走弯路，也有了新的思路。

尤其让任正非由衷敬佩的是，郭士纳作为IBM的灵魂人物，不仅具有罕见的坚强意志和变革勇气，而且为人处世极端低调。正是这种务实精神，他才得以集中全部精力在IBM建立了世界一流的业务流程、高度透明的发展战略以及高绩效的企业文化，最终将IBM从死亡之谷带到辉煌的巅峰。

这一切，让任正非怦然心动：华为要像IBM一样强大，不仅自己要以郭士纳为榜样，而且华为必须虔诚地拜IBM为师，不惜一切代价将其管理精髓移植到华为身上。这是华为成为世界一流企业的必经之路，也唯有如此，华为才能逐步走向规范化、职业化和国际化。

圣诞节期间美国处处万家灯火，任正非一行却在硅谷的一家小旅馆里，三天没有出门，开了一个工作会议，消化访问笔记，整理出一厚叠简报带回国内传达。在这次内部会议上，任正非得出以下结论：

①企业缩小规模就会失去竞争力，扩大规模，不能有效管理，又面临死亡，只有加强管理与服务，在这条不归路上，才有生存的基础。

②我们只有认真向这些大公司学习，才会使自己少走弯路，少交学费。IBM是付出数十亿美元直接代价总结出来的，他们经历的痛苦是人类的宝贵财富。

……1998年8月10日，任正非召集了华为由上百位副总裁和总监级干部参加的管理会议，宣布华为与IBM合作的IT策略与规划项目正式启动，内容包括华为未来3～5年向世界级企业转型所需开展的IPD（集成产品开发）、ISC（集成供应链）、IT系统重整、财务四统一等8个管理变革项目。

会上，任正非宣布了以孙亚芳为总指挥、郭平任副组长的变革领导小组的成员名单，同时宣布了由研发、市场、生产、财务等富有经验的300多名业务骨干所组成的管理工程部的干部任命，全力以赴配合IBM顾问的各项工作。

1998年华为尚在位于深圳南山区科发路科技园办公。会后，任正非亲自指示，把非常拥挤的华为总部腾出很多临海的房间，按照IBM风格进行布置并购买了新的办公家具，让顾问来到华为后感觉仍然在IBM，可谓宾至如归。1998年8月29日，随着第一期50多位金发碧眼的IBM顾问进驻华为，一场旷日持久的全面学习IBM的管理变革运动，徐徐拉开大幕。

华为这次聘请IBM的专家团队做顾问，据说一共花费了超过40亿元（人民币）。

企业在导入3S绩效管理体系时，老板要有强烈的意愿是指：老板们只有意识到绩效管理是一个战略问题，而不是一个技术问题；企业只有做好了绩效管理，许多其他管理方面的问题才能一顺百顺；而且，老板们要坚定地相信，3S绩效管理体系是不二选择。只有老板们这样想问题时，企业导入3S体系才有可能成功。如果老板们认为绩效管理可有可无，或仅仅只是把绩效管理视为管理过程中的技术性方法问题，或怀疑3S绩效管理体系是否真正有效，那么，就一定不会有好的导入效果；如果是这样的话，还不如不要导入。

企业在导入3S绩效管理体系时，老板要有坚定的意志是指：要做，就一定要做好；在导入的过程中碰到任何困难、问题或挑战，都要继续下去，直到成功。做任何事情，尤其是导入像3S绩效管理体系这样的系统化的管理思想和工具，碰到这样和那样的阻力，一定是很正常的。在碰到阻力时，工作能不能进行下去，老板的意志非常关键。只要老板们坚定自己的意志，就一定能够取得成功；反之，在面临阻力时，一旦老板有所松懈，那么其他人的意志便一定会一泻千里。

企业在导入3S绩效管理体系时，老板要有有效的行为导向是指：老板一定要亲自主持或参加相关会议。特别是在项目启动阶段和制定中高层人员的3S绩效管理标准时，老板一定要亲自参与，甚至亲自主持会议。老板们只有做到这样，才能正面导向其他人的行为。如果老板们认为，制定绩效管理标准只是公司里的其他管理人员的事情，甚至认为只是人力资源部门人员的事情，那么，就不要奢望导入3S绩效管理体系可以最大化地取得好效果。

（4）要有真正的专家参与项目指导

这里所说的专家，不是指一定要聘请外部咨询公司的专家来做项目服务，也可以是经过严格的3S绩效管理体系培训的内部管理人员，还可以是由其他公司加盟过来的经历过3S绩效管理体系从制定到落地执行全过程的资深管理人员或内部顾问。

专家的作用在于，可以确保企业制定出来的3S绩效管理体系既符合其应有的思想、逻辑和原则，又符合企业的实情，同时还能有效地在企业落地执行。我们的咨询服务实践显示，专家介入企业3S绩效管理体系设计和执行的最关键的价值在于，当设计和执行过程中，大家走入“死胡同”时，专家能够冷静地引导大家走出“困境”，避免大家误入歧途或受问题困扰而失去正确方向和应有的信心。尽管在没有专家介入的情况下，企业设计出来的3S绩效管理体系存在偏差或漏洞以后，企业可以在未来的时间里自己予以修正，但问题是，这样做的成本可能较高，未必值得试错。

然而，我们又不得不说，现在的专家可谓“满天飞”，他们中有许多人只是懂得某一专业领域的皮毛，就敢自称“专家”。这具有极大的欺骗性。比如，有不少人从我们的文章和书籍中了解到“3S绩效管理体系”这一概念以后，觉得这个概念很有市场，便仅仅基于自己的有限经验和想象，就对外宣称自己深谙3S绩效管理体系，并且可以承接3S绩效管理体系建设的咨询项目，这是很不负责任的，很可能给企业带来伤害。

判断一位专家是不是货真价实，可以从三个方面来予以观察：一是看他能够把3S绩效管理的思想、逻辑和方法体系讲述到什么程度；二是看他为哪些企业做过3S绩效管理体系，或者曾亲自参与过哪些企业的3S绩效管理体系从建设到执行的全过程；三是看他对于制定和执行3S绩效管理体系时涉及的一些关键和敏感问题，是否有独特的符合逻辑常识的见解。企业只要理性地在这三个方面进行观察和分析，就能识别出专家们的真伪。

五大主要步骤

企业导入3S绩效管理体系时，一般需要经过以下五个步骤：

① 高层达成共识；

② 培训宣导；

③ 输出文化守则；

④ 逐一制定标准；

⑤ 审议定稿。

企业在导入3S绩效管理体系时，也可以不按照这一流程行事，比如为图省事直接从第四步骤开始。这样做，也可以获得看起来像模像样的3S绩效管理标准，但这样得来的3S绩效管理标准，其实际效果绝对不可能达到最优。我们对此的观点是：鉴于绩效管理在企业经营管理中的重要性日益提高，企业既然决定导入3S，最好应努力做到最优；而做到最优的不二法门就是遵循标准的流程，因为标准的流程通常是经过反复的实践检验，被证明是最佳的途径或方法。

我们一般建议，业务结构和组织结构比较复杂的大中型企业，在导入3S绩效管理体系时，不一定要一次性全面铺开，而是可以先在一个特别需要改变绩效管理模式的直线部门或分/子公司率先推行，在取得成效后再逐步覆盖到全公司。在这种情况下，意味着这类企业可以先在部门层面，采取变通性的步骤和方式导入3S绩效管理体系。但是，无论出于什么特殊情况，都应当遵循相同的步骤，区别只应是参与对象的范围而已。

本章随后的内容，就是针对这五大步骤中的每一步骤分别涉及的主要内容、方法和应注意的一些关键事项给出的指引。

2. 步骤1：高层达成共识

导入3S绩效管理体系应该是“一把手工程”。我们的实践经验显示，老板们通常会在以下情况下意识到本企业需要导入3S绩效管理体系：一是在计划实行股权激励计划或合伙人制之时，希望同步应用3S绩效管理体系来管理合伙人的贡献；二是企业此前已经实行了单纯的股权激励计划，但由于缺乏相配套的绩效管理手段，股权激励并没有给组织带来明显的激励效应，因而老板意识到应当导入3S绩效管理体系，以弥补之前制度的缺陷；三是企业尚未实行股权激励计划或合伙人制，但老板希望运用3S绩效管理体系来替代此前的员工绩效管理模式与方法。

然而我们想说，仅仅是老板意识到应该导入3S绩效管理体系，这是不够的，老板还应设法让公司的管理高层与自己在想法和意志上达成一致。

老板与高管团队达成共识的必要性有四。其一，任何企业中的任何决策，只有高层达成高度共识，才有可能实现最佳效果。其二，与员工股份权益相关的事情无不高度敏感，搞不好会影响员工对公司的信任，所以高层统一认知和意志非常重要。其三，在重大决策事务上，一个人的脑袋在许多时候不如多个脑袋好使，群策群力更能有效地解决问题。其四，管理高层在导入3S绩效管理体系时的态度、意愿和行为，将直接影响到其他合伙人或员工的态度、意愿和行为。

有必要提请注意的是，有些企业老板在重大决策事务上往往乾纲独断，不愿意或不习惯与自己的管理层进行民主化商议决策，却有时也能取得并不差的决策效果。这是不是说这类企业在决定导入3S绩效管理体系时，无需老板跟管理层达成共识呢？我们的观点是，如果属于本节开头所指的三种情况的第一种或第三种，这种由老板乾纲独断的方式来导入3S绩效管理体系，或许也是勉强行得通的；但如果属于第二种情况，由老板一人独断肯定会出现问题。

在这一决策方向，老板与管理层达成共识的方式可以有以下三种。

其一，老板有了计划或想法与意志以后，不应立即形成决策，而应首先让管理层成员思考相关问题并发表意见，同时要求他们阅读3S相关书籍和文章，或者让他们参加外部机构主办的相关主题的培训课程。之后，再组织一次专题研讨会，征求大家的意见和建议。过程中，老板应充分说明自己所认为的在本公司推行3S绩效管理体系的意义和必要性，以此引导大家充分思考和讨论相关问题，直到逐步形成一致意见。如果一次研讨会不足以让所有人统一认识，老板不宜急于决策，可以再举行内容相似的研讨会，继续讨论，直到达成共识。

当然，上述形式的会议，不能只是老板为了让高管们“同意”自己的既定观点而召开。明智的老板应善于运用这样的会议和沟通机制，来验证、丰富乃至修正自己的既有观点。

其二，聘请外部相关专家来企业讲授3S绩效管理体系课程，并针对本企业导入这一体系涉及的所有问题与管理层进行深入研讨。老板借助外部专家力量来影响自己的管理层，其好处有四点：一是3S专家更加了解3S体系的思想、逻辑、方法及其应用环境，以及在应用中可能出现的问题及其解决策略；二是外部3S专家的身份决定了他们在受众心目中更具权威性和公正性，往往更能使自己的管理成员理解并认同3S体系的价值；三是外部3S专家由于见多识广，不仅可以循序渐进地向自己的管理团队呈现3S体系的思想、逻辑和方法，而且他们通常能够游刃有余地应对和回应参训者提出的各种问题；四是在外部3S专家与自己的管理团队进行沟通的过程中，老板可以作为旁观者，清晰地了解自己的管理团队各成员在相关问题上的思维方式、关注的重点以及心理活动。

但是必须警告性地指出，老板不可把外部3S专家仅仅作为实现自己既定意志的工具。聘请外部3S专家的真正价值应该是，通过系统学习和充分沟通，促使自己的团队深刻理解与有效评估本企业导入3S的必要性和可能性。通常，老板们在试图运用3S体系来管理合伙人的贡献时，其自身对3S体系的思想、逻辑和方法，往往也是一知半解的。在这种情况下，他们之所以又强烈希望导入3S绩效管理体系，通常仅仅是因为他们有良好的直觉，相信本企业需要这样的管理思想、逻辑和方法。换言之，老板们有必要将聘请外部3S专家来企业讲课和做研讨，视为自己学习或深化认知的过程。

其三，规模较大的公司，应指定一位高管带领特定的工作团队（既可以是高管+HR人员，也可以是高管+直线部门人员，还可以是高管+HR人员+直线部门人员），通过各种方式自主学习与掌握3S绩效管理体系的相关思想、逻辑和方法，并率先将3S作为员工绩效管理方法在一定的小范围内应用（最好是选择在某一基层销售单位或分子公司试行）。等到试行成功以后，再拿已经取得的经验成果来说服公司的高管层，使之同意将3S应用于全公司的合伙人绩效管理。

实践证明，采取这种“曲线救国”的方式让3S应用于合伙人的管理实践，或者使之成为全公司的绩效管理体系，这一做法有其明显的优点：即一旦试行取得成功，企业的高管层将无法拒绝。但是，采取这种方式将面临两个方面的问题：一是周期太长，往往需要至少半年的时间；二是可能因为人为因素而导致试行不能取得预期的成果。

3. 步骤2：培训宣导

在管理层就本公司决定导入3S体系来管理合伙人的贡献或作为全公司的员工绩效管理体系之后，很有必要对3S体系将要覆盖到的所有人员进行一次正式的培训。培训既可以由外部专家来完成，也可以由内部专家来完成，还可以由老板或某位高管亲自完成。

培训的总目的是，让所有人欣然地接受并热切地期待3S绩效管理体系。要实现这一目的，培训者应精心地安排和组织相应的培训内容。

培训的目的

传统上，每当企业要考核员工时，大多数员工都是从内心深处反感的。企业如何才能让特定的人才们欣然地接受并期待3S绩效管理体系呢？有效的办法是，向员工们说清楚并让他们确信导入3S体系对其自身有什么具体好处。

实践已经反复证明，企业导入3S绩效管理体系以后，合伙人或员工运用3S绩效管理标准来管理自己的工作过程和结果，会给员工们带来以下两个方面的直接好处。

其一，可以直接、快速和持续地提升员工的职业发展能力。

在本书第5章第二节，我们介绍了奇榕咨询公司在成立之初开发的EVAP项目。EVAP理论认为，一位员工能否在职场上取得理想的成就，在极大程度上取决于其自身的职业价值观、岗位胜任能力和适应变化的能力，是否能够最大化地满足企业的要求。这是因为，任何一家企业在决定是否信任和重用一位员工时，一定会从这三个方面分析和判断这位员工是否具有价值；当一位员工在这三个方面都有良好的表现时，他不仅可以在企业内部获得一个更好的平台，而且如果他想跳槽的话，通常也能获得较好的职务和薪酬。

我们在此想要说的是，当合伙人或员工们运用3S体系来自觉自愿地管理自己的贡献时，他们的职业价值观、岗位胜任能力和适应变化的能力将会得到直接、快速和持续的提升。

其二，可以使员工获得更大的工作回报。

同样在本书第5章第二节，我们在介绍EVAP项目时，还分析了员工工作的目的。即所有人在职场上工作，都希望从工作中获得三样回报：物质回报、精神回报和机会回报。不同的人在不同的时期对这三项工作回报的要求会有所侧重，但所有的员工都会同时在意这三点。

然而，一位员工究竟能够从职场上获得怎样的工作回报呢？在根本上也是由其职业价值观、岗位胜任能力和适应变化的能力这三项条件决定的。这是因为，当一位员工在这三个方面表现十分优良时，意味着他在职业价值观上是深受企业信任的，他在工作上是有能力做出较好的业绩或贡献的，他也是能够适应公司不断变化或升级的工作要求的；毫无疑问，他因此一定能够从公司获得最大化的物质回报、精神回报和机会回报。

我们在此想要说的是，当合伙人或员工们运用3S体系来自觉自愿地管理自己的贡献，因而使得自己的职业能力得到提升时，他们也就能够顺理成章地从职场上获得更大的物质、精神和机会回报。

换言之，将以上两个方面的道理向合伙人或员工们说清楚，并让他们坚信不疑，就是培训宣导阶段要达成的目的。

培训的内容

要实现上述目的并不容易，它要求培训者必须提前充分准备相关培训内容，因为只有通过充分地（直击人心和人性地）摆事实、讲道理，才可能让合伙人或员工们明白并相信3S体系确实能够给自己带来好处，进而他们才可能会欣然接受和热切期盼3S体系。有了这一效应，随后制定3S标准的过程才会更加顺利有效。

需要培训者充分准备的教学内容，应包括以下三大方面。

（1）员工工作的目的和实现目的所需的职业能力/素质条件

有许多途径可以获得这方面的内容。比如：本书中的部分内容可以作为培训者选取这方面素材的来源之一；由我们两位作者撰写的《合伙人的自我修养》一书中也有大量的这方面的内容；市场上和网络上有大量的关于职业发展方面的图书和文章，也可以作为这方面知识的来源；学习过奇榕咨询公司专家讲授的相关课程的人士，还可以直接将相关课件应用于教学。

需要特别指出的是，在准备这方面的教学内容时，切不可一味地站在企业立场上，向员工灌输说教式的内容。一味地站在企业利益的立场上，试图通过说教的方式，只是让员工了解和接受对企业有利的观点，员工们通常不会“买单”。明智的选择是，教学内容安排应是站在员工长期利益的立场上，真心地为员工着想。我们的教学实践反复证明，在实施这类教学时，企业不必担心“为员工利益着想”会有损企业利益；其实，“坦诚相待”远比遮遮掩掩、拐弯抹角更有效果。因为新生代的员工都十分聪明，他们一定会有自己的判断；与其对他们灌输那些培训者自己都不相信的内容，还不如跟他们讲真话、讲实话。

（2）3S的内容介绍及其将如何促使员工职业能力提升

本书可以作为这方面教学内容的重要来源，企业相关人士参加相关培训所获取的课件也可直接用于教学。除这两个途径之外，培训者还可以从网络上或其他书籍上搜集相关的教学资料，并可以将自己或他人过往的在推广或应用3S体系方面的经验或案例应用于教学之中。

需要特别指出的是，培训者在准备这方面的教学内容时，不应把3S的具体内容作为重点，因为受训的合伙人或员工尚没有实际体验3S的设计过程，因而无法理解3S的思想、逻辑和方法，故在培训中只需要提及3S的内容框架即可。培训的准备重点应放在“如何提升职业能力”方向。

培训要呈现的内容应该是：任何员工提升职业能力（职业价值观、岗位胜任能力和适应变化的能力）的最有效途径是，基于岗位工作不断挑战高目标和解决复杂的工作问题；只要善于和敢于立足于岗位工作，不断挑战高目标和解决复杂的工作问题，则其职业能力就能快速得到提升。同时应该注意的是，实施这方面的内容教学，不应以讲授为主，最好是通过案例研讨与点评的方式，来让大家明白并确信相关的道理。比如，以下这个案例便是我们经常在教学过程中用到的研讨性素材，它可以较好地启发学习者基于岗位工作来提升工作能力。

有一家汽车公司的总裁要求他的汽车研究院发动机研究所的工程师们，用三年时间研发出一款世界一流水平的汽车发动机。这一目标大大地超出了该工程师团队的现实能力。为了达成这一目标，该工程师团队应该制定出怎样的工作与学习计划呢？

我们提供的参考答案是：他们应该采取以下“三步走”的工作与学习计划。

第一步，确定目标。分解“用三年时间研发出世界一流的汽车发动机”这一总目标，并制定各阶段的具体目标与计划，以及确定具体的责任人和有关激励措施。

第二步，进行学习。采取一切可能的方式分头学习/占有他人创造的思想、理论、知识和经验，并在内部充分分享。包括：购买其他公司的汽车发动机用以分析和测试；阅读所有与先进发动机相关的著作和论文；检索和分析与先进发动机相关的所有专利；参加所有行业性技术交流活动和知识讲座活动；请一流的汽车专家到公司讲课；引进一流的汽车发动机技术专家；派出“间谍”刺探/搜集竞争对手在发动机方面的技术……

第三步，创造性实践。在占有他人已经创造的思想、理论、知识和经验的基础上，开始设计拥有本公司自主知识产权的发动机，并经反复论证与修改设计方案，开始试制。设计和试制过程中碰到技术难题时，一方面继续向外部学习以寻求解决问题的答案，另一方面绞尽脑汁地独立思考、自主探索解决问题的方案。

建议的培训者点评内容：

假定这个工作团队三年内如愿以偿地研发出了一款世界一流水平的汽车发动机，那么该工作团队中的每一个人一定是汽车发动机方面的一流专家。因为他们不仅占有了他人创造的与世界一流汽车发动机相关的几乎所有的思想、理论、知识和经验，而且设计出了世界一流的汽车发动机——站在了本专业技术领域的金字塔顶峰。

假定他们用了三年时间都没有研发出世界一流的汽车发动机，而是需要四年或更长的时间才能研发出来，他们也有可能是世界一流的汽车发动机方面的专家。因为他们已经占有了他人创造的与世界一流汽车发动机相关的几乎所有的思想、理论、知识和经验，他们自主创造出一流的汽车发动机，将只是一个时间问题。

（3）工作回报原理以及3S体系将如果影响员工的工作回报

准备这方面的教学内容也需要培训者想尽办法、花尽心思和动足脑筋。其中的“工作回报原理”是指，员工在职场上工作无不希望获得最大化的物质、精神和机会回报。通常员工是怎样获得这三种回报的呢？这个问题一定要深入浅出地跟员工讲清楚。这方面的教学内容要准备的重点是：一般情况下，企业是怎样决定给予员工以物质、精神和机会回报的？其内在的机理是什么？

通过研讨和讲述这方面的内容，最终使受训者明白一个道理：任何一位员工在任何一家公司所能获得的工作回报，一定是与其贡献高度正相关的。并且，有必要揭示并充分说明一个规律：一些“空降”来的人才，在并未做出突出贡献时，却也能获得较大的工作回报，这不是因为企业不看重他的工作贡献；针对这类人才，企业通常会在他们尚无贡献的情况下，给予他们足够高的职位，但随后一定会要求他们迅速地补上“贡献”这一课；当他们随后的贡献不能达到预期的最低值时，他们便会碰到麻烦（这也是许多“空降兵”跳槽失败的原因之一）。

针对“3S如何影响员工的工作回报”这一问题，培训者要准备的内容应该是，公司决定怎样将3S绩效考核结果与合伙人的股份相关利益挂钩。这属于既定政策或初步政策宣讲方面的内容。这方面的内容有多少讲多少，且最好点到为止，不宜讲得过细。如果企业暂时尚未形成如何将3S考核结果与合伙人股份相关利益（或员工绩效薪酬）挂钩的决定或计划，这部分的内容可以暂不涉及，但却要强调：公司一定会将考核结果与被考核者的切身利益直接挂钩。

其他注意事项

除了以上培训目的和培训内容准备以外，这一阶段的培训宣讲，还有以下注意事项。

（1）培训时间

一般安排一天时间为宜。不宜过长，因为过长意味着内容拖沓且影响正常工作；也不宜过短，因为过短则内容分享不透，达不到应有的效果。

（2）培训地点

最好在公司会议室进行。“不差钱”的公司也可租用星级酒店的专用会议室作为培训场地，以此让合伙人/员工们感觉到公司对这次培训活动的重视。

（3）培训形式

讲解和研讨的内容应该各占一半时间。切不可安排过长的讲解内容，因为培训的知识量较大，且许多内容此前受训者并没有接触过；

如果只是纯粹的知识讲授，那么许多合伙人和员工可能会听不懂或理解不透。

所有的研讨内容都要求经过精心的设计，且培训者事前应该经过充分演练，以确保在组织研讨活动时，既能够使培训者兴趣高涨，又能够有效掌控时间与节奏，同时还能有效地现场回应受训者可能提出的各种问题。

（4）领导参与

公司老板和高管一定要参加培训。老板和高管们如果以任何理由不参加，都将意味着向合伙人/员工们传达了这样的信息：老板和高管们自己其实并不重视3S体系，3S体系只是老板和高管们临时选择用来约束员工的工具。

（5）考试

培训完毕后，最好现场立即组织书面考试，目的是要让受训者记住培训的核心内容。对于考核得分很低的合伙人或员工，公司应重点关注。因为有三种可能：一是培训者的教学内容和方法安排可能存在缺陷；二是得分极低的受训者可能学习能力有限，听不懂培训的内容；三是他们出于某种原因可能对公司推行3S不感兴趣或心存抗拒。

4. 步骤3：输出文化守则

建议在上述培训活动结束后立即进行这一环节的研讨工作。通常，这一环节需要半天至一天的时间，参与研讨的人员应包括老板和公司核心高管层。

这一环节要完成两个方面的任务：一是重新梳理公司的事业梦想和业务逻辑，二是制定出公司的《文化守则》。谈到这两个方面的任务，有人可能会认为这一步骤是可以忽略掉的，因为他们的公司已经有了既定的“愿景、使命、价值观”，且已经有了自己的文化守则或员工手册，或者有人可能会认为这方面的内容太虚，因而可以直接忽略掉。

过往我们在帮助每一家客户公司设计合伙人制度全案时，或者在专门帮助设计3S绩效管理体系时，每当涉及到制定文化守则的任务，我们的客户最初总是会认为自己的公司已经有了相关内容，但当我们强烈要求他们按照我们的流程指导“重新来过”后，他们又总是因这一环节的神奇效果而激动不已。这是因为，通过这一环节，员工们对公司的战略和文化有了更深入和全面的认知及认同。

重新梳理公司的事业梦想和业务逻辑的必要性在于，可以使得公司的合伙人或员工对公司更加充满信心，这是确保大家积极参与3S绩效管理体系制定的重要前提。因为，当合伙人或员工们感到，他们亲自参与制定的公司使命有多么“伟大”时，以及公司的愿景有多么美好时，他们便会对公司的未来更加充满信心，因而他们必然会更加珍视当下的工作机会，并努力满足公司的要求，从而争取自己在未来能够收获到更多的物质、精神和机会回报。

制定公司文化守则的过程和结果，则可以进一步强化合伙人或员工们对公司未来的信心。这是因为，当自己参与制定的文化守则严格、积极、向上时，他们会很自然地联想到：当每一位合伙人或员工都能够按照文化守则的要求，来认同公司的梦想和逻辑、遵守既定的做人做事和对待团队及客户的原则时，公司将必然会发展得更好；而在这样的公司工作，必然是十分幸福而又前途美好的。

我们之所以认为这一环节需要半天到一天的时间，是因为这一环节看似只需要梳理出100多字的文档，但是，却需要所有参与者倾注全部的激情，并贡献出足够的经营与管理智慧。

梦想和逻辑

现实中的几乎每一家公司都已经有了自己的愿景、使命、价值观，而且绝大多数公司的原景、使命、价值观看起来都是高大上的。那么，为什么在实行合伙人制或导入3S绩效管理体系时，还要梳理出公司的梦想和逻辑呢？除本章第一节我们已经表述过的理由外，还有以下原因。

大多数公司的愿景、使命和价值观，都是老板或少数几个人在过往的某个时间点基于某种考虑而“炮制”出来的。企业对其愿景、使命和价值观进行描述，这一做法最初是来自西方企业，并被管理理论家们所普遍推崇。所以，在过去的若干年里，不少中国企业便不加甄别地加以模仿了，再加上企业在梳理/制定自己的愿景、使命和价值观时，并没有什么严格的标准可遵循，因而，各企业做出来的愿景、使命和价值观，基本上是以“唱高调”“喊口号”居多，以至于每一家企业看似已经拥有了自己的愿景、使命和价值观，但在实践中该怎么做还是怎么做，通常并不会受到愿景、使命和价值观的牵引或约束。

在这方面做得最“优秀”的莫过于那些创业公司，它们无一例外地都有高大上的愿景、使命和价值观（因为这一内容对于它们吸引投资和招募人才很有帮助）。但不幸的是，它们中的大多数，在宣称了自己的愿景、使命和价值观之后的两三年内就夭折了。

这里有一个十分重要的原因就是，在大多数企业的认知里，愿景、使命和价值观表达的都只是理想范畴的事情，因而只求务虚、不求务实；或者说，只需要大胆的想象，不需要可信的依据。

之所以这样评价，是因为在我们看来，企业首先必须要有梦想，因为梦想回答的是企业应肩负怎样的社会使命，以及应努力成长为什么模样。有了这两点，可以使公司里的老板、高管和其他所有的人才产生为美好的梦想而奋斗的激情。

但是，我们进一步认为，仅仅拥有梦想是不够的。因为，在有了梦想之后，一个问题会立即跳入人们的脑海：公司凭什么能够实现这一梦想？或者说，公司梦想的实现依据是什么？这涉及的就是一个逻辑问题。绝大多数创业公司尽管拥有自己的梦想，但它们之所以很快倒闭了，恰恰就是因为，它们只有梦想而没有逻辑。

由此，我们坚定地认为，只有梦想而没有逻辑的公司，其梦想必然是不可靠的；甚至可以认为，只有梦想而没有逻辑的公司，其梦想往往带有浓厚的“自欺欺人”色彩。

为了尽快说明什么是梦想和逻辑，我们首先来欣赏一下全球著名的迪斯尼公司的梦想和逻辑——

梦想：使人们过得快活（使命）；成为全球的超级娱乐公司（愿景）

逻辑：极为注重一致性和细节刻画，通过创造性、梦幻和大胆的想象不断取得进步，严格控制、努力保持迪斯尼“魔力”的形象。

显然，在迪斯尼的梦想和逻辑中，梦想和逻辑同等重要；而且从某种意义上说，逻辑比梦想还要重要。

过去五年，我们在为众多的客户企业设计合伙人制度或导入3S绩效管理体系时，总会花半天到一天时间，与客户公司的老板和合伙人（核心人才）团队梳理他们的梦想和逻辑。以下列举的五个例子，堪称导入3S绩效管理体系的标杆（我们已经计划在未来的时间里，将它们指定为“3S教学与参访基地”）。

——苏州立人听力科技有限公司是一家国内领先的全球听力配套解决方案及产品系统集成商。我们在为该公司设计合伙人制度时，与其合伙人团队一道梳理出的该公司的梦想和逻辑如下：

全情专注“三听”（辅听、护听、畅听）领域，通过原创技术研发和全球资源整合，满足人类多样化的听觉需求，成为听觉行业发展的持续引领者。

——昆山科望快速印务有限公司从一间制作名片的门店起家，发展成了拥有数亿净资产的印刷界的“名片”。该公司致力于“打造世界级高端智能包装印刷综合体”。我们在为该公司设计合伙人制度时，与其合伙人团队一道梳理出的该公司的梦想和逻辑如下：

通过聚力创新、聚焦品质及服务营销，成为世界级品牌客户高度信赖的精品包装合作伙伴及内部员工高成长平台（“两聚两高”）。

——上海储融检测技术股份有限公司是一家行业领先的专业从事电池产品的认证及检测服务的第三方机构。我们在为该公司设计合伙人制度时，与其合伙人团队一道梳理出的该公司的梦想和逻辑如下：

聚焦于新能源与动力检测认证领域，以极致的专业和真诚，帮助客户快速赢得市场信任和建立竞争优势，促进新能源与动力行业的持续进化，成为该领域全球最具责任感和信赖感的公司。

——上海裕芯电子有限公司是一家总部位于上海的新兴高科技企业。我们在为该公司专案导入3S绩效管理体系时，与其核心人才团队一道梳理出的该公司的梦想和逻辑如下：

聚焦芯片研发，提供系列化的原创产品和极致的专业服务，帮助客户持续提升竞争优势，成为最具信赖感和引领力的公司。

——西安反哺堂养老集团是一家西北地区知名的养老综合服务机构。我们在为该公司设计合伙人制度时，与其合伙人团队一道梳理出的该公司的梦想和逻辑如下：

通过开办连锁养老院，对外输出养老产业运营模式、优质人才和适老产品的业务战略，使反哺堂成为西北地区最接地气、最有口碑效应、最具运营效率的养老产业化公司。

企业在梳理自身的梦想和逻辑时，应优先讨论逻辑相关问题。逻辑，一定与企业正在开展或即将开展的业务有关。在梳理逻辑时，需要对公司正在和即将服务的市场、客户进行分析，并需要考虑到未来三到五年的业务战略，同时需要对公司在竞争中的优势能力或有待提升与强化的能力加以分析。在所有相关分析完成之后，所提炼出来的逻辑一旦获得参会者的一致认同，公司便有了明确的逻辑。在梳理出公司的逻辑之后，再着手梳理公司的梦想（使命和愿景），通常会很快得出大家一致认同的结论。

文化守则

在梳理出公司的梦想和逻辑之后，要立即着手制定出合伙人/员工文化守则。文化守则是公司的合伙人/员工必须遵守的行为准则。我们一般建议，每一家公司的文化守则，都有必要明确而又精炼地呈现出以下六个方面的内容：

① 对公司梦想和逻辑的认同；

② 公司倡导的做人原则；

③ 公司倡导的做事原则；

④ 公司倡导的团队合作原则；

⑤ 公司倡导的对待客户的原则；

⑥ 公司倡导的个人学习与成长的原则。

以下案例分别是上面提到过的五家公司的文化守则。

案例 《合伙人文化守则》举例

1. 苏州立人听力科技有限公司《合伙人文化守则》

① 认同并能清晰阐述公司的合伙事业梦想与业务逻辑

② 真诚、认真、老实、担当、感恩

③ 纯粹、严谨、高效，有错立改、日清日高

④ 彼此尊重，换位思考，极致信任，愉悦共事

⑤ 以极速响应、主动服务和“兜底”保障赢得客户充分信赖

⑥ 虚心好学，不断突破自我，适应公司发展要求，服从公司决议

2. 昆山科望快速印务有限公司《合伙人文化守则》

① 认同并能清晰阐述公司的合伙事业梦想与业务逻辑

② 诚信、友善、积极向上（善），传递正能量

③ 追求卓越，做艺术品；日清日高，主动承担责任

④ 相互尊重，取长补短，坦诚沟通，共同进步

⑤ 稳定品质，创新产品，一站式服务，赢得客户信赖

⑥ 崇尚知识，直面竞争；主动适应变化，服从公司决议

3. 上海储融检测技术股份有限公司《合伙人文化守则》

① 认同并能清晰阐述公司的合伙事业梦想与业务逻辑

② 正直，热情，有责任感和进取心

③ 严谨高效，追求卓越，主动反馈与沟通

④ 坦诚沟通，密切协作，乐于分享，积极正面影响团队

⑤ 快速响应，主动服务，以专业品质赢得行业口碑

⑥ 持续学习与成长，适应公司发展要求，服从公司决议

4. 上海裕芯电子有限公司《员工文化守则》

① 认同并能清晰阐述公司的事业梦想与业务逻辑

② 正直、诚信、阳光、进取

③ 立足岗位，勇于担责，追求极致，日清日高

④ 彼此尊重，桌面沟通，PK-OK，互助共进

⑤ 以客户利益为中心，极速反应，耐心沟通，以专业服务赢得客户满意

⑥ 在工作实践中学习与进步，自省自律，适应公司发展要求，服从公司决议

5. 西安反哺堂养老集团《合伙人文化守则》

① 认同并能清晰阐述公司的合伙事业梦想与业务逻辑

② 诚信，正直，有“五心”（善心、爱心、责任心、耐心、细心）

③ 敬畏规则，说到做到；随叫随到，服务周全，和颜悦色，让老人有尊严

④ 相互尊重，取长补短，互相“补台”；坦诚沟通，共同进步

⑤ 换位思考，理解家属，以高品质的服务赢得家属的信任、尊敬和口碑

⑥ 好学上进，适应公司发展要求，服从公司决议

由以上案例可以看出，每一家公司的合伙人/员工文化守则的结构都是一样的，但其具体内容却各具个性。我们可以这样来想问题：当一家公司的合伙人/员工都能满足公司文化守则的要求时，这家公司将会是怎样的一家公司？毫无疑问，将会是一家非常棒的公司，是一家人才们愿意在其中工作的公司，是一家供应链伙伴愿意与之合作的公司，也必然是一家有良好发展前景的公司……这也正是制定文化守则的意义之所在。

企业在讨论制定文化守则时，应采取脑力激荡的方式让参与研讨的每一个人充分发表自己的意见和观点。过程中，组织者应该鼓励每

一个人积极发言，不可打压任何一个人的观点。最终制定出的文化守则，必须是群策群力的成果，而绝对不可以是仅仅出于某“权威”人物的一家之言。因为只有这样，所制定出来的文化守则才具有魅力和公信力，才能得到大家的认同和遵守。切记，在定稿之后，一定要用热烈的掌声来共同庆贺。

5. 步骤4：逐一制定标准

在完成上一步骤的工作之后，便可以立即着手逐一为每一位合伙人/员工制定3S绩效管理标准了，也可以暂缓几天再进行这一步骤的工作。

进行这一步骤的工作，需要遵循一些基本原则和方法，并应当注意一些十分重要的事项。下面分别指出并简要说明。

顺序和要点

一般说来，当一家公司需要制定3S标准的人员数量较少时，所有人员均可全程参与所有岗位人员的3S标准制定。但如果涉及的人员数量较多，则可以分部门进行：在设计第一个部门人员的3S标准时，全体人员在场，以便大家了解、理解和掌握3S标准的设计方法；之后，需要制定3S标准的部门全体人员留下来设计本部门的3S标准，其他部门的人员可以回到各自的岗位正常工作；再之后，轮到为哪一部门制定3S标准，该部门的人员又全部回到会议现场。在任何情况下，公司级别的领导和各业务单元的负责人，都应自始至终地参与全体人员的

3S标准制定。

在制定3S标准时，最好采取先直线部门后职能部门、先上级岗位后下级岗位的顺序进行。这样做的意义在于：直线部门的工作是任何一家公司业务活动的主轴，清晰和有效地定义了直线部门人员的考核指标和目标以后，才能确保职能部门的考核指标和目标设置不偏离正确方向，进而才能促使直线部门业绩目标乃至全公司总体业绩目标的实现；任何一个部门里的上一级别的管理者的考核指标和目标设置，都应是其任何直接下属的考核指标和目标的来源，清晰和有效地定义了上一级别人员的考核指标和目标，才能确保下一级别人员的考核指标和目标设置不偏离正确方向，进而才能促使上一级别人员业绩目标乃至部门总体业绩目标的实现。

通常，在制定3S标准的最初阶段，因为大家对3S的思想、逻辑和方法不甚熟悉，所以进度并不迅速，有时候可能半天时间都过去了，也才制定出2～3位人员的3S标准。但不用着急，这属于十分正常的进度。随着大家在实操过程中对3S的思想、逻辑和方法更加了解和熟悉，后续设计进度会不断加速。一般而言，制定出一家公司20位左右的人员的3S绩效管理标准全案，大约只需要2~3天时间。

流程和注意事项

针对任何一个岗位人员制定3S标准时，必须基于3S绩效管理体系的标准模版进行（参见本书第5章的内容）。在此基础上，应依次采取以下四个步骤来完成3S标准的制定。

（1）定义每一考核方向的细分考核指标

在设计细分考核指标时，面临的主要问题有两个：一是究竟设置哪些细分考核指标？二是细分考核指标如何排序？针对这两个问题，我们已经在本书第5章中给出了原则性观点和建议。

在此需要说明的是，在设置细分考核指标时，可以暂不考虑将如何进行评分。通常，当有此顾虑时，特别是在涉及到拟考核指标将如何量化，而企业过往又缺少相关数据来源时，大家就会在设置指标的阶段顾虑重重。首先我们认为，只要愿意以积极的心态进行探索，那么所有的细分指标都是可以量化的，关键是想要量化到什么程度。其次我们想说，如果届时在定义评分标准时的确存在方法障碍，那么大家回过头再来调整考核指标也还不迟。总之，大家在这一环节只需要集中精力考虑细分考核指标的设置问题，其他相关问题可以先放一放。

（2）定义目标值来源

在完成任何一位人员的全部细分考核指标设置以后，就应当着手逐一针对每一细分考核指标来定义“目标值来源”。

“目标值来源”是指，这项细分考核指标的目标是基于什么来设置的。顾名思义，这一点大家应该都能理解。比如：在考核销售人员的“销售目标达成率”时，其目标值的来源应该是“基于年度销售总目标的月度分解”；在考核销售人员的“应收款回收目标达成率”时，其目标值的来源应该是“基于财务部门提供的当期应收款数据”；在考核工程部人员的“项目任务按时完成率”时，其目标值的来源应该是“基于考核周期内的项目任务验收计划”；在考核生产总监的“装配质量”时，其目标值的来源应该是“基于公司的装配质量管理标准”；在考核人力资源或直线主管的“关键人才管理效能”时，其目标值的来源应该是“基于公司的年度人均效能目标”。

那么问题来了。有些细分考核指标的目标值来源是容易定义的，因为此前已经有相关数据，或此前公司已经有相关方面的考核，故而比较容易设置目标。比如，针对销售部门人员的销售目标、回款目标、毛利率目标等，此前一直在考核，故而设置其考核目标值便一点都不难；又比如，针对生产部门人员的质量管理目标，此前一直在考核，故而也是容易设置考核目标值的。但是，如果要针对此前并没有考核过的某一细分考核指标来设置目标值，就会存在困难或问题。比如，如果此前公司并无客户服务质量目标，现在却要考核客户服务质量目标的达成情况，在这种情况下，又该怎么办呢？

我们的观点是，在这种情况下，大家需要重新审慎评估这项细分指标究竟要不要考核？如果经审慎评估后认为不需要考核，就删掉这一考核指标。如果经审慎评估后认为，虽然这一指标过去没有考核，但这一方面的工作对公司的发展至关重要，因而有必要考核，那么在这种情况下，企业就应该设法建立起“客户服务质量”的相关标准。毫无疑问，为了考核而建立“客户服务质量”相关标准，必然会增加相关部门或人员的工作负担，但它极有可能是非常值得的。这也是3S绩效管理体系所具有的“促进企业管理改善”这一功能的体现。

（3）定义评分标准

在针对每一细分考核指标定义了目标值的来源以后，紧接着要为每一细分考核指标定义评分标准。众所周知，如果没有评分标准，在实施考核时，便不知道如何对被考核者在该细分考核指标项的表现进行打分，或者打出来的分值不被大家所认同。

这将涉及三个十分重大而又敏感的问题：一是打分的原则和标准是什么？二是如何为看起来无法量化的细分考核指标打分？三是如何为周期内无法做到精准设计目标值的细分考核指标进行打分？这三个问题如果不能形成一致的意见，3S绩效管理体系将失去其应有的效用。对此，我们的观点如下。

首先，在传统上，企业在考核员工的绩效时，一般采取的是百分制。在这种情况下，考核的结果通常只有扣分、很少有加分，只有较少的企业在针对特定岗位人员的特别重要的考核指标项上，才会考虑设置一定限额的加分。在这一考核思想下，意味着员工通常很难得到满分，也意味着通常只是被处罚。我们认为，这种“以处罚员工为基调”的考核思想已经不符合新的历史条件下的人才管理要求。我们认为，对合伙人的贡献考核，应该以正面激励为主。基于这一思想，我们主张企业在制定3S绩效考核标准时，应采取80～120分制。在这一分制下：得100分，属于一般水平；得80～90分，属于较差水平；得110～120分，属于优异水平。

其次，我们认为，对于那些不易考核或较难量化的细分考核指标，可以采取“模糊打分”的方式，而不必追求一定要十分精准。比如，针对项目管理部门人员“跨部门沟通与内外部协作的行为表现”这一细分考核指标，在执行过程中，其实很难用具体的数字来量化被考核对象在这一指标项上的行为表现。在这种情况下，我们建议，只需要识别当事人的极端行为即可：如果当事人有良好的行为表现，因而值得公开表扬或嘉奖，就视具体事实情况或性质给其打110分或120分；如果当事人有不良的行为表现，因而必须公开批评或处罚，就视具体事实情况或性质给其打80分或90分；如果当事人既无明显的好的行为表现，也无明显的差的行为表现，那么就打100分。

再次，针对周期内无法做到精准设置目标值的细分考核指标，又应如何打分呢？我们的建议是：当某一细分考核指标在考核周期内无法精准设置目标值时，或者某一细分考核指标项在考核周期内无法呈现结果时，可以默认为100分，事后再进行校正。比如，如果大家决定要考核公司人力资源总监的“关键人才管理效能”这一细分指标，而公司是以月度为考核周期的，但每一月度又很难对这一指标项的结果进行评估。在这种情况下，可以定义出这样的评分标准：“每月默认为100分，年底根据公司关键人才管理效能的实际数据进行校正。”

（4）设置考核指标的权重

正如我们在本书第5章中已经表明的那样，在设置3S考核指标的权重时，无需针对每一细分考核指标设置其在总分值中的权重。这是因为，在3S绩效管理体系中，我们所主张的三大考核方向下的具体细分考核指标之间的关系为“修正关系”，即用每一考核方向下的核心指标得分乘以修正系数（由多项修正指标考核得分的平均值转化而来），来得出该考核方向下的考核得分分值。

需要特别强调指出的是：在设计3S考核标准时，企业应根据每一岗位人员工作结果的可衡量度，来决定结果贡献考核方向和过程贡献考核方向的权重分配；通常，对于结果目标比较容易衡量的岗位，其结果贡献方向的考核权重要大；反之，其过程贡献方向的考核权重要大。这样做的好处是很容易理解的。

比如，一家创业型公司针对一位销售主管的结果贡献方向的“销售目标达成率”这一核心指标设置了某一目标值，但由于各种原因，公司并不能确定该销售主管是否通过努力能够完成这一销售目标。在这种情况下，如果将其结果贡献方向的考核权重设置过高，可能对这位销售主管是不公平的；为了解决这一问题，有效的做法是，将结果贡献考核方向的权重和过程贡献考核方向的权重都设置为0.4。这样一来，如果他在过程贡献方向的考核得分较高，则可以弥补或修正他在结果贡献方向的得分，因为如果他的过程贡献表现非常好，却依然不能完成结果贡献方向的目标，那说明公司对其结果贡献方向的目标设置偏高或过高。反过来说，如果公司确信对这位销售主管的结果贡献方向的目标设置是合理的，那么对其结果贡献和过程贡献的考核权重就可以分别设置为0.5和0.3（或0.6和0.2）。这是因为，在这种情况下，对其进行过程贡献考核的目的应是促使其更有效地工作，以便达成最佳的结果贡献目标。

关键点提示

需要再次强调的是，3S绩效管理体系倡导的是合伙人/员工的自我管理，即它对应的是利他时代的人才管理需要。

在这一主旨思想下，我们主张细分考核指标应力求做到全面覆盖、重点突出；定义评分标准应以奖励为主，且对于一些无法追求绝对精准的细分考核指标，可以采取“模糊打分法”。在这一主旨思想下，一切也是可以变化的，即在执行过程中如果发现问题，是可以调整考核指标、目标值设置、评分标准和考核权重的。

最后我们想说，企业老板和高管们不要低估了自己的合伙人或核心人才团队的智慧。如果相信他们能够有效地实行自我管理，假以时日，他们必定能做到；如果不相信他们，意味着你选择的是与他们博弈，他们也必定因此而选择与你进行博弈。

6. 步骤5：审议定稿

在所有人员的3S标准制定完毕后，企业还需要专门安排时间，组织相关人员逐一审议、修订和确认每一位人员的3S绩效管理标准，最终才能形成执行性管理文件。

审议、修订和确认3S体系文件的时间，既可以是在上一步骤完成后立即进行，也可以是上一步骤结束后的几天或两周内进行。也就是说，如果不是立即进行，中间的间隔时间最好不要超过两周，因为如果间隔时间过长，人们有可能会热情降低，或者会忘记此前已经制定出的考核标准的具体内容。

3S标准覆盖的人数较少时，可以所有人员悉数到场，逐一审议。如果3S覆盖的人员较多，则应分部门逐一进行审议。但无论是哪一种情况，公司领导和部门负责人必须自始至终全程参与审议、修订和确认。

在具体审议、修订和确认每一位人员的3S标准时，其顺序与上一步骤是一样的：审议、修订和确认细分考核指标设置→审议、修订和确认目标值来源→审议、修订和确认评分标准→审议、修订和确认考核权重设置。

7. 利用软件辅助设计3S标准

在本章的最后部分，我们将向读者简要介绍一个名叫“3S应用系统”的软件。对于管理基础较好的企业来说，也可以借助这套软件来快速设计出针对其合伙人的3S绩效管理标准。

“3S应用系统”是奇榕咨询公司为快速普及3S绩效管理体系的思想、逻辑和方法，而专门设计的一套具有多层次功能的标准化的应用工具系统。每一家企业均可在参加相关线下课程培训后，免费申请获得该系统的基础应用版本，并在相关培训课件和参考案例的辅助下，不依赖于外部专家而快速设计出适用于本企业的3S绩效管理体系。此外，企业还可以运用这套工具系统的高级版本，来对后期的3S绩效管理行为进行规范；同时，也可以借助这一系统的高级版本，来定期和不定期地诊断企业的相关管理问题，分析特定合伙人（关键人才）的能力素质和工作行为表现，以及针对性地采取相关管理措施。

针对这一应用系统，需要说明以下四点——

首先，选择运用“3S应用系统”，不是为了替代本章所介绍的“五大步骤”，而是为了在进行五大步骤的活动时，使大家更有方向感、目标感，并能抓住重点、避免偏向和漏项。因为，这一应用系统规范了企业在制定3S标准时的框架、内容、流程和方法，并在标准培训课件和参考案例的辅助下，可以提高3S标准的设计效率和质量。

其次，选择运用“3S应用系统”，对企业的管理基础和管理人员的能力素质构成了一定的要求。当一家企业的管理基础较差，以及管理者能力素质存在明显缺陷时，借助这一系统来设计3S标准，可能并不能收到良好的效果；只有管理基础良好、管理者能力素质较高的企业，运用这一系统来设计3S标准，才有可能获得高效率和高质量。

再次，“3S应用系统”的应用，需要辅以相应的学习过程并大量参考案例样本。运用这一系统来设计3S标准，之所以能够提高设计效率和质量，原因就在于，这一系统附带有针对性的培训课件和大量的参考案例样本。前者可以使企业免去准备相关课程之苦，并可确保相关培训更具效果；后者可以避免企业“摸着石头过河”时可能出现的效率低下或误入歧途，设计效率和质量也会更有保障。

最后，“3S应用系统”的最大效用并不仅仅体现在3S标准的设计阶段，而是体现在后期应用过程中的潜在价值挖掘和利用方面。具体是指，企业可以利用这一系统的高级版本，在3S标准的执行落地过程中，通过搜集和积累的相关数据信息，来定期和不定期地分析企业在业务、目标、运营、人才、薪酬、文化、制度以及人才任用与培养等等方面存在的问题，并运用该系统的高级版本所提供的分析与解决问题的功能，来辅助各级管理者全面地推动管理的持续优化、创新与进化。

第7章

3S绩效管理体系执行要点

- 常见问题及解决之道
- 对老板的要求
- 选对主体责任人
- 评估周期和会前工作
- 会议基调、议程与问题处置
- 必要的奖罚措施
- 管理改善的相关事项
- 潜在价值挖掘与利用

3S绩效管理体系已经被广泛的实践经验证明，是一套有效的人才绩效管理思想、逻辑和方法，它符合当前的人才管理环境，也将是未来人才绩效管理的趋势性选择。但是，这并不意味着，任何一家企业只要导入3S体系，便一定会产生良好的管理效果。实践经验显示，如果企业在应用3S体系过程中不能把握好执行要点，其效果就不可能达到预期。

应用过程中可能出现的问题通常包括：老板只是把3S体系当作与人才们进行更有效博弈的工具；3S体系执行落地主体责任人的地位、意愿和能力与应有的要求不匹配；3S考核结果不能与合伙人或员工的利益深度挂钩；3S体系在执行过程中不能坚守原则和流程；3S体系不能因应内外部环境的变化而变化……

本章就是针对以上问题而给出的观点与建议，其全部内容都将关乎3S绩效管理体系在企业中落地执行的成败。

1. 常见问题及解决之道

大家无不明白一个道理：再好的管理变革方案，如果缺少有效的落地执行，也不可能产生理想的效果；即便是存在缺陷的管理方案，如果能够创造性地被执行，往往也能收到不错的管理效果。换言之，企业导入3S体系，也会面临诸多落地执行方面的问题。

相比于3S体系在设计过程中所面临的问题和挑战，其落地执行过程中将面临的问题和挑战会更多。这是因为，如果老板足够重视、培训宣导有效和组织工作得当，前期的3S标准设计过程，可以趁热打铁——在短期内迅速完成；而3S体系落地执行则是一项漫长的间歇性的活动。不仅来自人们的“审美疲劳”会导致3S体系的落地执行效果有可能低于预期，最重要的是，在执行过程中将碰到一系列可预知和不可预知的新情况、新问题、新阻力，也将有可能导致3S体系无法达到预期效果，甚至彻底失败。所以，企业要想借助3S体系来改善针对个体人才的绩效管理和针对组织的效能管理，便一定要重视3S的落地执行工作。

我们的研究显示，所有好的管理变革方案，在落地执行的过程中，都将面临图7-1所示的五种命运走向中的一种。3S体系的落地执行也不例外。

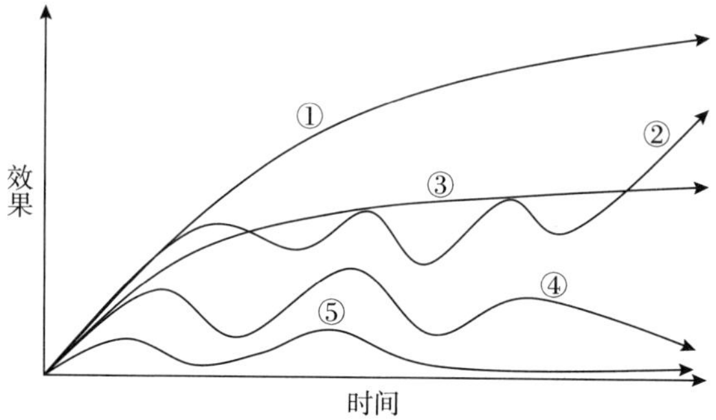

图7-1　管理变革方案落地执行的命运曲线

第一条命运曲线：开局顺利，成果显著，此后继续上扬，到达顶点后，趋于平稳向上发展。这无疑是最理想的过程与结局。许多公司在导入诸如ISO、ERP、5S、IPD、ISC等管理体系的过程中，已经收到了这样的效果。

第二条命运曲线：开局顺利，成果显著，此后碰到问题或阻力，出现反复震荡，但最终走向平稳向上。这也是一种不错的命运走向。许多公司在导入诸如ISO、ERP、5S、IPD、ISC等管理体系的过程中，也已经收到了这样的效果。

第三条命运曲线：开局顺利，成果一般，此后不温不火，但却也能缓慢而又持续地上扬，虽然结局并不理想，但没有失败，依然有一定的成效。许多公司在导入诸如ISO、ERP、5S、IPD、ISC等管理体系时，呈现出了这样的过程和结果。

第四条命运曲线：开局还算顺利，但很快碰到问题或阻力，出现剧烈震荡；震荡之后开始一路走低，再也没有了调头上行的动力和趋势了。这是大家都不愿意看到的一种结局。但是在现实中，许多公司在导入诸如ISO、ERP、5S、IPD、ISC等管理体系时，令人遗憾地就是这样的过程和结果。

第五条命运曲线：开局不顺，一路不顺，很快走向失败，或不了了之。没有人愿意看到这样的过程和结局。但是在现实中，许多公司在导入诸如ISO、ERP、5S、IPD、ISC等管理体系时，却面临了这样的过程和结果。

那么，通常是哪些原因导致了不同的企业出现不同的管理变革命运呢？以及企业应该怎样确保一个好的管理变革方案能够持续有效地落地执行呢？下面我们就来简要回答这一问题，目的在于通过介绍一般性经验来启示大家思考：如何促使3S体系在本企业高效地落地执行？

六个原因

如果一种管理变革方案本身是有效的，但它却不能有效地落地执行，通常出于以下六种原因中的某一种原因，或其中多种或全部原因的叠加。

原因1：老板不再重视或不知道如何做

任何一种大的变革方案通常都是由组织中特定的“老大”发动或首肯的，任何组织的行为在总体上都是“老大”们的意愿和意志的表征。当一家企业某一管理方案不能得到有效落地执行时，人们有理由怀疑，是因为“老大”们的想法或意志发生了变化，或者是“老大”们虽具“初心”，但出于各种原因，他们并不知道应该如何有效地推进落地。

原因2：主体责任不清或组织者能力低下

任何一种需要持续进行的管理变革计划，一定要有一个合适的部门或某位岗位人员对其执行过程和结果负责。失败的管理变革计划，通常没有明确的主体责任部门或人员，践行的通常是“大家共同尽责”的原则；殊不知“大家共同尽责”的后果，一定是没有人对结果负责。虽然有的企业在执行一种管理变革计划时，也有指定主体责任者，但由于指定的对象错位或其能力不足以担当大任，这也是导致变革计划失败或不能产生理想效果的重要原因。

原因3：执行大环境发生变化或组织的关注焦点发生改变

任何企业推行任何一项管理变革计划，都是有其特定理由的。这意味着，当导致变革计划立项的理由发生改变时，已经发动的变革计划流产也就成为必然。比如，当一家公司在市场景气阶段，因为获取了丰厚的利润而决定采取进取性发展战略时，它便会投入大量的时间、精力和金钱来推行雄心勃勃的变革计划。在这种情况下，如果市场景气程度和该公司的盈利态势可持续，其所发动的变革计划很有可能会持续；但是，如果出现意料之外的外部市场环境恶化和内部盈利锐减，那么该公司则很可能会放弃已经发动的变革项目，或者虽然并不放弃，但对项目成功已经不再寄予当初的期望了，因为在这种背景下，老板和整个组织“有更重要的事情要做”。

原因4：新观点的介入

这也是一种十分常见的情况：企业正在按照某种理论和方法谨慎地推进某一管理变革方案，忽然有一天某一外部专家或内部专家或有权势的人认为，这种变革没有必要，或者还有比其更有效的变革方法，于是便导致了企业对既定变革计划的怀疑和动摇。这种常见情况背后的原因通常是，老板们在特定的管理方向上缺乏定见和自信，因而他们的“耳根子太软”。

原因5：出现“能人破窗”行为

企业推行任何一种管理变革计划时，都将有可能导致某些部门或人员的不适应、不习惯或既得利益受到冲击。在这种情况下，他们中的一部分人就有可能站出来反对，或采取有意无形或有意有形的抵制行为。如果反对和抵制者是一般部门或一般人员，企业可以置之不理，甚至对其采取某种处罚措施，以确保变革计划的顺利推进。但问题是，如果反对或抵制的声音来自于某些位高权重的部门或人物，那么变革项目的推进进度和质量就会因此而受损，最终致使变革计划达不到预期，甚至以失败而告终。

原因6：缺乏必要的奖励与处罚措施

任何一种管理变革计划的失败或流产或效果不佳，都可能与相关的奖励与处罚措施缺失或力度不足有关。当能够满足变革要求、甚至做出过突出贡献的人员得不到应有的奖励时，或者当不能满足变革要求、甚至对变革计划形成阻碍或造成破坏的人员得不到应有的处罚时，就不要指望变革计划能够取得理想的效果了。

解决之道

任何一种管理变革计划（特别是那些牵一发而动全身的系统性变革计划），要想顺利、高效和可持续地落地执行，均需要至少具备以下四个条件。

（1）老板不改初心且意志坚定

只有老板的想法是确定不变的，并且追求变革成功的意志是坚定不移的，变革计划才有可能成功，否则便必然失败或半途而废。

所谓“不改初心”，是指老板们必须充分认识到变革的重要性、必要性和好处，且一旦认定就不轻易改变。

所谓“意志坚定”，是指在变革过程中无论出现怎样的问题、困难、挫折和挑战，老板们都应该坚定不移地推动变革持续进行。面对任何一场大的变革计划，在过程中出现这样或那样的问题、困难、挫折和挑战，都是不可避免的。问题在于，出现问题、困难、挫折和挑战以后，老板们抱持怎样的态度。当他们态度坚决时，一切问题最终都将不是问题；当他们态度摇摆或动摇时，就会出现“牛鞭效应”，最终会放大问题、困难、挫折和挑战，甚至导致变革的彻底失败。

（2）指定有效的主体责任人

任何变革计划的执行，一定要有对过程和结果负责的部门和人员，而且被指定的部门和人员必须具备两个基本条件，才可能真正地承担相关责任：一是要有相应的权力，二是要有相应的意愿和能力。

所谓“相应的权力”是指，被指定承担主体责任的部门和人员，能够指挥得动变革计划推进过程中所涉及的所有相关部门、层级和岗位的人员。为了确保这一点，他们必须具有一定的奖罚相关人员的权力，至少具有提出奖励和处罚意见的权力，以及要确保他们提出的奖励和处罚意见大多会被老板尊重和采纳。最好是，老板始终能够“铁了心”地站在其背后为其“撑腰”。

所谓“相应的意愿和能力”是指，被指定承担主体责任的部门和人员，要具备能够全方位推动管理变革计划，并识别和处理过程中可能出现的各种问题的意愿和能力条件。让意愿或能力不足的人来承担责任，老板给予他们再大的权力，赋予再多的信任，提供再多的支持，也是无济于事的，因为这样的人“成事不足，败事有余”。

（3）要遵循变革管理原则

一般说来，要遵循的变革管理原则有两个：一是任正非先生所说的“僵化，优化，固化”原则；二是“以变应变，因势利导”原则。

遵循前一个原则意味着，不能急于求成、追求完美。任何重大的管理变革，都需要经历漫长的过程，才可能取得理想的成果；急于求成、追求完美则必然欲速不达、事与愿违。任正非先生在发动和推进变革时的惯常做法之所以值得推崇，是因为这一主张符合管理变革的一般规律：任何管理变革计划和方案都不可能一开始就做到完美无缺，也不可能在推行过程中绝对顺利。在这种情况下，先执行起来，在执行的过程中不断发现问题和解决问题，从而使方案不断优化，以此逐步达到理想的境界。这是最佳的路线选择。

遵循后一个原则意味着，不能机械刻板地执行变革计划和方案。因为，任何变革计划和方案在被证明有效之前，都需要接受实践的检验，而且任何变革计划和方案的执行环境因素都有可能随时发生改变。在这种情况下，就要求企业和项目的主体责任人能够做到随机应变、因势利导地推进变革。但需要警告指出的是，这里所说的“以变应变、因势利导”，绝不是指在过程中碰到问题、困难、挫折和挑战时止步不前，甚至怀疑变革计划本身，而只能是达成变革目标的意志不变，但实现手段可以选择。

（4）要采取必要的奖罚手段

任何管理变革计划和方案的有效推进，都必须要有相应的奖励与处罚措施与之相配套。这一点很好理解：奖励，就是要及时地、有导向性地表扬/嘉奖/奖赏那些变革功臣；处罚，就是要及时地、有导向性地批评/警示/惩罚那些不能满足变革要求、甚至阻碍或破坏变革计划的部门和个人。

理想的做法是，在出台变革计划和方案的同时，就同步出台相应的奖励和处罚措施。这样做的一个好处是，一开始就能够使所有相关人员高度重视本次变革行动，从而使变革活动开端良好。开端良好，后期效果便有可能好；开端不好，后期效果一般不大可能会好。

2. 对老板的要求

3S体系设计完成以后，这一体系能否在企业落地执行，并取得良好的效果，在极大程度上取决于老板的意志、能力和行为。具体来说，老板们在以下三个方面的表现，将决定3S落地执行的成败。

（1）是否有坚定的意志

理论上讲，认识不到3S的作用，老板们便不会下决心在本公司导入3S体系。但老板们当初决定导入3S体系，并不意味着他们一定会坚持自己的初心。因为，现实中有许多老板，他们的新想法是层出不穷的，在决策上朝令夕改已经成为他们的习惯。他们虽然此前由于各种原因而看好3S，因而决定导入，但是此后他们也可能会由于各种原因，对3S体系的期待改变，兴趣下降，热情降低。当他们在认知和态度上出现变化或动摇时，就别指望3S体系在他们的企业能够取得良好的落地执行效果了。

老板们只有充分认识到以下三点，才有可能意志坚定地推动3S落地执行。

其一，合伙人的绩效管理，以及由此而延伸出来的组织效能管理，是企业人才管理和组织管理的“抓手”及中心任务。只有做好了这方面的管理工作，企业才能发展得更好，也只有企业发展得更好，才有可能更有效地解决人才和组织效能管理问题。

其二，3S体系是合伙人绩效管理和组织效能提升的最佳思想、逻辑和方法系统。老板们对这一观点的认同，应来自于他们自己深入思考之后得出的认知，而不应是由谁临时强加给他们的。老板们在3S的执行过程中，尤其是在过程中碰到问题、困难、挫折和挑战时，他们有权怀疑3S体系的效用，但这种怀疑应是不露声色的；而且，在确信找到了更好的真正有效、绝对可靠的替代方案之前，不应中断3S的继续执行。

其三，一般而言，当老板们前期为3S的导入付出了足够的代价，而且其亲自参与的程度越高，他们执行3S的意志便会越坚定。这是因为，付出的代价越大（比如咨询服务费和组织成本），说明他们早期已经深入地理解了3S的价值，而且预示着他们后期愿意花更多的精力在这个方向上。他们亲自参与的程度越深，意味着他们的认知会进一步加深，同时还意味着他们变相向员工的承诺效应越大；反过来说，如果企业在导入3S体系时付出的代价可以忽略不计，或老板们自己并没有参与3S体系的设计，那么他们便很可能在后期执行阶段，随时改变自己的想法和态度。

（2）是否能选对主体责任人

在老板们具备了上一条所说的条件以后，3S体系能否有效地落地执行，在极大程度上将取决于老板们是否能够选对3S体系落地执行的主体责任人。选择正确了，3S体系成功的可能性就大；没有选择或选择错误，3S体系落地执行成功的可能性就会极低。由于这一点涉及太多的内容，我们将在下一节专门讨论。

（3）是否有正确的行为导向

老板们在具备了上述两个方面的条件之后，是否能够做到用行动为3S的落地执行“保驾护航”，也将极大地影响3S体系落地执行的成效。一般而言，老板们具备了上述两大条件以后，基本可以确定3S的落地执行不会失败，但最终能够取得怎样的成效，则是由这一条件来决定的。

在这一点上，老板们如果能够做到以下三点，3S就必然能够取得最大化成效。

其一，亲自参与3S会议。老板至少应做到，在3S体系的执行早期亲自参与3S会议，直到3S会议管理步入常态化。这一点非常重要。因为在3S体系执行早期，人才们还没有真正尝到3S的甜头，也还没有养成与之相匹配的思维和行为习惯，尤其是在执行中会碰到各种各样的问题。在这种情况下，老板参与3S会议，不仅可以坚定人心，而且能够掌握更多的情况，甚至可以在现场直接解决问题。

其二，积极肯定3S的阶段性成果。这一点有两层含义。一是要及时正面肯定过程中员工们在心态、认知、沟通协作行为、工作过程表现等方面出现的任何积极的变化。老板的这种肯定，将对所有相关人员产生积极正面的激励作用，它将促使人们在此方面做得更好，同时也是在向所有人暗示：老板非常关注和重视大家在3S推行过程中的表现。二是要及时正面肯定3S体系主体责任人的工作成绩。老板的这种肯定，将鼓励和促使他们把相关工作做得更好，这将对3S体系的整体执行效果产生重大和长远的影响。

其三，坚定地为主体责任人“撑腰”。在主体责任人负责推进3S落地执行的过程中，他们必将面临各种各样的问题、困难、挫折和挑战，包括人们以各种各样的理由和借口不服从、不配合、不支持，也包括一些位高权重的人物以各种各样的理由和行为妨碍他们开展工作，还包括在推行过程中必然会碰到的各种各样的来自观念、技术层面的问题和障碍，等等。在这种情况下，老板为他们“撑腰”打气，将是确保3S体系执行不走样的唯一途径。在许多时候，他们在执行过程中的行为和方法存在问题或瑕疵，也需要老板宽容他们。特别是，当他们与有关人员在3S体系的执行上出现分歧或矛盾时，无论如何都应该维护他们的权威和尊严。

3. 选对主体责任人

可以这样认为，3S体系能否有效落地执行，第一要看老板在这一方向上所表现出来的意志、能力和行为，第二要看老板是否将3S体系的落地执行责任托付给了恰当的人。这是一个绝对不可忽略的问题：究竟由谁来承担主体责任？

所谓“主体责任人”，是指对3S的导入和落地执行结果负责任的那个人。在企业导入3S以后，参与3S绩效管理标准制定和落地执行的许多人，都对这一体系的有效应用负有一定的责任。比如，老板负有相关决策的责任，财务部门负有提供相关数据支持的责任，HR或总经办人员负有考量合伙人/员工的文化行为表现的责任，各部门主管负有与下属人员进行3S沟通并敦促他们按时提交3S表格的责任，3S会议主持者负有按照规程主持3S会议并确保会议取得良好效果的责任，等等。然而，在这所有的责任人中，需要有一个人对所有与3S标准制定与落地执行的过程与结果负总的责任，其他责任人的相关行为是由他来安排、协调和控制的，他有权对相关人员实施奖励与处罚。这个负总责的人，就是所谓的“主体责任人”。

选择3S体系落地执行的主体责任人之所以重要，是因为当这位主体责任人选择错误时，3S体系的执行效果必然很差。2017年我们为上海一家公司设计了合伙人制度全案，其中包括3S绩效管理体系。由于该公司处于快速扩张期的前期阶段，组织化和制度化体系尚不健全，而且行政人力资源管理人员能力素质较弱，因此我们建议由该公司的创始人L先生来亲自承担3S体系落地执行的主体责任，等到步入常态后，再将责任移交给其他合适的人选。但由于L先生非常忙，他坚持认为可以让新加盟公司不久的行政人力资源总监来负主体责任。然而，那位总监又把3S月度例会的主持工作转交给了她部门的一位招聘与绩效专员。结果，第一次3S月度例会远没有达到预期效果。在我们的要求下，第二个月的3S例会由那位总监亲自主持。但是，由于她不了解业务部门的工作，并且只是把召开3S会议当做一项常规的任务来完成，结果会议的效果依然很差，并因此而严重影响了该公司的人才们对3S体系的评价。在这种背景下，我们强烈要求L先生务必亲自承担起3S体系落地执行的主体责任。之后的情况是，在L先生的亲自主导下，3S的落地执行工作得以全面顺利展开，且对人员和组织的管理效果也越来越好。

一家公司究竟应该由谁来对3S体系的落地执行负主体责任呢？针对这一问题，我们已经有了大量的现成经验可供参考。我们的经验大致可以归纳为以下论及的三个方面，企业可以根据我们的观点，结合本企业的实际情况做出选择。

选择“纯HR”要慎而又慎

在传统上，员工的绩效管理是由人力资源部门来统领的。一般的做法是：相关HR人员定期收集和汇总各部门按照公司统一标准完成的绩效考核打分情况，并根据有关部门（财务、生产、成本、行政等）统计的数据来核实和沟通各部门的绩效考核结果数据，在此基础上形成最终绩效考核数据和绩效工资报表；相关HR人员按照公司的要求定期或不定期针对特定的人员组织“绩效面谈”工作，以期相关人员意识到自身存在的问题，并收集相关意见和建议；相关HR人员定期或不定期依据公司的绩效考核结果，来分析和判断特定人员的能力差距，并基于分析判断结论做出培训或管理改善计划。

不得不说，上述传统的做法，如果其绩效管理标准是基本有效的，HR部门相关人员也具备相应的意愿和能力，那么也是能够产生良好效果的。问题在于，许多公司不仅在绩效管理体系方面存在重大缺陷，而且负责绩效管理的HR人员通常也只是把绩效管理工作作为一项工作任务在应对；这两个方面的原因相叠加，使得一些公司的绩效管理水平实在是令人不敢恭维。

理论上讲，3S体系的落地执行工作，首选的主体责任人应该是HR部门人员。但是，正如我们已经反复强调的那样，3S绩效管理体系不同于传统的绩效考核，它是要通过敦促人才们实现有效的自我管理，来促进组织的有效沟通与协作，来促进人才们的个人学习与成长，来促使人才们创造更佳的个人业绩，来促进企业管理的持续改善，来确保人才们获得更好的工作回报，并在此基础上不断提升企业的组织效能。从这个意义上讲，就要求承担3S体系落地执行责任的人员必须具备与这些要求相匹配的工作意愿和能力，以及工作主动性和创造性。如果不能做到，或者只是机械地运用过往已经习惯了的管理员工绩效的思维、心态和行为来执行3S体系，那是断然不会取得最佳效果的。

问题还在于，我们的经验和研究显示，现实中半数以上公司的HR部门人员并不能承担起3S体系落地执行的主体责任。理由是，这些公司通常都会面临三个方面的问题：①HR部门在组织中的地位和权力有限；②HR人员的责任意识和工作意愿不足，并且不懂业务；③HR人员没有能力和潜力承担起全面推进组织效能提升的责任。换言之，企业导入3S体系后，在决定是否由HR部门人员来承担3S落地执行的主体责任时，应当慎重考量以下因素。

（1）HR部门在公司中的地位和权力

道理很简单，HR部门如果没有足够的地位和权力，就指挥不动其他部门的人员，也就意味着它无法有效地承担3S体系的落地执行责任。

提及HR部门在公司中的地位和权力，我们不得不说，许多公司的HR部门只是在按部就班地承担员工管理方向的若干事务性工作。HR人员在公司组织系统中并没有很高的地位，也没有特殊的权力，说他们每天只是在按部就班地做着繁杂而又琐碎的事务，这一点儿也不过分。尽管有些公司的HR部门主管的职务名称也叫总监甚至是总经理，但这并不意味着，他们与公司里的其他总监/总经理拥有相似的地位和权力。

缺少理论思维的人会误以为，HR部门在公司中的地位和权力是由公司赋予的，既然如此，那么在必要的情况下公司赋予其地位和权力即可。殊不知，任何公司的任何部门，其在公司中的地位和权力，都是由其对公司发展的历史与现实贡献所决定的。因为，当我们纵向地思考问题时，就会发现：当一个部门在公司发展的历程中有能力为公司做出较大贡献，并且实际上已经为公司的发展做出了较大贡献时，该部门在公司的地位就会上升，权力就会增加；反之，其在公司中的地位就会下降，权力就会减少。

现实中，有许多公司老板也希望赋予HR部门更大的权力，以解决企业所面临的日益严峻的人才管理难题，但尝试的结果往往令老板们大失所望，因为很多HR部门人员的确很难扶得起来。从这个意义上说，这类公司如果指望导入3S体系后，HR人员能够迅速地脱胎换骨，具备承担3S体系落地执行主体责任的能力，那将是十分天真的。

（2）HR人员的责任意识、工作意愿和业务能力

决定导入3S体系的企业，在选择3S落地执行的主体责任人时，有必要认识到，一家公司的HR部门如果在组织中的地位不高、权力有限，一定与该部门人员的能力素质有直接关系。HR人员的能力素质不能满足企业的要求或期望，有以下三个深刻的原因。

首先，半数以上科班出身的HR人员，之所以当初选择做HR，图的是HR工作的清闲和安稳（虽然HR工作并不清闲和安稳）：打一份工，拿一份薪水；朝九晚五、不加班、不出差；不冒险，不承担太大的责任。总之，这类人中的大多数并无高大上的职业志向。由于他们一开始就没有准备要迎接过大的挑战、承担过大的责任，指望他们有

意愿和能力承担起具有战略意义的3S体系落地执行的主体责任，是不现实的，甚至是天真的。

其次，半数以上的HR人员只具备处理和应付一般事务性工作的知识和经验，他们没有业务方面的经验，也没有基本的业绩思维。通常来说，他们不可能真正地站在公司老板和直线部门主管的立场来认知事物、分析情况、解决问题。尽管他们中的有些人，有时也会心血来潮，期望自己要真正地在专业上帮助业务部门，但实际上他们没有能力做到。如果做不到，便只有三种选择：一是努力做到，但由于其基础差，所以很难做到；二是倾向于不做，并善于为自己的“不做”而找各种理由；三是假装认真负责地在做，实际上只是做表面文章，是做做样子给别人看的。在这个意义上说，指望他们有意愿和能力承担起具有战略意义的3S体系落地执行的主体责任，也是不现实的，同样是天真的。

最后我们想说，在现在的职场上，让组织最为不满、流动率最高、问题最多的专业人员就是HR人员。2018年底，我们一家正处于快速发展阶段的客户公司的HRD被炒鱿鱼，为解决该公司急需招聘大量人才的问题，奇榕咨询公司临时派出一位人力资源专家进驻该公司，并优先为其招聘人力资源主管。这位专家工作了一阵子后，给我们反馈了一个信息：面试“放鸽子”，且事前事后均不说明原因的人，主要是HR方向的应聘者。而且，这位专家体会到，越是科班出身、工作时间越长的HR，越是自以为是、思维僵化、心态消极、适应工作要求的潜力差。基于此，我们认为，企业如果考虑招聘一位新的HR人员来负责3S体系的落地执行，更当慎之又慎。

（3）HR人员引领公司管理发展的能力和潜力

正如大家已经知道的那样，企业导入3S的目的应该是，“通过敦促人才们实现有效的自我管理，来促进组织的有效沟通与协作，来促进人才们的个人学习与成长，来促使人才们创造更佳的个人业绩，来促进企业管理的持续改善，来确保人才们获得更好的工作回报，并在此基础上不断提升企业的组织效能。”这一定位，要求承担3S体系落地执行主体责任的人员，必须具备远远超出传统人力资源管理能力要求的新的能力或潜力。换言之，如果你公司的HR不具备这种能力和潜力，你却硬要“赶鸭子上架”，那一定不会产生好的效果。

以上议论并不是说，我们不主张由HR人员来承担3S体系落地执行的主体责任，而仅仅只是想表明，在选择HR人员作为3S体系落地执行主体责任人时，应当考虑包括上述因素在内的诸多因素。事实上，也有一部分公司的HR人员具备承担相关责任的能力和潜力。比如，我们提供过合伙人制度设计和3S体系咨询服务的客户企业中，1/3以上是由HR主管作为3S体系落地执行的主体责任人的，实践证明，也取得了很不错的管理效果。

必要时老板亲自挂帅

这是一种最理想的选择，但通常只在中小企业有效，大企业则另当别论。为什么中小企业应由老板亲自来承担3S体系落地执行的主体责任呢？有三点理由。

（1）管理基础薄弱

中小企业的管理往往处于个人化和经验化阶段，尚没有建立起组织化和制度化管理体系。而在3S体系落地执行过程中，将会把企业经营管理中的许多现实问题和潜在问题都暴露出来。问题暴露出来以后，就应该设法解决它；如果不解决，那其他相关工作便无法正常推进。在这种情况下，如果不是由老板来负责3S的推进，那么极有可能会出现一种情况：被暴露出来的问题要么被搁置，要么相关人员相互推诿。而如果由老板来负责推进，则老板便可以立即反应，迅速决策。

比如，某些岗位人员的3S考核标准中，有一项细分考核指标叫做“客户服务品质目标达成率”。要考核这项指标，便需要公司有客户服务品质方面的管理标准，否则便无法进行考核，或者考核结果不被员工认同。在这种情况下，如果不是由老板负责3S的推进工作，那么问题暴露出来以后，如何定义问题、分析问题和解决问题，这本身就会是一个问题。而如果是由老板来亲自主导3S标准的落地执行，那么老板只需要把“建立或优化客户服务品质标准”的任务及时交由某个部门或人员，这一问题便会立即得到解决。

（2）老板是最全面掌握工作信息的人

3S体系在落地执行过程中，会干预到每一位被3S覆盖的人员全部工作所涉及到的关键事项，要求不偏向、不漏项，且要求有明确的成果目标和事项工作的起止时间节点。这些要求意味着，3S体系的主体责任人必须十分熟悉相关人员的工作，否则便没法评判其关键工作事项计划的有效性及其结果表现。

在中小企业，老板显然是最了解全公司各部门工作现状和工作目标的人，也是最有资格来评价各部门人员的工作计划的有效性和工作成果表现的人。在这个意义上来讲，由老板来承担3S落地执行的主体责任，其过程会更直接，效果会更好。

（3）老板理应亲力亲为

由于3S体系是牵一发而动全身的管理“坐标”，如果运用得好，一家公司的人才管理和组织效能管理方面的所有问题，都可以逐步得到解决。所以，由老板来亲自主导3S的落地执行，将具有提纲挈领、纲举目张的重大战略意义。

当然，老板通常是企业中最忙的那个人。这是不是意味着，由老板来亲自主导3S体系的落地执行，会大幅度地增加老板的工作负担和压力呢？我们认为不是；即便短期内是，长远来看也是值得的。理由有三。

其一，中小企业的管理问题多，无论如何老板都要设法去解决；而老板主导3S落地执行的过程，则恰恰是老板更有效地发现并解决相关管理问题的契机。总体而言，老板主导3S体系的落地执行，不但不会增加额外的工作负担，反而会提升老板处理和解决管理问题的效率。

其二，中小企业的绩效是企业经营管理中的最核心问题，老板亲力亲为来解决最核心的问题，是其职责使然。而且，3S体系不仅可以使每一个部门和岗位的绩效达到最优，还能使企业未来的组织效能持续得到提升。对于这样性质的工作，老板没有理由不亲自主导。

其三，中小企业里的人才，其能力素质普遍偏弱，往往跟不上企业发展对各部门和各层级人才的能力素质要求。在这种情况下，老板要想谋求公司的快速稳健发展，优先任务之一便是培养人才，而3S体系是最直接有效的培养人才的机制。在这个意义上讲，老板亲自主导3S体系的落地执行，是非常值得的。

当然，我们并不是主张永远由老板来亲自主导3S体系的落地执行工作，因为如果是这样，将可能对组织的长远发展造成不利。我们倾向于建议，在企业导入3S体系的早期阶段（6～12个月以内），应由老板来亲自主导；待到3S体系在公司的推行已成常态之后，或者说在找到了合适的替代责任人以后，老板即可将3S落地执行的主体责任移交给其他人。

需要特别说明的是，大企业不应由老板来亲自主导3S体系的落地执行。3S体系在大企业的落地执行，其主体责任人应该下沉到各业务单元（事业部/分子公司）的负责人或HR人员。

业务出身的人更可信

这是一个需要特别引起关注的观点，因而我们把它专门拿出来谈论。这个观点便是：业务管理出身的人员更能做好HR工作，也更能承担3S体系的落地执行主体责任。

我们的经验、观察和研究显示，业务部门管理岗位出身的人员之所以更能做好HR工作，以及更能承担3S体系的落地执行主体责任。主要有以下三个原因。

其一，业务部门管理岗位出身的人员更懂业务。他们更能理解公司里的工作，包括公司里做得好的和做得不好的方面，公司应该怎么做和不应该怎么做，公司的问题在哪里，以及各部门和岗位的工作重点应该在哪里，等等。这是承担3S体系落地执行主体责任所必备的条件之一。

其二，业务部门管理岗位出身的人员往往更为敬业，且更有韧性。这是因为，他们当年选择在业务部门工作岗位上工作，这本身在相当程度上显示出他们更具上进心，更愿意吃苦，更有职业韧性。特别是，当他们的职务做到了业务部门的主管/经理/总监时，他们通常就是业务领域的优胜者，因而他们相对会具备更多的优秀品质。在这个意义上说，由他们来承担3S体系落地执行的主体责任，企业将更有可能解决过程中可能出现的各种问题与困难。

其三，当业务部门主管出身的人员被公司安排负责HR工作且被欣然接受，通常说明三点：一是他们的忠诚度极高，因而被老板高度信任，也因而他们愿意服从老板的决定；二是他们在公司拥有较高的声望，再加上他们对业务十分熟悉，所以他们更能服众；三是他们在工作中更容易跳出传统人力资源管理理论、思维和方法的窠臼。

过去六年间，在我们为其提供过合伙人制度全案咨询服务的客户企业中，承担3S体系落地执行主体责任的人员，有半数以上是业务主管出身的HR人员。这些“半路出家”的HR们，其所表现出来的工作能力和工作成果，令我们对非HR科班出身的人才更为看好。这也是我们专门在此提出相关观点和建议的直接原因。

主体责任人的责任范围

以下是3S体系落地执行的主体责任人所必须承担的具体责任：

① 负责组织制定覆盖全公司特定人群的3S绩效管理标准；

② 负责定期组织和主持针对公司管理层的3S管理例会，并参与评价每一位被考核者的3S绩效；

③ 负责指导各部门自行组织的3S管理例会，并确保会议满足公司的3S会议管理要求；

④ 负责定义、分析和跟踪、协调解决3S体系在落地执行过程中暴露出的所有重大管理问题；

⑤ 负责基于3S标准来促进相关人员的学习与成长，形成相关工作计划并组织实施。

⑥ 负责运用3S体系来分析公司的组织管理效能，定期制定改善组织效能管理的工作计划并组织实施；

⑦ 负责所有与3S体系相关的奖励与处罚决定的实施；

⑧ 负责3S体系的持续优化和完善。

4. 评估周期和会前工作

在传统上，大多数公司的绩效管理过程通常是这样的：基于既定的绩效考核标准，由各层级的管理者定期给其直接下属（有时也包括下属的下属）的绩效表现进行评分；之后，人力资源部门收集、核实和汇总各部门员工的绩效评估结果，并将汇总的绩效评估结果与员工的绩效工资进行挂钩；再之后，（特指管理要求标准较高的企业）会要求各级管理者和人力资源部门利用绩效考核结果，做好员工的绩效面谈、绩效改进和员工培训等工作。

3S绩效管理体系的思想与上述通行的绩效管理的做法有明显的区别。它要求企业定期召开3S管理例会，通过公开的会议机制来评价每一位合伙人/关键岗位员工在上一考核周期内的绩效表现，并评议、修订和完善每一位合伙人/关键岗位人才在下一考核周期内的工作目标与计划。

召开3S管理例会的必要性

3S绩效管理体系主张，企业应定期召开3S管理例会。人员规模较大的公司可采取两级3S例会模式，即部门层面的3S管理例会和公司层面的3S管理例会。部门层面的3S管理例会由部门内的特定人员（主管或HR人员）负责组织并主持会议，并由部门内核心岗位员工参加。公司层面的3S管理例会，则由公司人力资源部门或总经办负责组织，并由老板或特定的高管人员负责主持会议，参会者为各部门主管以上级别的人员。人员规模较小的公司，我们一般建议只定期召开公司层面的3S管理例会。

定期召开3S管理例会的必要性，主要体现在两个方面。其一，公开对上一考核周期内每一位合伙人/关键岗位人才进行绩效评估，可以增加考核的透明度，提高公正和公平性，减少上下级之间、部门之间和岗位之间的相互博弈强度，还可以对所有参与3S考核的人员公开进行正负向激励——及时肯定好的表现和及时指出存在的问题。

其二，公开对每一位合伙人/关键岗位人才在下一考核周期内的工作目标与计划进行评议、修订和完善，可以确保每一位合伙人/关键岗位人才在下一考核周期内的关键性工作不偏向、不漏项，并通过成果承诺来确保公司和部门工作达到预期目标或状态，还可以提高上下级之间、部门之间和岗位之间工作的协同性，同时又可以清晰地反映出每一位参与3S考核的人员对待工作和工作中问题的思维、心态、意愿和能力（从而在必要时可以针对性地采取组织干预措施）。

实践已经反复证明，3S管理例会并不复杂。通常，20人以内的3S例会时间大约需要半天。当然，在导入3S体系的初期阶段（半年内），每次3S管理例会的时间可能会长于半天，因为大家还没有形成相应的思维和工作习惯，有许多需要协作的问题还有待讨论和解决。在大家已经熟悉和习惯了3S管理例会的议程、内容和方法以后，特别是在大家已经感受到实施3S管理的好处以后，会议的时间将大幅度缩短。我们的实践经验显示，小规模且管理比较正式的公司，其3S管理例会一般只需要用时两个小时左右。

需要特别指出的是：一家公司导入3S体系以后，完全可以用3S管理例会来替代此前定期召开的管理层业务会议。这是因为，3S管理例会一定能够覆盖到传统的管理层业务会议涉及的所有内容，并且通常会大大超越传统管理层业务会议的效用。

3S管理例会的周期

我们在为客户企业提供合伙人制度全案咨询服务，以及专门帮助客户企业导入3S绩效管理体系时，一般会建议客户企业每月召开一次3S管理例会（合伙人全年的贡献表现为全年12个月3S绩效考核得分的平均值），且开会时间最好安排在每月5号左右。

每月召开一次3S管理例会的理由，主要有以下三个。

其一，与企业中许多工作的周期性安排保持一致。几乎每一家企业都会以月为时间单位来制定工作目标与计划、统计财务报表、发放员工工资以及召开管理层工作例会，乃至企业都是以月为时间单位向税务机关报税、向社保机构支付社保费用、向房东支付房屋租金、向金融机构支付贷款利息。这意味着，将3S管理例会的周期与企业中许多管理活动的节奏保持一致，其效率将会更高。最直接的效率体现是，便于数据的统计和考核结果的应用。

其二，考核周期更为科学、合理和有实际作用。不以月为时间单位来召开3S管理例会，意味着两种可能：要么以季度或半年或一年为时间单位来考核合伙人或关键人才，要么以周或以日为时间单位来考核合伙人/关键人才。实践经验一再显示，考核周期过长，不仅工作计划的有效性会成为问题，而且也无法及时肯定当事人的工作成绩、纠正当事人的工作问题、纠偏组织的工作行为；而过短的考核周期，则意味着重要的工作尚不能显示其完整的成果，管理的过程必然会导向过分关注工作的细节，而忽视工作方向和整体策略，这对基层员工是可行或者是必要的，但对中层以上人员的合伙人/关键岗位人员，则是会存在问题的。以月为时间单位来召开3S管理例会，可以同时有效回避上述两种极端行为导致的相关问题。

其三，对管理者会产生心理暗示和行为牵引。当公司以月为时间单位来召开3S管理例会时，意味着公司要以月为时间单位来考核合伙人/关键岗位人才的贡献。在这一安排下，被考核的合伙人/关键岗位人才们就会以每周为时间单位来管理其下属员工的工作计划、过程和结果，因为只有这样，他们自己才可能取得令上级更加满意的工作绩效。如果公司以年为时间单位来考核合伙人/关键岗位人才的贡献，那么公司给相关人员作出的心理暗示便必然是，公司只注重工作结果，不注重工作过程，因而，大多数合伙人/关键岗位人才就很有可能对其下属员工采取粗放式的或放任式的管理方式；而如果公司以每周为时间单位来考核合伙人/关键岗位人才的贡献，虽然这可以使他们的工作压力更大，因而会更加关注其下属员工每天的工作计划、过程和结果，但这样做可能对其下属员工造成过大的工作压力，从而使所有相关人员心生抵触情绪，或者抱持无所谓的态度。

当然这并不是说，所有的企业针对所有人员的3S管理例会都应该每月进行。我们的一般性建议是：对于一些大公司和超大型公司来说，针对管理高层的3S管理例会可以每季度或每半年召开一次；对于中小型公司来说，针对中层以上岗位人员/合伙人的3S管理例会，最好是每月召开一次；对于所有公司来说，针对基层岗位人员的3S管理例会，则可以每周召开一次。

会前准备工作

无论是公司级别的3S管理例会，还是部门级别的3S管理例会，在会议召开之前，相关人员都必须做好充分的准备工作。

（1）会议组织者的会前准备工作

提前3～4天通知3S管理例会具体召开的时间和地点，要求所有参会人员提前完成个人在上一周期的3S绩效评估和下一周期的关键工作事项计划，并与自己的直接上级进行沟通和确认。同时，会议组织者还应从有关部门收集相关统计数据、管理信息等，以供会议中随时调用。

如果有参会人员不知道如何填写个人的3S绩效管理表格，会议组织者应予以耐心细致的指导。在提前收集参会人员提交的3S表格时，会议组织者如发现有人没有按照规范进行填写，应要求当事人重新填写。

（2）上级管理者的会前准备工作

所有管理岗位的参会人员，在接到3S管理例会组织者的通知后，应根据3S表格的填写规范，要求其下属参会者在规定时间、以规定方式填写并提交他们的3S表格文件。管理者在收到下属员工的3S表格文件以后，可以通过一对一或团队小型会议的方式，与每一位需要参会的下属就其上一月度的3S绩效表现进行评估打分，并通过充分沟通，帮助参会下属完善其下一周期的关键工作事项计划。

（3）公司领导和会议主持人的会前准备工作

在3S管理例会召开之前，会议主持人应同公司领导进行一次沟通，沟通的主要内容是：针对上一考核周期内的各位合伙人/关键岗位人才在文化贡献、结果贡献和过程贡献三个方向上的表现进行一次整体评估；确定在本次3S管理例会上需要提出表扬或批评的部门和人员，并对公司的整体工作进行分析，以确定在本次3S管理例会上要提出、沟通或强调的重要工作事项。总之，是要为本次3S管理例会提前定目标、定基调和定策略。

5. 会议基调、议程与问题处置

任何一次3S管理例会，其中心目的都有两个：一是通报上一考核周期内各合伙人/关键岗位人才的3S绩效表现情况及评分结果；二是汇报下一考核周期内各合伙人/关键岗位人才的关键工作事项计划，并进行现场沟通、完善与确认。

在大家已经形成统一认知并有了2～3次参加3S管理例会的经验的情况下，这一会议并不会让大家感到复杂。因为，3S管理例会是高度结构化的：会议程序和内容是固定的，无需组织者、主持人和参会者有太多的个性化行为；分析、讨论和解决问题的原则也是相对固定的，基本上也不需要组织者、主持人和参会者有太多的个性化行为。

会议基调

任何一次3S管理例会的中心思想都应该是：让参会的每一位合伙人/关键岗位人才都能够基于既定的3S框架和原则，并在团队的见证和参与下，实现有效的自我管理，以此来促使他们持续快速地成长，最终使其能够从职场上获得更多的物质、精神和机会回报。

基于这一中心思想，每一次3S管理例会，都不应该以“指令定位”为基调来进行，而必须以“沟通定位”为基调。

所谓“指令定位”，是指老板或上级管理者利用自己的权威和地位，把3S会议当成自己发表大篇幅演讲或讲话的机会，或者把3S会议开成纯粹表达个人观点、想法和管理意志的机会。在公司的经营管理过程中，这样的会议或许是必要的，但却不应是3S会议的定位。

所谓“沟通定位”，是指所有参会者都把3S会议作为上下级、跨部门和跨岗位之间进行工作沟通的机会；每一位人员都应该就公司的工作、自己的工作和他人的工作充分和坦诚地发表意见，并形成相互承诺。

任何一次3S管理例会，只有充分体现上述中心思想和沟通定位，才有可能取得最佳效果。任何一位参加3S管理例会的公司领导、组织者、主持人和其他参会人员都有必要牢记这一点。在此，特别要提请老板们注意：你们参与或主持3S管理例会的风格，将直接决定3S会议的成果，以及3S体系在你们公司落地执行的效果。

会议议程

3S管理例会的中心内容是，逐一让每一位参会的合伙人/关键岗位人才汇报自己在上一考核周期内的3S绩效表现及考核得分情况，并汇报个人下一考核周期内的关键工作事项计划。过程中，需要接受大家的质询、点评和建议。标准步骤建议如下。

步骤1：过程贡献评估

当事人公开展示自己的3S表格文件，逐项介绍个人上一考核周期承诺的关键工作事项计划完成的情况。在该项内容汇报完毕后，公布自己的“自评”得分，并说明给分理由。之后，其直接上级公布对该当事人的“他评”得分，并说明给分理由。过程中，其他参会人员可以就该当事人在上一考核周期内的过程贡献表现发表自己的意见。当事人和其直接上级可以基于大家的意见，维持或重新调整各自的打分。当事人和其直接上级的打分如果不一致，则应以直接上级的打分作为最终得分。

步骤2：文化贡献评估

在完成上一步骤以后，当事人开始汇报自己的文化贡献“自评”打分，并说明打分理由。之后，由人力资源部门人员或公司领导依据其对该当事人在上一考核周期内的文化行为表现给出“他评”打分，并说明打分理由。过程中，其他参会人员可以就该当事人在上一考核周期内的文化贡献表现发表自己的意见。当事人和其直接上级可以基于大家的意见，维持或重新调整各自的打分。当事人和其直接上级的打分如果不一致，则应以直接上级的打分作为最终得分。

步骤3：结果贡献评估

在完成上一步骤以后，由会议主持人公布并说明该当事人在结果贡献方向的打分情况，必要时，可以请打分者（数据提供人员）说明打分依据。过程中，对于定性评估的细分指标，打分者应充分说明理由，其他人员也可以就该当事人在有关定性评估的细分指标项上的表现发表自己的观点、意见和建议。会议主持人可以基于大家的意见，维持或重新调整该当事人在结果贡献方向的打分结果。

步骤4：计算3S综合得分

在完成上一步骤以后，就可以快速计算出该当事人在上一周期的3S综合总分了。如果企业使用的是由奇榕咨询公司提供的标准的3S应用系统，或者使用的是企业自行设计的EXCEL表格，且该EXCEL表格事前经过了相关公式设置，那么在确定了上一步骤的评分分值以后，系统即会自动计算出该当事人在上一考核周期的3S综合得分。

步骤5：汇报下一考核周期的关键工作事项计划

在完成上一步骤以后，当事人开始汇报其下一考核周期的关键工作事项计划（该计划必须已经事前与其直接上级沟通并确认）。在当事人汇报这项内容时，其他参会人员应基于“强沟通、不偏向、不漏项、有挑战、可衡量、可控制”的六项原则，对当事人的关键工作事项计划进行评估，并在必要时发表自己的意见或建议。尤其是有工作关联的相邻部门或岗位的参会人员，若其自身的工作与该当事人的工作存在相互协作关系，则应向当事人提出相关协作事项要求。会议主持人应基于大家的意见和当事人的意愿，现场对当事人下一考核周期的关键工作事项计划进行必要的调整，包括增项、减项以及调整不准确的用语等，直到最终形成当事人的工作承诺。

6. 必要的奖罚措施

众多企业过往召开3S管理例会的实践经验显示，如果前期培训宣导有效，会议主持人认真负责且对业务比较熟悉，那么，3S会议一般都会取得良好的效果。但是，在召开3S管理例会的过程中，依然有可能会出现一些问题，需要采取一定的方式予以处置。

比如，在3S管理例会召开之前：有些参会的合伙人/关键岗位人员填写的3S表格不符合规范，或者没有经过跟直接上级的沟通和确认过程，就直接呈报给了会议组织者，而会议组织者也没有审核就不负责任地接受了表格；有些参会的部门领导在参会前以各种借口并没有与下属员工进行充分沟通，而仅仅只是应付性地给下属员工进行了评分，就将表格呈报给了会议组织者，而会议组织者也没有审核就不负责任地接受了表格。

又比如，在会议进行过程中，有可能会出现三种情况。其一，当事人给自己打分时，既有可能过分谦虚地给自己打低分，也有可能高估自己的表现而给自己打高分，或者在自己的表现明显较差或较好的情况下，仍然给自己打出了中等的分值。其二，当事人的直接上级可能存在三种倾向：既可能是“放任式的领导”或者是更喜欢某位下属员工，因而他们倾向于给该下属员工打出高分；也可能是“过分严厉的领导”或者是不喜欢某位下属员工，因而他们倾向于给该下属员工打低分；还可能是“和稀泥式领导”或者通常采取的是“谁也不得罪”的管理思维与方式，他们倾向于给下属员工打出中庸的分值。其三，其他与会者明明对当事人给自己的打分结果有看法，或者对当事人的直接上级对该当事人的评分有看法，但碍于情面却不愿意指出来，或者只是抱持“事不关己，高高挂起”的心态参加会议。

针对以上可能出现的种种问题，我们的实践经验显示，如果公司在导入3S体系的阶段，就已经向有关人员充分宣讲了3S体系对于公司、团队以及个人职业发展的价值和意义，那么，上述种种问题出现的可能性并不大。但是，我们的实践经验同样显示，即便一家公司在导入3S之初，就已经充分地向相关人员说明了3S对于公司、团队以及个人的价值，但由于各方面的原因，也还是有可能会出现上述种种问题。针对这些可能出现的问题，我们一般建议，应采取相应的奖罚措施来防止问题的发生，或者在问题发生时及时予以解决。

首先，应将所有相关人员遵循3S管理规范的行为表现纳入“文化贡献”方向的考核。当某一位合伙人/关键岗位人才呈报的3S表格堪称大家学习的标杆，或在会议汇报的过程中有特别良好的表现时，应当给其文化贡献方向的相关细分指标予以加分；反之，则应当予以减分；而且，还应给其直接上级的3S文化贡献对应加分或减分。

其次，在召开3S管理例会的过程中，对于那些态度积极、敢于坦诚直言、勇于承担责任的参会者，会议主持人或公司领导应在会议结束时公开提出表扬；而对那些在会议过程中态度消极、不愿意坦诚直言、不敢承担责任者，应在会议结束时公开提出批评，或者在会后单独将其留下来与之谈话，指出问题，提出批评，并要求其下次改正。

必须指出的是，上述两种奖罚措施具体怎么运用，以及运用的效果将会怎样，将极大地取决于公司的老板和3S会议主持人的相关认知、风格和能力。

7. 管理改善的相关事项

企业在导入3S绩效管理体系以及召开3S管理例会的过程中，会发现公司里存在一些管理问题。发现了问题就要设法解决，不解决的话，工作便没法有效推进，或者无法对有关人员的工作绩效进行有效评估。这也正是3S所具有的促进管理持续改善的功能。然而，要想发挥这项功能，老板和高管们就必须直面这些问题，并设法采取相应的改进措施。

案例

我们服务过的大多数客户，在导入3S体系的早期阶段，经常会在设计3S标准时就发现管理中存在问题。在发现问题之后，他们都能够自觉地利用3S会议机制来解决问题，收到了很好的效果。以下略举两例。

案例一　G公司的“销售漏斗”法

G公司是一家专业生产工业自动化设备的中型制造业企业。该公司销售部门在每次召开3S管理例会中发现，销售人员在制定当月的关键工作事项计划时，针对“新客户开发”方向的工作，往往只是写明了本月计划开发哪几家新客户、拜访哪几家新客户，但到下月3S会议汇报相关工作时发现，经常有销售人员在所承诺的工作事项上，其工作结果并不理想。按理，不能完成所承诺的客户开发计划，扣分即是，但这样做不是3S体系要达到的目的。

导入3S体系要达到的目的之一，是通过3S评估来促使人才们更好地学习与成长。

于是，在我们的建议下，该公司营销总监决定运用一个名叫“销售漏斗”的方法，对每一位销售人员手头上待开发的客户进行分析，并将待成交的客户分为“待开发客户”→“让客户知晓”→“让客户感兴趣”→“客户首次签单”四种关系状态。同时，为每一关系状态定义认别标识。“待开发客户”是指计划开发的客户，其识别标识是，获得销售总监认可、可以开发的潜在客户；“让客户知晓”是指销售人员已经拜访过该目标客户，其识别标识是找到了客户公司的采购决策关键人，并且对方愿意进一步了解本公司；“让客户感兴趣”是指可能有意愿从本公司采购，其标识是对方公司派人验厂或同意高层互访；“客户首次签单”是指双方已经签订合作协议。

通过以上管理标准的建立，该公司在管理销售人员“新客户开发”方向的每月关键工作事项计划时，其效果大幅度提升。因为，有了此标准以后，销售人员手头上待开发的客户数量和每一家客户所处的关系状态便一目了然。这样一来，销售人员在制定“新客户开发”方向的关键工作事项计划时，便会有的放矢；销售管理者在审议销售人员的新客户开发计划时，也就有据可依。同时，这一管理改善措施，还大大地提升了销售人员和销售管理者的工作能力。这是因为，当他们运用这一标准来对自己或下属的待开发的客户进行分析，因而识别相关问题和机会时，他们分析和判断客户问题的能力便得到了有效提升，他们的工作行为也因之而更加有效。

案例二　C公司《服务品质管控标准》的建立

C公司是一家专业从事3C产品和新能源汽车电池认证及检测服务的第三方机构。2018年，我们为该公司提供了合伙人制度建设全案咨询服务。在制定3S绩效管理标准的环节，我们与其合伙人团队一道进行深入研讨时发现，该公司过往之所以获得大量优质客户的合作，并不是其在品牌和技术水平上与竞争对手相比具有明显的优势，也不是其服务定价在竞争中具有明显优势，而是因为，在过往的营销服务过程中，以该公司营销副总为核心的销售管理团队，始终能够做到以"真诚"之心善待客户，因而获得了大量优质客户的好感、尊重和信赖。大家一致认为，公司在接下来的时间里，应努力在这个方向上不断强化这一优势。

于是，该公司决定建立一套《服务品质管控标准》，来系统地规范有关部门人员的服务意识和行为。最初，只准备建立与客户有经常性接触的销售、工程、实验室和售后部门人员的行为标准；后来，经过进一步讨论发现，只有让这个标准覆盖到公司全员，才能更有效更全面更持久地提升公司的客户服务品质；最后，大家达成共识：这个标准既要覆盖到外部客户，也要覆盖到内部全员。

接下来会议决定，由该公司的总经理亲自牵头，各部门密切配合共同来完成这套标准的建立。随后，该公司用了两个多月时间，制定出了适用于该公司各部门人员的《服务品质管控标准》。为使该标准发挥最大化效用，该公司还在每一位合伙人/关键岗位人才的3S绩效管理标准中的"结果贡献"方向增加了一项细分考核指标：客户服务品质目标达成率。通过出台这一管理标准并将其列为3S的细分考核指标之一，确保了该公司客户服务质量维持在高水平，并因而有了推动其不断全面提升的组织化和制度化机制。

以下是该公司《服务品质管控标准》中的针对工程部工作人员的服务标准节选：

【及时】

① 电话。电话铃响后，应在尽量短的时间（2～3声）内接听电话；未接听到的已知电话号码，应在当天回拨；如果同事不在，其电话铃响时，应帮助接听，不能任由电话一直响，更不能拒绝接听。

② 邮件。当天邮件当天处理；如不能处理，应告知对方预计处理的时间。

③ 承诺。承诺的事情，应在承诺的时间内完成；如因故不能处理/完成，需跟对方协调处理方式。

【热情】

① 真诚。跟客户通电话或当面沟通，应使用礼貌用语，并尽量面带微笑、语气欢快；不能和客户及其他相关部门的同事发生任何语言冲突。

② 周到。针对客户的咨询，尽可能全面地回答所有可能的情况。

③ 耐心。耐心对待每一个疑问，不可盲目抱怨对方的无知；要把对方当成初学者，耐心细致地予以回答、说明或解释。

【主动】

① 主动跟进项目。正常项目确保在要求的时间内完成；需要客户确认时，当天以双重方式（电话、邮件和短信）通知客户，确保客户收到相应信息；如两天之内无消息反馈，应再次沟通确认，并以两天的频率继续跟进。

② 异常项目处置。遇有异常项目情况，应及时告知跟单人员，同时应及时告知对应销售人员。

③ 新的项目信息。如果在与客户的沟通中，了解到客户有当前项目之外的新的需求或咨询，应在第一时间主动告知对应销售人员，以便及时抓住新的销售机会。

解决问题的方式

在召开3S管理例会的过程中，如果碰到类似上例中需要改善的管理问题，一般的处置方式如下：

① 会议主持人应鼓励所有参会者，在其认为必要时提出相关管理改善议题。

② 在有人提出管理改善议题时，会议主持人应在当次3S管理例会上立即组织大家讨论，确认是否立项。如果是特别重大的议题，或者是本次3S会议来不及研讨的议题，应专门另行找时间召集相关人员进行专题研讨。

③ 经团队研讨后决定执行的管理改善项目，应明确指定主体责任人和参与协作者，并要有明确分工；而且针对任何一位参与者的任务，都应明确说明其任务范围，以及在规定时间内应取得的成果；并且尽可能地将分配的任务写进相关当事人当期的关键工作事项计划中，以便纳入下一次的3S绩效考核。

④ 即便将相关管理改善工作任务写进了3S关键工作事项计划表中，但3S体系落地执行的主体责任人在会议结束后，仍需跟进和了解任务进度，并解决相关人员在完成任务过程中碰到的相关问题。

⑤ 管理改善项目若是顺利推进，尤其是在完成以后，会议主持人应在下一次3S管理例会上对相关人员提出嘉奖/表扬，至少应以热烈的掌声表示祝贺。

8. 潜在价值挖掘与利用

在本章的最后部分，我们谈一谈如何利用3S体系来系统和持续地优化企业组织的管理效能。

3S体系对组织效能的优化功能，主要体现在三个层面。

其一，在3S体系的导入阶段，为了给特定合伙人/关键岗位人才设置绩效考核指标，企业会发现其既有的组织设计、管理体系和工作设计中可能存在某些问题。企业针对所发现的问题而采取新的管理措施时，事实上就是在借助3S体系优化组织的管理效能。

其二，在3S体系的落地执行过程中，为了使合伙人/关键岗位人才的工作更为高效高质，以及更加公正有效地评价他们的贡献，同时也为了促进他们的学习与成长，企业会通过定期举行的3S管理例会机制，来发现工作中存在的各种问题。当企业努力解决被发现的管理问题时，也意味着是在借助3S体系优化组织的管理效能。

其三，当企业试图利用3S体系定期来全面地诊断其管理问题，并基于诊断结论，采取系统化的措施来改善管理时，同样也意味着企业是在借助3S体系优化组织的管理效能。

接下来，我们要谈论的就是上述第三个层面的功能。

系统检视

我们在帮助企业导入合伙人制度或3S绩效管理体系时，一般都会建议企业在每一经营年度即将结束的那个月份（通常是12月份），分析将近一年来3S管理过程中积累的各种信息，从而发现企业组织管理中存在的各种问题，并在新的一年里有计划有步骤地予以解决。我们大量客户的实践经验显示，企业组织运行的质量和效能，是可以通过这种检视而一览无余的。

（1）文化贡献维度的检视

通过采用特定的工具表或软件系统，检视一年来所有合伙人/关键岗位人才在文化贡献维度上的行为表现，可以清晰地看到，企业在合伙人文化、核心组织管理制度和员工的沟通协作表现方面已经取得的进步，以及尚存在的各种问题；进而，可以清晰地分析出导致员工文化行为进步、正常和异常的全部主要原因；同时，还可以清晰地分析和判断出不同部门、层级和具体岗位上的合伙人/关键人才的文化行为进步、正常和异常的各种情况。

（2）结果贡献维度的检视

通过采用特定的工具表或软件系统，检视一年来所有合伙人/关键岗位人才在结果贡献维度上的业绩表现，可以清晰地看到企业关注的业绩目标是否存在偏向和漏项——企业设计的各项细分考核指标的目标值设置是否偏高或偏低，企业的整体业绩呈现怎样的发展趋势；同时，也可以清楚地检视出各部门、层级和具体的合伙人/关键岗位人才在结果贡献层面的业绩同比和环比情况；并且，还能够清晰地分析出导致企业整体以及各部门、团队和个人业绩增长、走平或下降的原因。

（3）过程贡献维度的检视

通过采用特定的工具表或软件系统，检视一年来所有合伙人/关键岗位人才在过程贡献维度上的工作表现，可以清晰地看到本年度企业运用3S体系的效果，包括每一位个体合伙人/关键岗位人才在理解工作、计划工作和进行工作方面所取得的进步以及尚存在的问题；同时，也可以基于对个体员工的工作过程表现，来分析出企业组织在此维度的整体管理效能状况以及尚存在的问题；进而，基于以上两个层面的分析，可以进一步分析和判断出导致合伙人工作过程行为向好、持平或向差变化的主要原因。

系统改善

经过上述系统检视，发现了问题并分析了原因，之后就要通过一定的措施来解决问题。解决问题的目的就是要促使企业整体组织效能的提升；而提升企业整体组织效能的惯常方式，就是要针对部门、层级和个人层面存在的问题对症下药——在下一年度有计划有步骤地逐一解决问题。我们的研究和实践经验显示，可以用于改善组织管理效能的方式无非是以下五种。

（1）调整组织结构或岗位工作设计

通过对既有的组织结构和工作设计进行适当调整，有可能明显地提高企业的组织效能。比如，我们的一家客户企业在经过一年的3S体系落地执行后，发现销售部门此前让同一销售人员既负责老客户的关系维护，又负责新客户的开发，这将不利于新客户的开发。因为在这样的组织结构下，销售人员往往倾向于把老客户的价值放大，而不愿意把精力花在开发新客户的方向上。基于这一分析，在我们的建议下，该公司将原来的销售部门划分为了两个团队，一个团队专门负责老客户关系维护，另一个团队则专门负责新客户开发。经过这一组织结构调整和岗位工作的重新设计，该公司的销售业绩得到了迅速提升，并为未来的持续提升奠定了基础。

（2）重新设计目标体系

通过对企业的目标体系进行重新设计，有可能明显地提升企业的管理效能。比如，我们的一家客户企业在2018年之前，考核中层以上管理人员的指标体系中，均没有“人均效能”这一指标。因为缺乏这一指标，各部门在招人、用人、育人、留人的过程中，无不是采取个人化和经验化的方式，而且人力资源部门和直线部门经常“打架”——相互指责对方、相互推诿责任。2018年通过导入合伙人制度和3S体系，该公司发现了这方面存在的问题。于是，在我们的建议下，该公司开始将“人均效能”指标设置为每一部门主管的年度结果贡献方向的修正指标。通过这一调整，部门主管便开始重视起人才的招用育留工作了，因而2018年公司的整体人力资源管理效能较上一年度有了显著提升。

（3）优化核心管理制度

通过对企业的核心管理制度进行重新或优化设计，同样有可能明显地提升企业的组织管理效能。我们有一家客户企业，此前制定了复杂的“员工星级管理标准”。该标准在执行过程中，一直面临着许多棘手的管理问题，包括如何完善和优化员工星级评定标准，如何定期给不同专业、部门和岗位的人员进行评级，如何将评级结果与员工的职务晋升、薪酬待遇挂钩，等等。由于这些问题的存在，给员工评星级的初衷虽然很好，但在实践过程中大大走样，反而降低了组织管理的效能。2017年中期，我们在为其设计合伙人制度时，通过几个月的3S绩效考核的落地执行，该公司发现，3S绩效考核标准完全可以替代此前的“员工星级管理标准”。于是，该公司对此进行了大胆的改革——应用3S体系替代了此前繁杂的“员工星级管理标准”和执行细则。经过一年的运行，已经收到了十分良好的效果。

（4）引进新的人才

这一点不用展开说明，因为大家都明白其所指。在此只说一句话：通过上一年度的3S绩效管理数据来分析企业需要增加多少人员以及增加哪些人员，往往更为可靠。比如，当上一年度的人均效能已经达到历史最高点，而未来一年员工的效能增长潜力不足以覆盖公司在新一年追求的业绩目标时，就可以考虑通过增加新人的方式来确保经营目标的实现。

（5）加强管理培训和辅导

针对特定的部门、层级和岗位工作人员，有针对性地采取管理培训和辅导，依然有可能明显地提升企业的组织管理效能。我们的众多客户企业，过去每年都会做大量的管理培训活动。这些培训活动，要么是培训部门依据某些理论分析出来的，要么是老板或直线部门管理者想当然而要求或安排的。公司每年花费了大把金钱，培训效果却不尽如人意。这些公司在导入合伙人制度或3S体系以后，在我们的强烈建议下，他们每年（每月、每季度或半年）会基于3S考核结果来定义需要培训的部门、层级和岗位人员，以及定义培训目标和方式，并努力将此前受训者被动接受培训，转变为考核得分较低者主动要求学习、追求进步。而且，在我们的建议下，这些企业开始尝试以不拘一格的学习方式，来替代此前习以为常的课堂式培训模式。我们尤其倡导，上级管理者对其下属员工的学习成长应承担相应责任：每一位上级管理者应以3S绩效考核结果为依据，对其下属员工的工作意愿、能力和行为实施干预（包括管理、培训和辅导）。通过这些转变，这些企业的培训费用降低了，员工的学习和成长效果却反而得到大幅度提升。